KB075170

알고 나면 꼭
써먹고 싶어지는
역사 잡학 사전
B급 세계사 2
SEASON

인물편

알고 나면 꼭
써먹고 싶어지는
역사 잡학 사전

B급 세계사 2
SEASON

인물편

김상훈 글 | 김의솔 그림

행복한작업실

역사를 만들고,
역사가 만든 사람들의 이야기

『B급 세계사』를 처음 펴낼 즈음에 지인 몇 사람이 이렇게 말했다.

"B급? 에이, 한국 사람들은 뭘 해도 A급만 좋아해. B급이라고 하면 누가 책을 사겠어?"

하지만 'B급 세계사'라는 제목을 강행했다. 누구나 A급이어야 할 필요는 없다고 생각했기 때문이다. 역사를 소재로 재미있는 대화를 나눌 수 있고, 그 자리가 화기애애해진다면 그것으로 충분했다. 나는 역사가 '소통의 수단'임을 확신한다.

『B급 세계사』 서문에서 밝혔던 것처럼 정통으로 역사를 배우고 수많은 역사 서적을 탐독하며 연구 결과를 내놓는 것은 학자들의 몫이다. 오스트랄로피테쿠스부터 21세기 정치·경제를 두루 꿰뚫고 술술 역사 지식을 읊는 것은 해박한 역사가의 몫이다. 그러니 모든 사람이 역사를 줄줄 꿰는 A급이어야 할 필요는 없다.

다행히도 많은 독자들이 나의 생각에 동의하는 것 같았다. 감사하게도 『B급 세계사』를 찾는 독자들이 많았다. 덕분에 서점의 베스트셀러 서가에 진열되는 기쁨도 누렸다. 힘을 얻어 『B급 세계사 2 : 인물편』을 출간하게 되었다.

이번 책에는 마하트마 간디, 에이브러햄 링컨, 토머스 에디슨, 마르코 폴로, 월트 디즈니, 마르틴 루터처럼 이름만 대면 누구나 알 만한 인물들은 물론 잘 알려지지 않은 위인들의 다양한 이야기를 담았다. 세상에 알려진 것과는 다른 '불편한 진실'을 다루었는가 하면, 으레 그러려니 하고 알고 있는 상식의 오류를 바로잡기도 했다.

『B급 세계사 2 : 인물편』에서는 50편의 이야기를 다룬다. 50편의 이야기에 등장하는 인물은 약 200여 명이다. 1편과 마찬가지로 "어, 이 인물에게 이런 이야기가 있었어?" 하며 무릎을 칠 만한 이야기를 담으려고 노력했다. 역사에 대한 지식이 없다고 걱정할 필요는 없다. 쉽게 접근할 수 있도록 최대한 역사적 배경을 풀어서 썼다. 『B급 세계사』 1편을 읽은 분이라면 2편은 더욱 쉽게 다가갈 수 있을 것이다. 이미 'B급 역사 지수'가 꽤 높아져 있을 테니까 말이다.

2018년 12월, 김상훈

차례

우리가 몰랐던
위인의 단면

수많은 사람이 역사를 만들어 왔다. 역사에 큰 족적을 남긴 사람들에 대해 우리는 얼마나 알고 있을까? 역사에 획을 그은 것은 분명한데, 한 인간으로서는 어떤 삶을 살았을까? 어쩌면 우리가 알고 있는 사실은 교과서와 책에 나열된 업적 위주의 피상적인 지식에 그치는 것인지도 모른다. 그들도 인간이니 감추고 싶은 진실이 있었을 것이다. 불편한 진실이……

널리 알려진 위인들의 이면을 알고도 가볍게 웃어넘길 수 있고, 한 인물에 대한 전체적인 이미지가 흔들릴 수도 있을 것이다. 어느 쪽을 선택하든 그것은 독자의 몫이다.

비폭력주의자 간디가
인종 차별주의자였다고?

한 위대한 성자의 생애에 드리운 암(暗)과 명(明)

1991년 12월 소련이 무너졌다. 소련 공산 혁명의 주역이었던 블라디미르 레닌의 동상이 철거되기 시작했다. 소련이 붕괴하기 전까지만 해도 레닌은 성공한 혁명가로 대접받았다. 하지만 공산주의가 '실패한 이념'으로 전락하면서 불명예를 떠안았다. 그의 이름을 딴 도시 레닌그라드는 상트페테르부르크로 바뀌었다.

역사는 이처럼 냉혹하다. 살아 있을 때의 권력자라 하더라도 죽고 난 뒤 무덤에서 시신을 꺼내 목을 자르는 부관참시도 있지 않은가. 죽은 자가 고통을 느낄 리야 없지만 가문의 오욕이 아닐 수 없다. 살아서 지은 죄를 죽은 뒤에도 갚도록 만드는 것, 이것이 역사다.

2016년 6월 아프리카 가나 대학교의 학생과 교수들이 교정에 세워진 한 동상을 철거해 달라는 청원 운동을 벌였다. 순식간에 2,000명이 동참했다. 그들은 동상으로 만들어져 기념되고 있는 그 인물이 흑인을 멸시한 인종 차별주의자라고 비난했다. 결국 4개월 뒤 가나 정부는 동상을 다른 곳으로 옮기겠다고 발표했다. 이 사건은 외신을 통해 전 세계로 알려졌다. 고개를 갸우뚱거리는 사람이 적지 않았다. 그도 그럴 것이, 그 동상의 주인공이 다름 아닌 마하트마 간디(1869~1948)였기 때문이다. 비폭력으로 제국주의에 맞섰던 평화주의자, 20세기의 성자라는 평가를 받

영국 런던 의회 광장의 간디 동상. 간디 기념물은 전 세계적으로 조성되어 있다.

는 인물이다. 그래서 '위대한 영혼'이라는 뜻의 '마하트마(Mahatma)'라는 칭호까지 받았다. 그런 간디가 인종 차별주의자라니! 그런데 논란은 여기서 그치지 않았다.

캐나다의 수도 오타와의 칼튼 대학교에도 간디 동상이 서 있다. 2018년 4월 이 대학교에서도 간디 동상을 철거하자는 운동이 벌어졌다. 이 운동은 아프리카계 미국인 학생협회가 주도했다. 대학은 학생들의 요구를 받아들이지 않았지만, 간디를 인종 차별주의자라고 비판하는 목소리는 점점 커지고 있다. 도대체 왜 간디가 이런 평가를 받는 것일까?

운동을 주도한 흑인들의 이야기부터 들어 보자. 그들에 따르면 간디는 1893년부터 1914년까지 남아프리카 연방(오늘날 남아프리카 공화국의 전신)에 머물렀는데 이때 그가 흑인을 멸시하는 발언을 했다고 한다. '흑인들은 나태하고 벌거벗은 채로 살아가며 소를 모아 부인을 사는 것이 유일한 꿈인 미개한 존재'라는 식의 글을 남기기도 했다. 간디의 흑인 비하 발언은 사실인 듯하다. 간디의 친손마저도 "할아버

지는 흑인에 대한 편견을 가지고 있었다"고 말했을 정도다. 우리가 알고 있는 간디와는 달라도 많이 다르다. 간디의 삶을 보다 자세히 들여다봐야 할 것 같다.

간디는 부유한 집안에서 태어나 유복한 어린 시절을 보냈다. 대학에 입학한 뒤 1888년 영국으로 건너가 법학을 공부했다. 3년 뒤 변호사 자격증을 따고 인도로 돌아가 변호사 사무실을 열었지만 파리만 날렸다. 그러다 1893년 소송 사건을 의뢰받아 남아프리카 연방으로 건너갔다. 당시 간디는 백인 정부가 인도인을 차별하자 대규모 시위를 주도했다. 덕분에 옥살이를 했지만 유명세를 타기도 했다. 하지만 이때 보여 준 간디의 행동을 순수하게 인권을 위한 것이었다고 보기에는 무리가 있다. 백인 정부가 흑인을 상대로 한 차별 행위에는 무관심했기 때문이다.

영국에 대해서도 모호한 입장을 취했다. 1899년 보어 전쟁이 터지자 간디는 영국군으로 참전했고 영국 정부로부터 훈장을 받았다. 당시 인도는 영국의 식민지였다. 굳이 우리와 비교하자면 일제 강점기에 한국인이 큰 공을 세워 일본으로부터 훈장을 받은 것과 비슷하다. 1914년 제1차 세계 대전이 터졌을 때 간디는 군인 신분으로 인도인 모병에 적극 나섰다. 인도 청년들에게 "영국을 위해 싸우자"고 외쳤다. 간디는 이 공을 인정받아 다시 영국 정부로부터 훈장을 받았다. 그는 나중에 군에서 퇴역할 때 또 다시 훈장을 받았다. 일각에서는 간디가 인도인이라 영국 군대에서 승진하는 것이 어려워 군복을 벗었다고 말하기도 한다. 지나친 주장일까? 역사가 가려 줄 것이다.

이랬던 간디가 1919년에 새로운 인물로 거듭난다. 바로 이 해에 영국 군대가 식민 지배를 반대하는 인도인 시위대를 향해 발포하는 일

보어 전쟁 당시 위생병으로 참전했을 때의 간디와 그의 부대원들. 가운데 줄 왼쪽에서 다섯 번째 팔짱을 낀 이가 간디다.

이 벌어졌다. 수백 명이 목숨을 잃었다. 이 사건이 '암리차르 학살'이다. 이때 간디의 나이 50세. 나이가 무색하게도 독립 운동에 뛰어들었다. 비폭력·불복종 독립 투쟁을 이끌고 진리를 추구한다는 뜻의 '사티아그라하' 운동을 펼쳤다. 오늘날 우리가 간디에 대해서 가지고 있는 이미지는 이때부터 쌓인 것이다.

간디는 1924년부터 인도국민회의를 이끌었다. 인도국민회의는 인도의 완전 독립을 선언했다. 1930년에는 영국의 소금세 신설을 반대하면서 61세의 나이로 360킬로미터를 행진하기도 했다. 간디는 몇 차례나 구속되면서도 끝까지 비폭력 노선을 고수했다. 그리고 마침내 승리했다.

1947년 인도는 드디어 영국으로부터 독립했다. 하지만 이슬람교도들은 파키스탄으로 분리 독립했다. 간디는 종교를 떠나 통합을 유지해야 한다고 끝까지 외쳤지만 뜻을 이루지 못했다. 과격 힌두교 단체는 간디가 이슬람교도 편을 든다며 비판했다. 그러던 중 1948년 과격 힌두교 단체의 일원이 간디를 저격했다. 인도는 물론 전 세계가 그의 죽음을 애도했다.

허나 어쩌랴. 인도 내부에서도 간디를 향한 비판이 터져 나오기 시작했다. 무슨 내용일까? 간디는 독실한 힌두교도였다. 그래서인지 인도의 계급 제도인 카스트의 부당함을 비판한 적이 없었다. 인도의 좌파 진영은 "간디가 불가촉천민의 삶에 무관심했을 뿐만 아니라 변화를 바라지도 않았다"고 비판한다. 불가촉천민은 카스트의 맨 아래 계급에도 들지 못하는 최하위층이다. 좌파 진영은 또 "빈민 계급이 세력을 키우기 위해 봉기를 시도하자 간디는 목숨을 건 단식으로 이를 막아 냈다"라고 주장하기도 했다.

역사는 보는 관점에 따라 해석이 달라진다. 간디의 행적에 대해서도 보는 이의 시선에 따라 평가가 달라질 수 있다. 다만 어느 한 부분이 아니라 전체를 놓고 저울질하는 것이 옳지 않을까. 흑인을 차별했고 영국을 동경했으며 세속의 출세를 원했던 그의 젊은 시절을 옹호하는 것이 아니다. 한때 잘못된 선택을 했다 하더라도 그가 남긴 선행이 더욱 크기에, 그가 드리운 어둠보다 역사를 밝힌 불빛이 더 강하고 환하기에 여전히 간디는 위대한 영혼일 수 있지 않을까?

신분 세탁...... 그래도 그는 위대한 영혼(마하트마)으로 기억된다.

신의 세상만 꿈꾸었던
종교 개혁가 마르틴 루터

종교 개혁 vs 사회 개혁

726년 동로마 제국 황제가 성상 숭배 금지령을 내렸다. 예수 그리스도나 성모 마리아의 조각상과 동상을 쓰지도 말고 숭배하지도 말라는 뜻이다. 로마(서로마) 교회는 즉각 반발했다. 게르만족 같은 '야만인'을 개종시키려면 성상이 꼭 필요하다고 주장했다. 이 성상 숭배 금지령으로 교회는 사실상 로마 가톨릭(서로마)과 동방 정교회(동로마)로 분열했다.

1054년 두 종파는 돌아올 수 없는 강을 건넜다. 로마 교회와 콘스탄티노플 교회(동방 정교회)는 서로를 파문했다. 이로써 두 종파는 완전히 갈라섰다. 동방 정교회는 동유럽을 중심으로 세력을 확장했다. 로마 교회는 중세 서유럽을 정신적으로 지배했다. 이후 시간이 꽤 흐르는 동안 서유럽에서 교회와 성직자의 권력은 갈수록 강해졌다. 신성 로마 제국 황제도 손을 댈 수 없을 정도였다. 무소불위의 권력은 늘 위험하다. 교회가 타락하기 시작했다.

15세기 이후 유럽에서는 인문주의 열풍, 즉 르네상스의 바람이 불었다. 인문주의자들은 교회를 강도 높게 비판하기 시작했다. 이때 교황 레오 10세는 성 베드로 성당을 수리하고 있었다. 돈이 필요했다. 교황은 죄를 지었을 때 처벌을 면해 주는 면벌부(면죄부)를 팔도록 했다. 면벌부는 과거부터 교회의 짭짤한 수입원이었다. 그러나 교황까지 판매에 직접 관여하지는 않았다. 이제는 교황마저 팔을 걷어붙이고 나선 것이다.

아우구스티누스 수도회 수사 시절의 마르틴 루터

1517년 아우구스티누스 수도회 소속의 수사이자 신학자인 마르틴 루터(1483~1546)가 교회를 정면으로 비판하고 나섰다. 루터는 독일 비텐베르크 교회 정문에 95개조의 반박문을 붙였다. 루터는 면벌부를 산다고 해서 구원받는 것이 아니며 구원은 신앙심과 은총을 통해서만 이를 수 있다고 설파했다. 나아가 토지를 비롯한 교회의 재산도 몰수해야 한다고 주장했다. 교황은 루터를 파문했다. 하지만 종교 개혁의 열풍은 꺾이지 않았다. 루터파는 독일 전체로 확산되었다. 결국 로마 교회도 종교 회의를 통해 루터파를 정식으로 인정했다.

16세기 초반 독일에서 시작된 종교 개혁은 16세기 중반 이후에 유럽 전역으로 확산되었다. 기존의 로마 교회에 저항하는 이들을 '프로테스탄트'라고 불렀다. '저항하는 사람'이라는 뜻이다. 새로 등장한 이 종교를 신교(개신교)라고 하고, 로마 가톨릭을 구교라고 했다.

스위스에서도 신교가 세력을 얻었다. 장 칼뱅(1509~1564)이 등장해

30년 전쟁 중 프랑스와 스페인 사이에 일어난 로크루아 전투를 묘사한 그림

'예정설'을 주장했다. 칼뱅의 논리는 명료했다. 오로지 신의 선택을 받은 자만이 구원을 얻을 수 있기 때문에 성서의 가르침대로 최선을 다해 사는 게 중요하다는 것이다. 칼뱅은 열심히 일해서 돈을 버는 것이 미덕이라고 주장했는데, 이는 훗날 자본주의 정신으로 발전했다.

영국에서는 헨리 8세가 로마 교회와 충돌했다. 그는 왕비와의 이혼을 원했지만 교황이 허락하지 않았다. 화가 난 헨리 8세는 왕이 직접 교회를 관장한다는 수장령을 공포했다. 이로써 영국에서는 로마 가톨릭의 성격이 짙은 신교인 영국 국교회(성공회)가 탄생했다. 이 밖에도 장로교, 청교도 등 여러 종파의 새로운 종교가 생겨났다.

중세 유럽은 종교의 시대였다. 종교가 분화하자 정치 지형도 급변했다. 유럽 전역이 구교와 신교로 나뉘어 대립했다. 결국 대형 전쟁이 터졌다. 바로 30년 전쟁(1618~1648)이다. 따지고 보면 이 종교 전쟁의 불씨를 만든 인물이 마르틴 루터였다. 그는 독실한 신앙심으로 무장했기에 크리스트교가 타락하는 꼴을 두고 볼 수 없었다. 파문을 무릅쓰고 권력에 도전했다. 그 결과 정체되어 있던 유럽이 술렁거리기 시작했다. 루터는 적어도 크리스트교의 영역에서는 새로운 시대로 나아가는 횃불을 피워 올렸다. 하지만 여기까지였다. 루터는 '종교의 개혁'만이 중요했다. '사회의 개혁'은 염두에 두지 않았다. 루터는 비참한 농민의 삶을 외면했다. 심지어 농민들을 저주하기까지 했다. 도대체 무슨 일이 있었던 걸까?

또 다른 종교 개혁가 한 명을 소개한다. 그의 이름은 토마스 뮌처(1489 혹은 1490~1525). 뮌처는 원래 루터의 제자였다. 처음에는 루터의 편에서 로마 교회에 맞섰다. 하지만 두 사람의 사상은 달라도 너무 달랐다. 뮌처가 훨씬 급진적이었다. 그는 교회와 수도원, 영주를 모두 지배자로 여겼다. 로마 교회를 개혁하는 것을 넘어 로마 교회 자체를 부정했다. 뮌처에게 로마 교회의 교황은 종말론에서 말하는 적(敵)그리스도였다. 그들을 타도해야 진정한 종교 개혁이 이루어진다고 생각했다. 이런 사상을 주장한 순간부터 뮌처는 루터와 한 배를 탈 수 없었다. 결국 뮌처는 루터와 결별했다. 1525년 뮌처는 5,000여 명의 농민을 이끌고 반란을 일으켰다. 정부군의 잔인한 진압이 이어졌다. 농민군은 몰살당했다. 뮌처 역시 붙잡혀 처형되었다.

뮌처가 주도한 농민 봉기를 루터는 지지할 수 없었다. 사실 루터의 사상은 조금 복잡한 면이 있다. 그는 2개의 정부가 존재한다고 보았다. 하나는 영적인 정부, 또 하나는 세속적인 정부다. 신이 주관하는 영적인 정부에서는 모든 사람이 평등하다. 하지만 세속적인 정부에서는 왕이나 황제의 통치에 따라야 한다고 생각했다. 세속적인 정부에 속한 국민은 신분의 차별을 인정하고 순응해야 한다는 뜻이다. 이 기준에 따르면 농민 봉기는 세속 질서를 어지럽히는 행위다. 루터에게 봉기는 곧 폭력이자 야만적인 행위였다. 이런 점 때문에 루터를 지지했던 농민은 나중에 돌아섰다. 이후 농민 반란은 더욱 격해졌다. 루터는 농민 반란군을 이단이자 반역자라고 몰아붙이며 처단해야 한다고 맞섰다. 한때 제자였던 뮌처가 농민 반란군과 함께 처형되자 잠시 인간적인 동정심을 보이기는 했지만, 종래의 입장을 바꾸지는 않았다. 이후 농민들은 루터를 향한 지지를 완전히 거두었다.

루터는 왜 그랬을까? 이에 대해서는 여러 가지 분석이 있다. 그중에서 가장 설득력 있는 것은 '종교 개혁을 성공적으로 마무리하기 위해서 루터는 제후들과의 관계를 원만하게 유지했어야 했다'는 의견이다. 당시 루터는 로마 교회를 피해 망명 생활을 했다. 그때 그를 보호해 준 사람들은 로마 교회에 비판적인 제후들이었다. 루터에게 그 제후들은 절대적으로 필요한 존재였지만, 농민들에게는 착취자였다. 농민의 편을 든다면? 제후들의 지원은 물 건너가 버릴 것이다. 바로 이점 때문에 루터가 농민의 삶에 무관심했고 봉기에 나선 농민들의 편을 들지 않았다는 이야기가 나온다.

루터에 대한 또 다른 비판이 있다. 유대인을 박해했다는 것이다. 그는 유대인의 경전인 탈무드를 없애고 회당과 학교를 없애야 한다는 과격한 주장을 폈다. 이 또한 종교적인 관점에서 바라보면 달리 해석할 여지가 있다. 그는 유대인들에게 크리스트교로 개종할 것을 권했다. 하지만 그게 가당키나 한 일인가. 일방적으로 항복하라는 뜻인데, 수천 년의 박해 속에서도 자신들의 종교를 지켜 온 유대인들이 받아

독일 아이슬레벤의 광장에 있는 마르틴 루터 동상

들일 리 없었다. 이후 루터는 유대인에게서 등을 돌렸다.

마르틴 루터는 청소년의 역사책에 매우 중요한 인물로 등장한다. 부패한 교회와 권력에 취한 교황에 저항해 종교 개혁을 이끌었다는 점은 분명 인정받을 만한 업적이다. 하지만 중세 시대의 종교적 시야를 벗어나지 못했다는 점 또한 어쩔 수 없는 한계로 지적된다.

머리는 차갑지만 가슴은 따뜻하게! 사람을 향해 활짝 열려 있는 따뜻한 가슴이야말로 개혁가가 지녀야 할 기본 소양이 아닐까? 사람이야말로 가장 소중하고 아름다운 가치이니!

노벨은 정말로
다이너마이트 발명을 후회했을까?

근대판 토니 스타크의 진심

누구나 아이언맨을 알 것이다. 그는 슈퍼히어로 세계의 이단아다. 초능력도 없고 외계인도 아니다. 그저 머리 좋고 돈 많은 인간일 뿐이다. 슈퍼히어로가 되기 전에는 사고뭉치에 염문이나 뿌리고 다니는 망나니 재벌에 불과했다. 아프가니스탄 게릴라에게 납치된 후에야 자신이 만든 무기에 수많은 사람이 희생되고 있다는 사실을 깨달았다. 게릴라의 은신처에서 탈출한 후에 슈퍼히어로로 변신한 이유가 여기에 있다. '과거에 대한 속죄'였다.

아이언맨을 보면서 떠오른 인물이 있다. 바로 스웨덴 발명가 알프레드 노벨(1833~1896)이다. 노벨은 자신이 발명한 다이너마이트가 인명을 살상하는 무기로 둔갑하자 이를 속죄하기 위해 전 재산을 기부한 것으로 알려져 있다. 그 재산으로 창립된 노벨 재단은 매년 세계에서 가장 영예롭다는 노벨상을 수여한다. 그런데 정말로 노벨이 속죄하는 마음에서 전 재산을 내놓았을까?

유명 인사가 사망하면 신문은 부고 기사를 낸다. 1880년대의 노벨은 이미 '다이너마이트 재벌'이었다. 유럽 최대의 부자로 손꼽히는 노벨이 사망하면 당연히 부고 기사가 나올 것이다. 실제로 1888년 프랑스의 한 신문에 부고 기사가 떴다. '지옥의 상인이 죽었다.' 문제는 이때 노벨이 두 눈 시퍼렇게 뜨고 살아 있었다는 점이다. 노벨의 친형이 병으로 사망했는데 프랑스

알프레드 노벨

신문이 사실을 잘못 파악해 오보를 냈던 것이다. 노벨의 기분이 어땠을까? 자신이 죽고 난 뒤에 내려질 평가를 미리 접한 뒤 얼마나 참담했을까? 노벨은 인류에 속죄하기로 하고 사망할 때 다음과 같은 유언장을 남겼다. '내 전 재산을 사회에 환원한다. 그 돈으로 재단을 만들어, 평화를 실현하고 인류의 발전에 기여한 인물에게 상을 주라.' 여기까지가 일반적으로 알려진 이야기다. 이 이야기대로라면 노벨은 이 책에 등장하지 않았을 것이다. 조금 더 깊이 그의 삶을 들여다보자.

스웨덴에서 태어난 노벨은 어렸을 때 가족과 함께 러시아로 이주했다. 부친이 그곳에서 무기 회사를 경영했기 때문이다. 당시 러시아 황제(차르)는 니콜라이 1세(재위 1825~1855)였다. 강력한 러시아를 꿈꾼 니콜라이 1세는 러시아는 물론 동유럽 여러 나라에서 일어난 혁명을 모두 진압했다. 보수주의자들 사이에서 그는 '유럽의 헌병'이라 불렸다.

당시 유럽의 정세는 매우 급박하게 돌아가고 있었다. 니콜라이 1세는 한때 유럽을 호령했던 오스만 제국을 노렸다. 이 무렵 오스만

제국은 '유럽의 병자'라고 불리며 유럽 제국주의 열강들의 각축장에서 점점 세력을 잃어 가고 있었다. 니콜라이 1세는 오스만 제국을 집어삼키기 위해 크림반도를 침략했다. 이때 일어난 전쟁이 크림 전쟁(1853~1856)이다. 크림 전쟁에서 러시아는 영국, 프랑스, 프로이센 연합군에 대패했다. 이 영향이 노벨 집안에도 미쳤다. 원래 니콜라이 1세는 여러 명의 군수업자를 지원했다. 노벨의 아버지도 그들 중 한 명이었다. 하지만 니콜라이 1세가 사망하자 모든 계약이 파기되었고, 사업도 파산을 면치 못했다.

노벨이 직접 경영에 뛰어든 것이 이 무렵부터다. 당시 노벨이 가장 주목한 분야가 폭약이었다. 크림 전쟁이 터지기 전에 노벨의 공장은 니트로글리세린이라는 무색의 액체 폭약을 사용했다. 하지만 이 폭약은 안전성이 떨어졌다. 운반하다가 폭발, 갱도에 설치하는 도중에 폭발……. 툭하면 폭발 사고를 일으켰다.

19세기 중반은 산업 혁명과 제국주의의 시대였다. 유럽에서는 그 어느 때보다도 철과 석탄의 수요가 급증했다. 산업을 발전시키려면 공장과 생산 설비가 필요하다. 산업 인프라를 구축하는 과정에서 야산을 깎고 강을 메우며 산에 터널도 만들어야 한다. 군사 강국이 되려면 첨단 무기가 필요하다. 원료와 생산물을 적재적소에 나르려면 철도와 운하도 있어야 한다. 이 모든 작업에 반드시 필요한 것이 폭약이었다. 하지만 안전성 문제부터 해결해야 했다.

노벨은 단세포 식물인 규조의 유해가 쌓인 흙(규조토)에 주목했다. 우연한 발견이었다는 이야기도 있고, 노벨이 수백 번의 실험 끝에 그 원리를 찾았다는 이야기도 있다. 어쨌든 노벨은 니트로글리세린이 이 규조토에 스며들었을 때 터지지 않고 굳어진다는 사실을 발견했다.

이 원리를 활용해 안전한 고체
폭약을 만들 수 있었다. 노벨은
1867년에 발명한 폭약에 다이너
마이트라는 이름을 붙였다. 다이

너마이트(dynamite)는 그리스어로 '힘'을 뜻하는 '디나미스(dynamis)'
에서 따온 것이다. 노벨은 1860년대 후반 영국, 미국 등 여러 나라에
서 특허를 취득했다. 노벨은 돈방석에 앉았다.

노벨은 평생을 폭약 제조에 바쳤다. 죽을 때까지 300개가 넘는 특
허를 취득할 정도로 일벌레였다. 그는 평생 결혼도 하지 않았다. 벼락
부자들이 으레 그러듯 과시용 파티도 열지 않았고 그런 자리에 얼굴
을 내밀지도 않았다.

모든 사실을 종합해 보면 노벨은 폭약을 제조하는 대기업 대표로
서의 삶에 충실했던 것 같다. 그 폭약이 건설 현장에 쓰이든, 전쟁터
에서 쓰이든 크게 상관하지 않았다. 게다가 노벨 가문은 대대로 폭약
과 무기 같은 군수용품을 제조해 왔다. 그러니 다이너마이트로 인해
사람들이 죽어 가는 것에 충격을 받았다는 이야기는 사실이 아닐 듯
하다. 그렇다고 해서 그가 평화에 관심이 없었다는 이야기는 아니다.
그는 생전에 이렇게 말했다. "모든 것을 파괴할 수 있는 물질을 만들
어 전쟁을 불가능하게 할 수 있다. 그 물질 때문에 우리 편이 전멸할
수 있다는 사실을 알면 모두가 전쟁을 피하지 않겠는가."

군비 축소가 아니라 확대를 통해 전쟁 억지력을 높이자는 말이다.
모든 나라가 핵무기를 보유하면 핵전쟁이 일어날 것을 두려워해 전
쟁을 일으키지 않을 거란 논리와 상통한다. 하지만 이는 실로 위험한
발상이다. 한 순간의 판단 착오로, 혹은 그릇된 지도자 개인의 욕심

과 자포자기로 핵무기 발사 버튼을 누른다면? 세계 평화는 군비 확대가 아니라 국가 간의 긴밀한 협의와 대화를 통해 군비를 줄여 나갈 때 얻어지는 것이다.

자, 결론이다. 노벨상은 노벨의 속죄하는 마음에서 비롯된 것이 아니다. 노벨상은 노벨 자신의 성취에 대한 보상에 더 가깝다. 이제 노벨상이 낮잡아 보이는가? 그건 아니다. 노벨의 진심과 무관하게 노벨상의 권위는 떨어지지 않는다. 출발이야 어쨌든 인류의 평화와 발전을 위해 헌신한 이들의 이름이 노벨상과 함께 기억되는 것은 분명 좋은 일이다.

알프레드 노벨

개처럼 벌어서 정승처럼 쓴 대표적인 사례

마르코 폴로는
중국에 가 보지도 않은 사기꾼이었을까?

한 떠버리 사내의 여행담

러일 전쟁이 막바지에 이른 1905년, 러시아 발트 함대에 소속된 돈스코이호가 일본 함대의 공격을 받아 울릉도 앞바다에 침몰했다. 돈스코이호에 엄청난 양의 금화와 금괴가 실려 있었다는 소문이 퍼져 나갔다. 1910년대에 일본이 이 배를 인양하려 했지만 실패했다. 1980년대 이후 우리나라도 이 배를 인양하려 했지만 성공하지 못했다.

2018년 7월 대한민국을 떠들썩하게 만든 사건이 발생했다. 한 기업이 돈스코이호를 찾았고, 인양에 나선다는 뉴스가 퍼졌다. 그 기업은 돈스코이호에 매장된 금화와 금괴의 가치가 150조 원에 이른다고 주장했다. 150조 원이라니! 가늠하기조차 힘든 어마어마한 액수다. 그 기업은 돈스코이호를 인양하려면 배 가치의 10%에 해당하는 15조 원 이상의 돈을 발굴보증금으로 정부에 내야 한다고 했다. 이 기금을 모으겠다며 돈스코이호를 담보로 가상 화폐를 발행했다. 사기극이냐 아니냐를 놓고 논란이 커졌다. 최종 결론은 더 두고 봐야 하겠지만,

경찰은 일단 "그 기업은 배를 인양할 의사가 애초부터 없었다"고 평했다. 경찰 발표에 따르면 2,600여 명이 약 90억 원을 투자했다. 그 돈은 신기루처럼 사라졌다. 돈스코이호에 대한 이야기는 당분간 사람들의 입방아에 오르내릴 것 같다.

마르코 폴로

중세 유럽 때 출간되고 700여 년이 흐른 지금까지도 이와 비슷한 논란이 끊이지 않는 책이 있다. 바로 『동방견문록』이다. 서구에서 성경 다음으로 많이 읽었다는 이 책에 대해 어떤 이들은 "작가가 중국에 가 보지도 않고 상상으로 쓴 책"이라고 주장한다. 이 말이 사실이라면 대단히 충격적이지 않을 수 없다. 우선 이것 하나만 분명히 하자. 이 책의 공식 저자는 이탈리아의 상인이자 탐험가인 마르코 폴로(1254~1324)라고 알려져 있지만 사실이 아니다. 마르코 폴로는 주변 사람들에게 무용담을 들려주었을 뿐『동방견문록』을 직접 쓰지는 않았다. 그렇다면 책을 쓴 이는 누구인가. 당시에 주로 로맨틱 소설을 쓰던 이탈리아 피사 출신의 작가 루스티첼로(1272~1300)다.

마르코 폴로는 베네치아의 상인 집안에서 태어났다. 그의 아버지 니콜로 폴로는 이미 1260~1269년에 원 제국을 다녀왔다. 니콜로 폴로는 1271년 다시 원 제국으로 여행을 떠났는데, 이때 아들인 마르코 폴로가 동행했다. 당시 마르코 폴로의 나이는 17살이었다. 마르코 폴로의 여정을 요약하자면 이렇다. 페르시아를 관통해 파미르고원에 도착했고, 중앙아시아의 타클라마칸 사막 남쪽 오아시스 지역을 통

중국 몽골 자치구의 암벽에 부조되어 있는 쿠빌라이 칸 ©beibaoke

해 중국으로 갔다. 이후 마르코 폴로는 원 제국의 쿠빌라이 대칸(재위 1260~1274)의 신임을 얻어 관리 생활을 하면서 중국에 머물렀다. 이 기간에 중국은 물론 버마와 베트남 일대를 여행하기도 했다. 1292년 원 제국의 공주가 서아시아에 있는 몽골 왕조 일 칸국에 시집갔다. 마르코 폴로는 공주를 호송하는 행렬에 합류해 동남아시아와 서아시아를 거쳐 고향 베네치아로 돌아왔다. 이때가 1295년으로 꼬박 17년 만의 귀국이었다.

이 무렵 이탈리아반도에서는 여러 국가가 무역의 주도권을 차지하기 위해 세력 다툼을 벌이고 있었다. 1298년 베네치아와 제노바가 전쟁을 벌였다. 마르코 폴로는 베네치아의 군인으로 참전했다가 적의 포로가 되었다. 옥에 갇혀 있을 때 그는 17년의 여행에 대해 이야기 보따리를 풀어 놓았다. 그 이야기를 루스티첼로가 적어 두었다가 나중에 '세계의 기술(혹은 세계의 서술)'이란 제목으로 책을 펴냈다. 이 책이 나중에 '동방견문록'이라는 이름으로 알려진 것이다.

『동방견문록』의 본문

『동방견문록』은 8장으로 구성되어 있다. 1장은 여행을 떠난 이유와 책을 쓰는 이유 등을 적은 일종의 서문이다. 나머지 7개 장에 여행하면서 보고 들은 이야기를 담았다. 중국뿐 아니라 동남아시아, 서남아시아, 러시아와 극지방까지의 견문록을 담았다. '세계의 기술'이란 이름이 딱 어울린다.

책은 센세이션을 일으켰다. 하지만 삐딱한 시선으로 보는 사람들도 많았다. 그들은 꾸며 낸 이야기라고 주장했다. 마르코 폴로가 사기극을 벌이고 있다는 말도 나돌았다. 이를테면 마르코 폴로는 책에서 중국 양저우의 관리로 일했다고 했지만 중국 사료의 어디에도 그의 이름은 등장하지 않는다. 일 칸국으로 시집가는 공주를 호송하는 행렬에 참가했다 하지만, 이 역시 어떠한 기록도 없다. 이뿐만이 아니다. 중국에 그렇게 오래 있었다면서 차를 마시거나 젓가락을 사용하는 것과 같은, 서양인에게는 이색적인 문화와 풍습에 관한 기록이 빈약하다. 거대한 만리장성을 보고도 감흥이 없었을까? 『동방견문록』에는 마르코 폴로의 느낌과 감상이 거의 보이지 않는다. 이런 점들을 근거

몽골족 의상을 입은 마르코 폴로를 우스꽝스럽
게 묘사한 작자 미상의 그림

로 들어 마르코 폴로를 비판하는 사람들은 "그는 중국에 간 적도 없
다. 여러 지역을 다니던 중에 들은 것을 모아 그럴 듯하게 꾸며 냈다"
고 주장했다. 사실 이러한 비판은 마르코 폴로가 자초한 면이 있다.
책에는 중국에 비범한 재주를 가진 도사가 숨어 살고 있다거나 비밀
리에 육성한 인간병기가 있다는 식의 비현실적인 이야기도 수록되어
있다. 바로 이런 내용들이 책의 신뢰도를 떨어뜨렸다.

　그렇다고 해서 마르코 폴로의 경험을 무조건 가짜라고 몰아붙일
수는 없다. 각 지방의 생업 유형이나 특산물, 지배자와 종교에 관한
내용들은 비교적 정확하다. 아무래도 상인이다 보니 상업, 무역과 관
련한 내용은 자세하게 기술되어 있다. 이를테면 원이 남송을 멸망시
킨 뒤 성벽을 철거했다는 내용이나 쿠빌라이 대칸이 신하들에게 매
년 옷을 하사했다는 내용, 쿠빌라이가 도로에 나무를 심도록 하는 규
정을 만들었다는 내용 등이 그렇다. 만약 마르코 폴로가 원 황실 인
사들과 가깝게 지내지 않았다면 이런 세부적인 내용을 알 수 있었을

까?

찬반이 팽팽하니 어느 쪽의 손을 들어 주어야 할까? 대체로 학자들은 '아무리 논란이 많다고 해도 마르코 폴로가 중국에 다녀왔고, 그 결과 탄생한 『동방견문록』이 완전히 꾸며 낸 이야기는 아니다'라는 쪽으로 결론을 내리고 있는 듯하다. 다만 마르코 폴로와 루스티첼로의 허세와 과장에 대한 혐의마저 거둔 것은 아니다. 마르코 폴로는 죽기 직전까지도 "내가 본 것의 절반도 이야기하지 못했다"라고 말했다. 그의 심정이 충분히 이해가 간다. 17년 동안 경험한 것에 과장과 허구를 덧붙인다면 평생 이야기해도 모자라지 않겠는가.

마르코 폴로가 중국에 다녀왔느냐 아니냐 하는 점보다 중요한 사실은 따로 있다. 『동방견문록』이 동양과 서양의 헤게모니 주도권을 바꾸어 놓는 계기가 되었다는 점이다. 이 책이 출간된 뒤 유럽 사람들은 집요하게 동방 세계에 관심을 갖기 시작했다. 책에서 중국과 아시아를 대단히 풍요로운 땅으로 묘사했기 때문이다. 이런 인식이 확대되면서 유럽 사람들은 아시아로의 항해를 시작했다. 신항로 개척 시대가 열린 것이다. 이후 유럽이 세계의 지배자로 떠올랐으니 『동방견문록』의 역할이 정말로 크지 않은가. 이런 점에서 『동방견문록』은 서양인에게 금화와 금괴가 가득 실린 보물선의 위치를 알려주는 보물지도나 다름없었다.

최후의 아파치 전사는
용맹하게 죽었을까?

아메리카 원주민과 제로니모의 슬픈 생애

2009년 2월 한 아메리카 원주민의 후손들이 미국의 예일 대학교를 상대로 워싱턴 법원에 소송을 제기했다. 소송의 내용이 흥미롭다. "증조부의 유골을 예일 대학교의 비밀 사교 단체가 가졌다. 돌려 달라." 이 증조부의 이름은 제로니모(1829~1909). 그러니까 제로니모의 증손자가 증조부 사망 100주년을 맞아 소송을 제기한 것이다. 이유가 궁금하다. 먼저 제로니모라는 인물에 대해서 알아보자.

제로니모는 아파치족의 지도자였다. 아파치족은 미국 남부 애리조나주와 주변 지역을 중심으로 활동했던 원주민 부족이다. 제로니모는 '아파치 최후의 전사'로 알려져 있지만 원래는 주술사였다. 부족장이 미국 군대와 협상을 벌이던 중 살해되자, 이후부터 부족을 이끌었다. 나중에는 아파치족 전체의 추장 자격으로 미국·멕시코 군대와의 전투를 이끌었다.

제로니모의 본명은 '고야틀레이'다. 원주민어로 하품하는 사람이라

일반적으로 상상하는 아파치의 모습

는 뜻이다. 제로니모는 가톨릭 성인의 이름이다. 그에게 이런 이름을 붙여 준 쪽은 격퇴당한 멕시코 군대였다. 비록 적이라고는 하나 워낙 신출귀몰했기에 가톨릭 성인의 이름을 붙여 준 것일까. 실제로 멕시코와 미국 군인들 사이에 제로니모는 공포의 존재였다. 어떤 전투에서는 단 두 시간 만에 멕시코 군대를 초토화시키기도 했다. 이런 활약이 미국 언론을 통해 알려지면서 제로니모는 무자비한 아메리카 인디언의 표상으로 묘사되었다. 그를 잡기 위해 수천 명의 미국 기병대가 몰려다닐 정도였다.

 사실 이 무렵 아파치족은 꽤나 힘든 시간을 보내고 있었다. 1874년 미국 정부는 아파치족을 애리조나의 '인디언 보호 구역'으로 강제 이주시키려 했다. 아파치족은 제로니모를 중심으로 똘똘 뭉쳐 저항했다. 아파치족의 기습 작전은 미군 토벌대를 무척 당혹케 했다. 이 투쟁은 10년 이상 계속되었다. 하지만 시간이 흐를수록 상황은 제로니

아파치족 추장 의상을 입은 제로니모. 1907년에 찍은 사진이다.

모와 아파치족에게 불리하게 돌아갔다. 제로니모와 아파치족을 쫓는 미군 토벌대는 막강한 무기로 무장했다. 반면 굶주림과 질병, 전사 등의 이유로 아파치족은 숫자가 크게 줄었다.

제로니모를 따르던 수천 명의 부족민은 1886년이 되자 채 40명이 되지 않았다. 제로니모는 더 이상 갈 곳이 없다는 사실을 깨달았다. 바로 그 무렵 미국 토벌대 사령관이 플로리다주의 요새에서 잠시만 생활하면 곧 아파치족의 고향인 애리조나로 돌려보내 주겠다고 약속했다. 결국 제로니모는 자의반 타의반으로 항복했다. 이로써 아파치족의 투쟁은 종말을 맞았다. 하지만 결국 이 약속은 지켜지지 않았다. 제로니모는 플로리다에서 앨라배마로, 다시 오클라호마주로 이송되었다. 그나마 미군에 억류되어 있던 가족과 재회한 것은 다행이었다. 하지만 그는 고향인 애리조나주로 돌아가지 못했다. 제로니모는 고향으로 보내 달라고 몇 번이나 탄원했지만 번번이 거절당했다.

용맹했던 아파치 전사는 아메리카 원주민의 추억 속에서만 존재했다. 그는 늙고 병들어 가며 음주를 즐기는 아메리카 원주민으로 전락했다. 전사의 몰락은 그만큼 허망했다. 말년에는 기독교로 개종하기도 했다. 이후 제로니모는 미국 시민으로서의 삶에 동화되어 갔다. 그러나 온전한 미국인의 삶일 수 없었다. 서부 활극에 등장하는 '인디언'의 이미지를 연출하며 살아가야 했다. 1904년에는 세인트루이스에서 열린 만국박람회에 참석했는데, 냉정하게 말해서 제로니모는 '출품작'이었다. 그는 관객들 앞에서 밧줄 묘기를 선보이면서 흥을 돋우었다. 한때를 풍미했던 추억의 상품으로 그는 자신과 자신의 기념품을 팔았다.

1909년 2월 어느 날 저녁, 제로니모는 말을 타고 귀가하다가 말에서 떨어졌다. 구조의 손길은 없었다. 다음날 친구에게 발견되었지만, 이미 몸이 얼어 있었다. 결국 그는 폐렴으로 사망했다. 그는 오클라호마주의 실 요새에 묻혔다. 꿈에도 그리던 고향은 죽은 뒤에도 돌아가지 못했다. 아파치족 최고 전사의 죽음 치고는 참으로 허망하다. 안타깝게도 제로니모는 죽음 이후에도 모멸을 겪어야 했다.

다시 이야기의 처음으로 돌아가 보자. 제로니모의 증손자가 왜 예일 대학교를 상대로 소송을 제기했는지 그 이유를 뜯어보자.

제로니모의 무덤은 10여 년 뒤에 파헤쳐졌다. 유골도 사라졌다. 도대체 누가 이런 만행을 저질렀을까? 확실하게 밝혀진 것은 없다. 다만 1918년에 예일 대학교의 비밀 학생 클럽 '스컬 앤드 본즈(Skull and Bones)'가 그랬다는 설이 파다했다. 그들이 유골을 몰래 보관하고 있다는 소문까지 돌았다. 물론 그 클럽은 절대로 그런 일이 없다고 부인했다. 당사자가 결단코 아니라는데 제로니모의 증손자는 무슨 근거로 예일 대학교의 학생 클럽을 지목한 것일까? 그는 2005년 예일 대학교의 역사학자들이 발견한 편지를 증거로 제시했다. 1918년에 쓰인 이 편지는 스컬 앤드 본즈 회원이 작성한 것으로 추정되는데, '제로니모의 유골 잔해를 발굴해 클럽에 모셨다'는 내용이 들어 있었다.

유골 반환 소송은 흐지부지되었지만 이 클럽이 새삼 주목을 받았다. 흥미로운 점이 있다. 이 클럽은 미국 최고의 명문으로 꼽히는 아

이비리그 졸업생만을 회원으로 받는다는 사실이다. 그것도 매년 15명 정도만 추려서. 쉽게 말해 권력과 명예, 부를 거머쥔 가문의 자제들만을 회원으로 받아들였다는 이야기다. 어쩌면 이 가문들의 영향력이 미쳐서 소송 자체가 유야무야되었을 수도 있다. 예일 대학교는 이 클럽에 대해 어떻게 평가하고 있을까? 예일 대학교는 "우리 대학과는 아무런 상관이 없는 클럽이다"라고 밝혔다.

제로니모는 갔다. 용맹스러운 아파치족도 사라졌다. 하지만 제로니모와 아파치의 이름은 오늘날까지도 용맹함의 대명사로 전해지고 있다. 특히 미군에서 아파치와 제로니모라는 이름이 많이 쓰인다. 이를테면 미국의 대표적인 전투 헬기의 이름이 아파치다. 미국 병사들이 높은 곳에서 점프할 때면 "제로니모!"라고 외친다.

하나만 더 짚고 넘어가자. 인디언이란 표현은 옳지 않다. 아메리카 원주민이라고 표현해야 옳다. 콜럼버스가 처음 아메리카 대륙에 상륙한 뒤 만난 원주민을 인디언이라고 불렀을 뿐이다. 콜럼버스는 아메리카를 죽을 때까지 '인도'라고 믿었기 때문이다.

박제된 전설은 쇼윈도의 마네킹일 뿐

040

041

계몽주의 선구자 루소는
왜 계몽주의자들로부터 공격당했나?

삶과 철학 사이의 괴리

정치판이라는 특이한 생태계에서는 때때로 '철새'가 주인 행세를 한다. 자신의 이익을 위해 정당을 옮기고 신념을 저버린다. 그동안 수많은 철새 정치인들이 국민의 심판을 받았음에도 적잖은 정치인들이 이합집산의 유혹을 이기지 못한다. 물론 그럴 수밖에 없는 '사정'이 있을 수는 있다. 한참의 시간이 흐른 뒤에야 진심이 빛을 발하기도 한다. 오리무중의 정치판이다.

역사 속에서도 이처럼 오리무중인 인물들이 꽤 발견된다. 한 시대를 풍미하고 역사의 흐름을 바꿔 놓은 거인인데도 도무지 그 삶을 이해할 수 없는 인물들 말이다. 18세기 프랑스의 철학자이자 사회학자, 교육학자, 소설가였던 장 자크 루소(1712~1778)가 대표적이다.

루소가 1762년 출간한 『사회계약론』은 프랑스 혁명의 사상적 도화선이 되었다. 루소는 인민과 정부는 암묵적 협약을 체결했고, 어떤 통치자든 주권자인 인민의 공복일 뿐이라고 주장했다. 또 개인의 의

지 중에서 공공의 선이 될 수 있는 의지의 총합인 '일반 의지'를 바탕으로 공동체를 구성할 것을 주장했다. 나의 의지가 공동체의 의지가 되는 것이다. 루소의 사상은 프랑스 민중을 크게 고무시켰다. 나아가 프랑스 혁명으로 이어지는 원동력이 되었다. 프랑스 혁명으로 끌어내려진 왕 루이 16세가 "루소와 볼테르가 내 왕국을 무너뜨렸다"고 말했다고 전해질 정도였다.

1766년 영국의 초상화가 앨런 램지가 그린 루소의 초상화

『사회계약론』이 출간된 바로 그해, 루소는 근대 교육의 문을 열었다고 평가받는 교육서 『에밀』도 출간했다. 루소는 아이가 자연 상태에서 자라는 것이 가장 이상적이라고 주장했다. 그러니 독서를 강요해서는 안 되고 엄한 훈육도 안 된다고 했다. 아이마다 기질이 다르므로 자유롭게 두어야 한다고 강조했다. 『에밀』은 당대 최고의 교육 지침서가 되었다. 요즘으로 치면 강남 엄마들이 최고의 강사를 찾듯, 당시 귀족 부인들은 『에밀』을 탐독했다. 자, 이 두 권의 책만 보아도 루소가 계몽주의자라는 사실을 의심할 수 없을 것 같다. 하지만 아니다. 루소는 평생 계몽주의 철학을 반대했다. 계몽주의자들로부터 '위선자'라는 소리를 들었다. 흥미로운 아이러니다. 우선 계몽주의부터 알아두어야 할 듯하다.

계몽주의는 크리스트교가 중심인 세계관과 가치관을 인간 중심으로 바꾸는 사조다. 따라서 신이 만든 질서보다는 인간의 이성을 중시한다. 17세기 영국에서 태동했다. 당시 명예혁명에 성공함으로

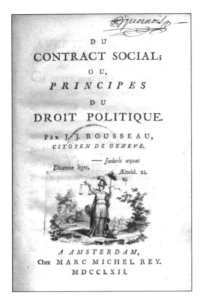
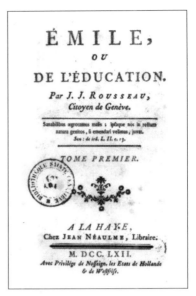

루소의 대표적인 저작인 『사회계약론』과 『에밀』

써 평화적인 정권 교체를 이루어 '인간'에 대한 관심이 폭증한 결과다. 최초의 계몽주의자로는 영국의 존 로크(1632~1704)와 토머스 홉스(1588~1679)를 꼽을 수 있다.

　　로크는 국가와 국민이 암묵적인 '계약'을 체결했다고 했다. 이 계약에 따라 정부는 국민을 보호해야지 군림하려 해서는 안 된다. 만약 왕이 이 계약을 어기면? 왕을 몰아내는 것이 정당하다. 로크는 또 국민의 대표를 뽑아 법에 따라 통치해야 한다고 했다. 홉스 또한 '계약' 이론에 동의했다. 다만 이 계약은 무정부주의를 막기 위해 체결되었다고 했다. 홉스의 주장은 무정부 상태만 막을 수 있다면 독재도 용납되어야 한다는 의미를 담고 있다. 그는 "국가는 필요악"이라고 했다. 개인의 인권을 강조한 로크와는 사뭇 다른 입장이다.

17세기 후반에 계몽주의는 프랑스로 전파되었다. 18세기로 접어들면서 몽테스키외, 볼테르 등 수많은 계몽주의자가 등장했고, 계몽주의 영향으로 프랑스에 혁명의 불씨가 자라기 시작했다. 이 불씨에 결정적으로 기름을 부은 인물이 루소였다. 그렇다면 루소는 '프랑스 혁명의 아버지'이자 계몽주의를 완성한 인물이다. 허나 이미 말한 대로 계몽주의자들은 루소를 동지로 여기지 않았다. 어떤 이유에서였을까?

루소의 삶은 오늘날까지도 학자들의 연구 대상이 되고 있다. 사실 루소의 삶 자체가 모순덩어리라는 평가가 많다. 민중의 편에 서서 정의를 부르짖으면서도 귀족이나 부르주아들과 돈독하게 지냈다. 숙주에 기생하는 바이러스처럼 귀족 부인들의 피를 쪽쪽 빨아먹으며 살았다. 이처럼 천의 얼굴을 가졌기 때문에 평가 역시 천차만별일 수밖에 없다.

루소는 제네바에서 태어났다. 9일 만에 어머니가 세상을 떠났다. 루소는 이 사실 때문에 성인이 된 뒤에도 정신적으로 힘들어했다. 아버지는 어린 루소를 떠났다. 루소는 졸지에 고아가 되었다. 조각 장인의 밑에 들어가 도제 생활을 시작했다. 엄격한 규율과 복종을 강요하는 분위기를 참을 수 없었다. 열여섯에 제네바를 탈출했다. 1732년 프랑스에서 29세의 바랑 부인을 만났다. 그녀는 10여 년 동안 루소의 엄마이자 애인이 되어 주었다. 루소는 그저 무위도식할 뿐이었다. 결국 부인은 루소를 버렸다. 이후 루소는 하인이 되기도 하고, 교사가 되기도 하고, 악보를 베껴 적는 필경사가 되기도 했다. 하지만 여전히 무위도식하는 삶의 연속이었다. 나이 마흔에 이르렀을 때 젊은 계몽주의자들과 교류하기 시작했다. 그가 사상가이자 철학자의 길을 걸은 것도 이때부터다. 프랑스 계몽주의의 완결판이라는 『백과전서』의 편찬에도 참여했다. 하지만 곧 그의 사상은 계몽주의자들의 반발에 부닥쳤다.

계몽주의자들은 이성이 속박과 굴레를 깨뜨릴 것이라 믿었다. 루소는 『학문예술론』에서 이를 반박했다. '문명의 발전이 인간의 본성을 억눌렀고, 그 결과 인간성과 사회 모두 타락했다!' 계몽주의자들은 인간의 이성이 사회라는 공동체를 통해 제대로 실현된다고 믿었다. 루소는 『인간 불평등 기원론』에서 또 반박했다. '이성이 발달

프랑스 계몽주의의 대부였던 볼테르

할수록 문명은 진보하겠지만 평등은 사라지고 인간은 자연으로 돌아갈 수 없다. 결국 인간은 불행해진다.'

계몽주의자들은 융단 폭격하듯 루소를 공격했다. 특히 루소를 경멸했던 프랑스 계몽주의의 대부 볼테르는 익명으로 루소의 사생활을 폭로하는 소책자를 펴냈다. 이 책에는 대단히 충격적인 이야기가 담겨 있었다. '루소가 친자식을 고아원에 버렸다!' 악의적 조작이었을까? 아니었다. 놀랍게도 이 주장은 사실이었다. 루소는 23세 때 세탁부와 동거하면서 5명의 자식을 낳았다. 루소는 좋은 말로 '자유로운 영혼'이었고, 나쁜 말로 '자기밖에 모르는 철면피'였다. 5명의 자식을 모두 고아원에 보내 버렸다.

이 사실이 알려지자 비난이 폭주했다. 루소는 당시 자신은 무능한 가장이었고 아이들의 불행을 막기 위해 어쩔 수 없는 선택을 한 것이

라고 해명했다. 『에밀』의 서문에서 '아
버지로서의 의무를 다하지 못한 사람
은 아버지가 될 자격이 없다'라고 반
성하기도 했다. 사후에 출간된 『고백
록』에서는 '내 삶을 돌아볼 때 나쁜
행동이 너무나 많았다'라며 자식을 버
린 일에 대해 뒤늦게 후회하는 모습을
보였다.

말년의 루소

한 가지 더. 루소는 『에밀』에서 '여
성은 남성과 동물 사이에 위치하며 인권이 없는 존재다. 교육을 시킬
필요도, 정치에 참여시킬 필요도 없다'고 말했다. 요즘 세상에 이런
말을 했다면 당장 생매장을 당했을 것이다.

역시 루소는 이해하기 힘든 인물임에 분명하다. 루소라는 인물을
만들어 낸 시대와 시간을 더 살펴봐야겠지만, 과거의 불행이 현재의
악행을 정당화해 주지는 않는다. 만약 이런 유형의 인물과 교류해야
한다면? 음, 좀 곤란하다. 최소한의 책임도 지지 않는 자유로운 영혼
은 사양!

링컨이 노예제 폐지보다
더 바랐던 것은?

미합중국을 완성한 대통령

선거에 낙선해 실의에 빠져 있던 에이브러햄 링컨(1809~1865)에게 열한 살 소녀로부터 한 통의 편지가 도착했다. 소녀는 링컨의 움푹 팬 볼 때문에 날카로운 인상을 준다고 지적했다. 그러면서 이렇게 충고했다. '수염을 기르면 훨씬 부드럽게 보일 거예요. 여자들은 수염 기른 남자를 좋아하니 남편에게 링컨을 찍으라고 권할 걸요.' 이후부터 링컨은 수염을 길렀다. 그 덕분인지는 정확히 알 수 없으나, 어쨌든 링컨은 정치판에서 승승장구했고 마침내 대통령에 당선되었다.

'대통령 링컨'에 대해서 이야기해 보자. 어떤 이미지가 가장 먼저 떠오르는가? 아마도 "흑인 노예제를 폐지하고 마침내 노예를 해방시킨 대통령"이라고 답하는 사람이 많을 것이다. 그런데 정작 링컨 자신은 세인들의 이러한 평가를 좋아할지 모르겠다. 어쩌면 그는 다른 평가를 바랄지도……

링컨은 농부 집안에서 태어났다. 가난한 형편 때문에 정규 교육을 받지 못하고 어렸을 때부터 농장에서 품을 팔아야 했다. 성인이 된 후 벌인 사업도 그다지 성공적이지 못했다. 정치인으로 성공하기까지도 꽤 오랜 시간이 걸렸다. 1834년 일리노이주 의원에 당선되어 정치인의 길을 걸었지만 '전국구'가 되기까지는 이후로 10년 이상의 시간이 필요했다. 1846년 그의 나이 37세가 되어서야 하원 의원이 되었다.

수염을 기르기 전의 링컨

　1860년 11월 링컨은 마침내 미국 대통령에 당선되었다. 하지만 노예 제도를 반대하는 낌새를 보였기 때문에 남부 지역의 주들은 반발했다. 사우스캐롤라이나가 가장 먼저 연방에서 탈퇴했다. 이어 조지아, 플로리다, 앨라배마, 미시시피, 루이지애나, 텍사스 등 6개 주도 연방을 떠났다. 1861년 2월에는 7개 주가 따로 아메리카 남부 연합을 결성하고 제퍼슨 데이비스를 대통령으로 선출했다.

　링컨은 미국을 분열시키는 행동은 절대 용납하지 않겠다고 선언했다. 7개 주의 즉각적인 연방 복귀를 명했다. 아메리카 남부 연합은 콧방귀를 뀌었다. 남부 지역의 연방 정부 재산을 몰수하고, 4월에는 사우스캐롤라이나에 있는 연방군의 섬터 요새에 폭탄을 투하했다. 남북 전쟁(1861~1865)이 시작되었다.

　처음에는 남군이 다소 우세했다. 전세를 역전시킬 계기가 필요했다. 링컨이 계기를 만들었다. 1863년 링컨은 노예 제도를 폐지하고 노

게티즈버그 전투를 묘사한 그림

예를 해방한다고 선언했다. 이 선언으로 인해 남부를 지원하던 영국
과 프랑스가 지원을 중단했다. 남부를 계속 지원하면 자칫 노예제를
옹호하는 것처럼 보일 수도 있기 때문이었다. 이어 7월에는 펜실베이
니아 게티즈버그에서 대형 전투가 벌어졌다. 이 전투는 남북 전쟁을
통틀어 가장 피해가 컸다. 단 3일 동안의 전투에서 남군과 북군을 합
쳐 5만 명 이상이 전사했다. 이 전투에서 북군이 승리하면서 전세가
완전히 역전되었다.

1865년 북군이 아메리카 남부 연합의 수도인 리치먼드를 점령했고,
제퍼슨 데이비스를 붙잡았다. 이로써 남북 전쟁은 최종적으로 북군의

승리로 끝이 났다. 안타깝게도 링컨 대통령은 전쟁이 끝나는 것을 목격하지 못했다. 약 한 달 전쯤 연극을 보러 워싱턴 포드 극장에 갔다가 피살되었다. 남북이 하나 되는 모습을 보지 못했지만, 그래도 노예 해방을 이루어 냈으니 링컨이 평생소원을 이루고 간 것 아니냐고 할 수도 있다. 하지만 이렇게 생각한다면 틀렸다. 링컨이 가장 원한 것은 노예 해방이 아니었다. 지상 과제는 따로 있었다. 연방을 지켜 내고 하나로 통합하는 것!

링컨에게 있어 모든 정책의 1순위는 미국 연방을 유지하는 것이었다. 노예 해방은 2순위였다. 실제로 연방을 유지할 수만 있다면 노예 제도를 그대로 두어도 상관없다는 의미의 발언을 여러 차례 했다. 심지어 어떤 지역에서는 그 지역의 상황과 분위기에 따라 노예제를 옹호하는 발언을 하기도 했다. 이를테면 어디서는 "특정 인종이 열등하다는 식의 궤변은 버리자. 모든 인간은 평등하게 태어났다"라고 했다가도 또 다른 곳에서는 "나는 백인과 흑인의 평등을 찬성한 적이 없다. 백인과 흑인의 결혼도 찬성하지 않는다. 백인과 흑인 사이에는 물리적 차이점이 있고, 그 차이점 때문에 동등하지 않다. 백인은 우월한 지위를 유지해야 한다"라고 했다.

어떤가? 여러분이 알고 있던 링컨의 이미지와 많이 다르지 않는가? 링컨 역시 정치인이었기에 별 수 없었던 것일까? 요즘도 선거 때가 되면 유권자의 입맛에 맞추어 수시로 공약이나 신념을 바꾸는 정치인이 많으니까 말이다. 어쨌거나 링컨의 진심은 명확했다. 노예제 폐지를 얻는다 해도 연방이 분열되거나 해체된다면, 아마도 링컨은 노예제 폐지를 포기했을지도 모른다.

그렇다고 해서 링컨이 노예 제도를 옹호했다는 뜻은 아니다. 링컨은 정치인으로서의 삶을 사는 동안 줄곧 노예제를 반대했다. 남북 전쟁 중에 노예 제도를 폐지한다고 선언한 데 이어 이를 헌법에 명문화한 것도 링컨의 업적이다. 그 헌법이 바로 수정 헌법 제13조다. 노예제도를 공식적으로 폐지한 수정 헌법 제13조는 1864년 12월에 발효되었다.

오늘날 미국인들은 대체로 링컨에게 우호적이다. 링컨은 늘 미국인이 가장 존경하는 대통령으로 꼽힌다. 아마 첫 번째 이유는 링컨이 미합중국을 미합중국답게 만든 최초의 대통령이기 때문일 것이다. 물론 노예 해방의 업적도 빼놓을 순 없겠지만.

우리는 '링컨=노예 해방'이라는 공식으로 그를 기억한다. 물론 그가 오늘날 아프리카계 미국인의 선조들에게 자유를 선물한 위대한 업적을 남긴 것은 바뀌지 않는 진실이다. 하지만 노예제 폐지는 링컨이 추구했던 정치적 노선의 일부분일 뿐이었다. 흑인들의 인권을 위해 투쟁했다는 것으로만 링컨을 기억해서는 안 된다. 링컨이 진정 원했던 것은 미합중국의 완성이었다.

에이브러햄 링컨

당신 인생의 일순위 과제는 무엇입니까?

고대와 중세 사이에
유럽을 지배한 아시아인이 있었다

아틸라, 훈족 그리고 헝가리

    잠깐 북유럽과 동유럽의 민족에 대해서 살펴보자. 북유럽 스칸디나비아반도의 스웨덴과 노르웨이는 노르만족의 고향이다. 하지만 인접해 있는 핀란드는 노르만족과 관련이 없다. 핀란드 민족의 조상은 볼가강 유역에서 건너왔다. 동유럽에서 가장 다수를 차지하는 민족은 슬라브족이다. 그런데 동유럽의 헝가리는 민족이 다르다. 헝가리를 구성하는 민족은 마자르족이다. 마자르족은 흑해 북쪽에서 살다가 9~10세기에 이곳으로 왔다. 한때 마자르족은 유럽인들에게 공포의 대상이었다. 하지만 그들은 유럽의 종교와 문화를 받아들이기로 했고, 동유럽의 일원이 되었다. 그들의 땅은 오늘날 헝가리로 발전했다.

    흥미로운 점이 있다. 핀란드와 헝가리의 언어는 유럽 어족이 아니라 아시아 계통에 속한다. 두 나라의 뿌리가 아시아에 있을 수도 있다는 이야기다. 심지어 핀란드에서는 요즘도 몽고점을 지닌 채로 태어나는 아기들이 있다고 한다. 헝가리의 뿌리를 찾아 역사를 거슬러

아이슬란드

노르웨이

스웨덴

핀란드

러시아

벨라루스

아일랜드

영국

폴란드

우크라이나

독일

프랑스

헝가리

루마니아

불가리아

이탈리아

포르투갈

스페인

터키

유럽 지도

올라가면 마자르족 이전의 다른 민족이 등장한다. 훈족이다. 헝가리 (Hungary)의 머리글자 'Hun'은 훈족을 뜻한다. 그러니 헝가리는 훈족 의 땅이라는 뜻이다. 로마가 서로마와 동로마로 나뉘어 있던 5세기경 유럽의 최고 강자는 훈 제국이었다.

중국 주변에 살고 있던 흉노족이 훈족의 조상이다. 중국 한족 왕조 의 잇단 공격에 흉노족의 일부가 서쪽으로 이동했다. 도나우강에 이 른 흉노족은 게르만족을 압박했고, 게르만족은 흉노족을 피해 로마

르네상스 시기 때 만들어진 메달에 새겨진 아틸라
의 얼굴

제국 영토로 들어갔다. 이것이 '게르만족
의 이동'이다. 훗날 게르만족은 끝내 서로
마 제국을 멸망시켰다. 결국 흉노족의 이
동이 유럽 역사를 바꾼 셈이다.

이제 본격적으로 훈 제국에 대해서 알
아보자. 훈 제국은 5세기에 중앙아시아~
중부 유럽에 이르는 광활한 영토를 지배
했다. 동로마와 서로마 제국 모두 훈 제
국에 조공을 바쳤다. 훈 제국을 이끈 여
러 명의 통치자 중에서 가장 걸출한 인물이 아틸라(재위 443?~453)다.
아틸라는 왕에 오른 뒤 모든 부족장을 굴복시키고 강력한 중앙 집권
체제를 구축했다. 그의 군대는 동에 번쩍, 서에 번쩍 하며 유럽 사람
들의 심장을 얼어붙게 했다. 동로마의 수도인 콘스탄티노플, 서로마의
수도인 로마(정확히 말하자면 라벤나)를 모두 정복할 수도 있었다. 유럽
사람들은 아틸라를 잔인한 약탈자로 여겼다. 당시 교황 레오 1세는
아틸라를 '신의 징벌'이라 불렀다.

447년 아틸라가 동로마 정벌에 나섰다. 목표는 수도인 콘스탄티노
플. 행군 도중 만나는 도시는 초토화시켰다. 아틸라의 군대는 곧 콘스
탄티노플에 이르렀다. 동로마 제국은 무턱대고 훈족과 맞붙을 수 없
었다. 이 무렵 동쪽의 사산 왕조 페르시아와 대치하고 있었기 때문이
다. 모든 병력을 훈족 쪽으로 배치할 수 없는 노릇이었고, 설령 그렇
다 해도 이길 자신도 없었다. 결국 동로마 황제 테오도시우스 2세는
막대한 배상금을 물고 강화 조약을 체결할 수밖에 없었다. 도나우강
하류도 빼앗겼다. 아틸라는 의기양양하게 군대를 돌렸다.

동로마 황제는 복수의 날만을 기다렸다. 2년 후 동로마 황제의 사절단이 훈 제국에 갔다. 황제는 사절단에 암살자를 끼워 넣었다. 이 사실이 아틸라에 적발되었다. 아틸라는 태연했다. 오히려 황금을 가득 넣은 주머니를 암살자의 목에 걸고는 황제에게 돌려보냈다. 테오도시우스 2세의 낯이 얼마나 뜨거웠을까.

450년에 테오도시우스 2세가 사망했다. 새로이 즉위한 로마 황제는 훈 제국에 바치던 공물을 폐지했다. 아틸라는 괘씸했지만 동로마 정벌을 뒤로 미루었다. 서로마 제국으로 목표 변경! 그럴 만한 이유가 있었다. 서로마 제국은 갈수록 약해졌고, 마침 침략의 구실이 생겼기 때문이다.

서로마 황제 발렌티니아누스 3세의 여동생 호노리아가 시종과 부적절한 관계를 맺다가 들통이 났다. 시종은 처형되었고 호노리아는 유배를 떠났다. 호노리아는 돌파구가 필요했다. 그녀는 아틸라에 청혼했다! 아틸라는 이 청혼을 마다할 이유가 없었다. 지참금을 거하게 뜯어낼 수 있으니까. 아틸라는 결혼 조건으로 서로마 제국 영토의 절반을 내놓으라고 했다. 발렌티니아누스 3세에게는 엄청난 굴욕이었다. 전쟁을 선택했다.

451년 아틸라가 서로마 정벌에 나섰다. 최대 10만으로 추산되는 그의 대군이 독일 라인강을 넘어 모젤강을 따라 서로마 제국으로 진격했다. 도중에 맞닥뜨린 도시는 모두 초토화시켰다. 오를레앙 카탈루냐평원에서 서로마-서고트족 연합 군대와 마주쳤다. 이 전투에서는 아틸라가 크게 패했다. 간신히 목숨을 건진 아틸라는 빈털터리가 되어 헝가리로 돌아갔다.

아틸라는 낙담하지 않았다. 452년 또 다시 서유럽으로 진격했다.

교황 레오 1세가 아틸라를 설득하는 장면을 묘사한 그림

이번에는 알프스산맥을 넘어 이탈리아 북부로 방향을 잡았다. 또 다시 초토화 작전이 진행되었다. 그 누구도 아틸라를 막지 못했다. 이대로 두었다가는 서로마 제국이 멸망할 판이었다.

교황 레오 1세를 단장으로 한 사절단이 급히 꾸려졌다. 교황은 기독교 세계와 로마를 파괴하지 말아 달라고 요청했다. 아틸라는 순순히 군대를 돌렸다. 아틸라는 과거에 콘스탄티노플을 점령할 때도 그랬지만 이번에도 정복을 눈앞에 두고 군대를 돌렸다. 동로마와 서로마 제국 모두를 정복할 수 있는 기회를 차 버린 것이다. 도대체 왜 그랬을까? 많은 역사학자들은 이렇게 평가한다. '교황이 직접 자신을 찾아왔기에 아틸라는 로마 제국 전체를 사실상 정복했다고 판단했다. 그러니 더 이상의 파괴를 막고, 사산 왕조 페르시아와의 전쟁에 대비하기 위해 군대를 돌린 것이다.' 이 가설은 이후 아틸라의 행적을 보면 판단할 수 있을 것이다. 하지만 그럴 수 없다. 453년 아틸라는 헝가리 궁전에서 결혼했고, 그날 밤 갑자기 죽음을 맞았다. 아틸라가 무슨 병으로 죽었는지 어디에 묻혔는지는 지금도 알려지지 않고 있다. 아틸라는 영원한 미스터리로 남았다.

이후 훈 제국은 몰락의 길을 걸었다. 그럼에도 불구하고 아틸라는 한동안 유럽 사람들에게 극악무도한 존재의 대명사로 여겨졌다. 아틸라의 기세에 얼마나 눌렸으면 그랬겠는가. 그런데 아틸라는 정말 흉악한 파괴자이기만 한 것일까? 아니었다. 아틸라는 행정에서도 탁월한 면모를 과시했다. 유목 민족은 전통적으로 제도가 취약하다. 끊임없이 이동하는 습성 때문이다. 아틸라는 로마와 그리스의 학자와 관료들을 받아들였고 그들에게 개혁을 맡기기도 했다. 또한 사치와 거리가 멀었다.

훈 제국이 멸망한 후 수백 년 동안 그 땅은 주인이 없는 채로 잊혀졌다. 시간이 흘러 마자르족이 터를 잡고 살았다. 역사적으로 따져 보면 오늘날의 헝가리와 훈족은 혈통적으로 아무런 상관이 없다고 봐도 무방하다. 하지만 헝가리에서는 전통적으로 아틸라를 자기들의 조상으로 여겼다. 현재도 헝가리에서는 아틸라가 국가적 영웅으로 추앙받고 있다.

만약 헝가리의 역사를 훈 제국으로부터 시작한다면 그 역사는 5세기 초반으로 거슬러 올라간다. 오늘날의 프랑스와 독일, 이탈리아, 오스트리아 등 유럽 국가들의 전신인 프랑크 왕국은 5세기 후반에 탄생했다. 그렇다면 헝가리가 로마에 이어 유럽을 장악했던 나라가 된다. 이처럼 관점에 따라 역사는 달리 해석된다. 이 또한 역사 공부의 재미가 아니겠는가.

열기구 발명가는
열기구를 절대 타지 않았다

열기구를 발명한 몽골피에 형제

1903년 7월, 미국의 라이트 형제는 동력 비행기로 하늘을 나는 데 성공했다. 윌버 라이트(1867~1912)와 오빌 라이트(1871~1948)는 항공 역사를 새로 썼다. 첫 비행에 12초 동안 36미터를 날았다. 두 번째 시도에서는 59초를 비행했고, 거리도 244미터로 늘렸다. 고작 이 정도 가지고 호들갑이냐고? 아니다. 이는 혁명에 가까운 사건이었다. 인류가 마침내 기계 장치를 이용해 하늘을 날았잖은가. 라이트 형제는 비행기 모형으로 200회 이상, 글라이더로 1,000회 이상 시험 비행을 했다. 이런 노력 끝에 가솔린 기관을 비행기에 장착할 자신이 생겼던 것이다. 그렇다면 라이트 형제가 비행에 성공한 최초의 인류일까? 그렇지 않다. 인류의 역사가 수천 년인데, 비행에 도전했던 인물이 없었겠는가. 다시 말하지만 라이트 형제가 처음 하늘을 난 인물은 아니다. 라이트 형제는 '동력'을 사용한 첫 비행에 성공했던 것이다.

라이트 형제가 비행에 성공하기 10여 년 전인 1891년, 독일의 오토

릴리엔탈(1848~1896)이 글라이더 비행에 처음
으로 성공했다. 릴리엔탈 또한 하늘에 관심이
많았다. 하늘을 날기 위해 새가 날아가는 모습
을 꼼꼼히 관찰했다. 글라이더를 만든 후에도
10년 넘게 업그레이드하고 또 업그레이드했다.
그 결과 사람이 탈 수 있는 글라이더를 개발했
다. 안타깝게도 릴리엔탈은 1896년 글라이더
비행 도중 추락해 사망했다. 하지만 그의 노력
이 물거품이 된 것은 아니다. 라이트 형제가 비

Montgolfiers Luftballon, 1783.
몽골피에 형제가 만든 열기구 스케치

행기에 관심을 가지게 된 계기가 릴리엔탈의 글라이더 비행이었다. 그
러니까 릴리엔탈은 거대한 영감을 세상에 던졌고, 비행기 탄생의 길
을 연 셈이다.

그렇다면 오토 릴리엔탈이 최초의 비행사일까? 이 또한 아니다. 이
미 중세 시절에 하늘을 날겠다며 높은 곳에서 뛰어내린 아랍인들이
적지 않았다. 아주 오래전의 그리스 신화에 등장하는 이카로스는 새
깃털을 밀랍으로 붙여 만든 날개를 달고 하늘을 날았다. 그렇다. 비행
은 인류의 아주 오래된 꿈이었다.

제대로 된 비행의 진정한 출발점이 어디일까? 과학자들은 대체로
18세기 후반의 프랑스를 지목한다. 바로 이때 하늘을 날기 위한 도
구가 발명되었고, 실제로 비행에 성공했기 때문이다. 그 도구는 바
로 기구(balloon)였다. 기구를 발명한 인물은 조제프 미셸 몽골피에
(1740~1810)와 자크 에티엔느 몽골피에(1745~1799). 흥미롭게도 이들도
형제였다.

많은 과학적 발명이 그러했듯이 열기구 또한 '우연'에서 시작되었

다. 기계에서 나온 뜨거운 바람이 들어찬 종이봉투가 바닥 위를 낮게 날고 있는 것을 목격했다. 형은 생각했다. '만약 사람이 탈 수 있는 대형 바구니를 만들고 풍선에 뜨거운 공기를 채우면 날 수 있지 않을까?' 몽골피에 형제는 꿈을 현실로 만들기 위해 노력했고 드디어 열기구 개발에 성공했다! 이어 1782년에 마을 들판에서 첫 실험을 가졌다. 나무와 밀짚을 태워 뜨거운 공기를 발생시키자 풍선이 두둥실 떠올랐다. 열기구는 30미터 정도 떠올랐고, 2킬로미터를 날아갔다. 대성공이었다.

실험은 계속되었다. 1783년에는 공개 실험을 가졌다. 이때 열기구는 1,000미터 이상 올라갔다. 대성공이었다. 이제 형제의 열기구는 전국적인 관심을 받게 되었다. 심지어 프랑스의 국왕 루이 16세까지 관심을 보였다. 3개월 뒤 베르사유 궁전에서 다시 비행 실험이 이루어졌다. 루이 16세는 사형수를 태우자고 했다. 형제는 정중히 거절했다. 아직 과학적 근거가 입증되지 않아서였다. 그 대신 닭, 오리, 양을 태웠다. 열기구가 천천히 날아올랐다. 최고 400미터 이상 올라갔고, 8분 동안 3킬로미터를 비행했다. 착륙 과정에서 기구가 약간 찢어지기는 했지만 다른 사고는 없었다. 이제 더 망설일 필요가 없었다. 사람이 직접 열기구를 타는 일만 남았다.

2개월 후인 1783년 11월, 파리 인근의 불로뉴 숲에서 다시 비행 실험을 했다. 이번에는 사람을 태웠다. 혁명적인 사건을 목격하기 위해 수만 명의 인파가 몰렸다. 이날 열기구는 1,000미터 상공까지 올라갔고, 25분 동안 9킬로미터를 비행했다. 비행 막바지에 기구에 작은 불이 났지만 인명 피해는 없었다. 당시 미국 대사 자격으로 현장에 있었던 벤저민 프랭클린은 "항해자(비행사)가 모자를 벗고 관람객에게 인사했다. 우리는 경의와 찬사를 동시에 보냈다"라고 했다.

마침내 사람이 하늘을 날았다! 그렇다면 몽골피에 형제가 인류 최초로 하늘을 난 비행사가 되는 것일까? 아니다. 몽골피에 형제는 위대한 업적을 남길 수 있는 기회를 걷어찼다. 동생은 기구에 탑승하지도 않았다. 형은 탑승했다가 이륙하기 전에 곧바로 내렸다. 이해할 수 있는 형제의 행동에 대해서는 설이 분분하다. 형제가 고소

로지에의 열기구 비행을 묘사한 그림

공포증이 있었다고 분석한 글이 많다. 하지만 외국 사이트를 뒤져 보면 이와 다른 형의 고백을 찾을 수 있다. "아버지가 하늘을 나는 것에 반대했다. 아버지와의 약속을 지키기 위해 비행하지 않았다." 효심이 깊었던 것일까, 아니면 유약했던 것일까? 어쨌든 몽골피에 형제는 열기구를 발명했지만 최초 비행사의 영광은 얻지 못했다. 최초 비행사의 영예는 장 프랑수아 필라트르 드 로지에(1754~1785)에게 돌아갔다. 로지에는 하늘에 관심이 많은 과학자였다. 몽골피에 형제의 열기구 시험 비행 소식을 듣고 일찌감치 합류했다. 여러 실험을 같이 한 끝에 첫 유인 비행에서 열기구에 오른 행운을 누린 것이다.

또 하나 흥미로운 사실이 있다. 당시 몽골피에 형제와 경쟁을 하던 인물이 있었다는 점이다. 게다가 그 경쟁자는 아주 유명한 물리

학자였다. 바로 샤를-보일의 법칙으로 유명한 물리학자 자크 알렉상드르 세자르 샤를(1746~1823)이다. 샤를은 몽골피에 형제에게 뒤처졌다. 하지만 샤를은 열기구를 만들었을 뿐 아니라 직접 탑승해 3,000미터 상공까지 날아올랐다. 게다가 샤를의 열기구는 훨씬 더 과학적이었다. 공기보다 가벼운 수소 가스를 사용했고, 밸브를 달아서 상승과 하강을 마음대로 조절했다. 영국과 프랑스 사이의 도버 해협을 먼저 횡단한 쪽도 샤를의 열기구였다. 1785년 존 제프리스란 인물이 도전에 성공한 것이다.

약 5개월 후 몽골피에 형제 쪽도 도버 해협 횡단에 도전했다. 이때 도전에 나선 비행사는 바로 로지에였다. 안타깝게도 이 비행은 로지에의 마지막 도전이 되고 말았다. 이륙한 지 30분 만에 열기구에 불이 붙었다. 열기구는 공중에서 폭발했고 곧 프랑스 해안가에 추락했다. 로지에는 동승자들과 함께 사망했다. 이 사고는 최초의 항공 사고로 기록되었다.

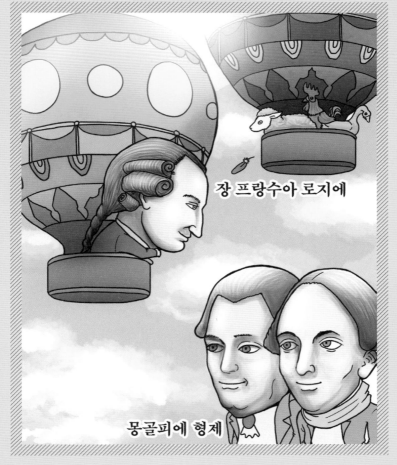

장 프랑수아 로지에

몽골피에 형제

행동하는 이론가가 가장 멋져 보여

새뮤얼 모스는 정말로
모스 부호를 훔쳤는가?

전신 기술과 전신 부호에 얽힌 이야기

과학 기술 관련 인터넷 사이트에서 자료를 찾던 중 자유 게시판에 오른 글이 필자의 시선을 붙들었다. '교수 대신 리뷰를 10편이나 쓰는데 언제까지 교수 이름이 올라가야 하나요?' 아마도 논문 리뷰와 관련된 작업을 하고 있는데, 교수의 단독 작업인 것처럼 꾸미라는 지시를 받은 것 같았다. 댓글을 보니 찬반이 팽팽했다. 리뷰는 논문과 다르기 때문에 교수가 제자 교육을 위해 충분히 그럴 수 있다는 의견이 있는가 하면, 경위야 어쨌든 제자 입에서 저런 말이 나온다면 그 교수의 가르침이 실패한 것이라는 의견도 있었다. 한 댓글에 눈이 번쩍 뜨였다. '재주는 곰이 넘고……' 그렇다. 경위야 어떻든 지위나 권력을 악용해 다른 사람의 공로를 가로채는 것은 옳지 않다. 하물며 스승이 그래서야 되겠는가.

과학계에서 업적 때문에 다투는 사례는 적지 않다. 연구 성과를 통째로 가로채는 경우도 있다. 혹시 '모스 부호'를 알고 있는가. 디지털

새뮤얼 모스가 그린 〈루브르 미술관(Gallery of the Louvre)〉

시대라지만 모스 부호의 탄생 스토리를 꺼내 볼까 한다. 왜? 곰이 재주를 넘었는데, 돈은 사육사가 '꿀꺽'한 사례일 수도 있기 때문이다.

모스 부호는 전신기를 통해 원격지로 신호를 보낼 때 사용하는 부호다. 1837년 미국의 새뮤얼 모스(1791~1872)가 개발한 것으로 '알려져' 있다. 점 3개, 줄 3개, 점 3개로 쉽게 신호를 전송할 수 있어 국제적으로 널리 사용되었다.

모스는 이 모스 부호와 전신기 특허로 돈방석에 앉았다. 모스 부호는 쓰이지 않는 곳이 없었다. 심지어 21세기인 요즘에도 모스 부호는 아련한 추억을 불러일으키는 장치로 영화에 등장한다. 그러니 모스란 사람이 누군지는 몰라도 모스 부호에 대해서는 모르는 이가 없다고 해도 과언이 아니다. 그렇다면 최초 발명자 모스는 어떤 사람일까?

우선 모스가 과학자가 아니었다는 점부터 알아 두자. 그는 화가였고 미술 교수였다. 1832년 이탈리아에서 유학을 마치고 미국으로 돌아오던 배 위에서 우연히 전자석과 전신 학문에 대한 지식을 처음 접했다. 한 과학자 탑승객이 청중을 모아 놓고 전자석에 대한 이야기를 자랑스레 떠벌였다. 그 청중 속에는 모스도 섞여 있었다. 이 경험이 모스가 전신기를 만들어 보겠다고 생각한 계기가 되었다.

모스는 미국에 돌아온 후 뉴욕 대학에서 미술을 가르치는 교수가 되었다. 이 무렵 전신기 개발에 꽂혀 있었다. 전신에 대해 잘 알고 있는 전문가를 물색하기 시작했다. 그러다가 찾은 인물이 프린스턴 대학교의 물리학 교수 조지프 헨리(1797~1878)였다. 사실 초보적인 전신기는 이미 19세기 초에 발명되었다. 대중적으로 사용할 수 있는 상업적 전신기가 필요한 상황이었다. 그런 가능성을 보인 전신기를 고안해 낸 인물이 헨리였다. 헨리는 모스가 전신에 관심을 갖기 전인 1831년에 이미 전자기를 사용해 정보 신호를 전달하는 방법을 개발했던 것이다. 이론은 확립했으니 상업적인 전신기만 만들어 내면 성공이었다.

이 소식을 들은 모스는 당장 헨리를 찾아갔다. 모스는 자신이 들었고, 또 새로 알게 된 유럽의 전신 연구 내용을 헨리에게 들려주었다. 헨리에게 이 뉴스가 자극제가 되었다. 곧바로 전신기를 만드는 작업에 돌입했다.

물론 헨리 혼자서 할 수 있는 일은 아니었다. 전기 기술에 대해 잘 알고 있는 사람의 도움이 필요했다. 헨리는 전기 기술자인 알프레드 베일(1807~1859)을 끌어들였다. 헨리는 이론을 제시하고, 베일은 그

에 따라 전신기를 만들어 나갔
다. 두 사람이 합심해서 전신기
에 쓸 전기 신호, 즉 전신 부호
도 개발하는 데 성공했다. 헨리
와 베일은 전신기와 전신 부호
에 대한 이야기를 모스에게 알
려 주었다. 이를 동료 의식이라
해야 할까. 어쨌든 얼마 지나지
않아 이 전신기와 전신 부호의
특허가 떨어졌다. 특허 소유자

새뮤얼 모스가 만든 것으로 알려진, 목재로 만든 전신기의 데
모 모델

는? 헨리와 베일이 아니라 모스 개인이었다. 특허권에 대한 두 사람의
지분은? 단 1%도 없었다.

이 대목에서 해석과 평가가 엇갈린다. 지금까지의 이야기에 반박하
는 이들도 꽤 있다. 모스가 헨리로부터 얻은 아이디어로 스스로 이론
을 개발했고, 나아가 베일을 고용해 전신기와 전신 부호를 만들었다
고 한다. 이 주장에 따라 이야기를 다시 써 보자.

모스가 헨리를 만난 것까지는 똑같다. 그 다음의 이야기는 완전히
다르다. 모스는 그림을 그리는 작업실을 전신기 개발을 위한 작업실
로 개조했다. 이후 오로지 전신기 개발에만 매달렸다. 하지만 기계에
대해 잘 몰랐기에 곧 난관에 부닥쳤다. 모스는 기계를 잘 다루는 공
장주 베일을 끌어들였다. 베일은 모스의 지시에 따라 수신 장치와 송
신 장치 모두를 간편하게 개선했다.

만약 이 이야기가 사실이라면 모스는 총지휘자의 역할을 했다. 과
학에 문외한인 사람은 새로운 발명을 할 수 없다는 편견을 깬 창의적

만년의 새뮤얼 모스

기업가라고 평가해도 될 듯하다. 또한 이를 통해 막대한 재산을 벌어들인 벤처 기업가이기도 하다. 하지만 과학계의 평가는 대체로 전신기와 전신 부호가 헨리와 베일의 작품이며 모스가 독차지했다는 데 기울어 있다. 심지어 모스가 두 사람 몰래 특허를 신청했다는 주장까지 있다.

이제 특허를 따 낸 이후 모스의 행적을 보자. 모스는 미국 의회를 설득해 지원을 얻어 내는 데 성공했다. 미국 의회는 모스가 워싱턴과 볼티모어 사이에 전신선을 세우는 데 필요한 3만 달러를 지원했다. 마침내 모든 작업이 끝났다. 1844년 5월 24일, 모스는 공개 시연을 실시했다. 원격으로 떨어진 베일에게 보낸 첫 송신은 이후 전 세계적으로 유명한 문구가 되었다. "What Hath God Wrought(신은 무엇을 만드셨는가)?" 이어 전신 회사가 속속 생겨났고, 그 결과 특허권을 가지고 있는 모스는 막대한 재산을 축적할 수 있었다.

사실 모스 외에 전신이 성공하기까지는 수많은 사람의 기여가 있었다. 하지만 우리는 진실과는 상관없이 모스만 기억한다. 이 모스의 사례야말로 재주는 곰이 부렸는데, 돈은 사육사가 모두 챙긴 것과 이치가 같지 않은가. 냉정해질 필요가 있다. 정말로 모스가 파렴치한이 맞을까? 관점만 달리 한다면 모스에 대한 평가는 달라질 수 있다. 모스의 발명에 얽힌 모든 이야기를 종합해 보면 모스는 '기획자'였던 것 같다. 헨리는 그 기획에 맞춰 설계를 했고, 베일은 설계에 따라 장비를 만들었다. 사실 기획자가 없었다면 설계와 장비는 탄생할 수 없다. 이 점을 인정한다면 모스를 비난할 수만은 없다. 개발 자금을 누가 댔느냐에 따라서도 평가가 달라질 수 있다. 그 어떤 자료에서도 헨리와 베일이 개발 자금을 부담했다는 이야기는 볼 수 없다. 그렇다면 모스가 투자자로서의 역할도 했다는 추론이 가능하다.

이제 모스에 대한 논란은 많이 잦아든 것 같다. 어쩌면 모스 부호를 더 이상 쓰지 않기 때문이리라. 이런 논란과 별도로, 아날로그의 추억이 하나 더 사라진 것 같아 아련해진다.

최초 이전의
진짜 최초

대부분의 사람이 '1등'만을 기억한다. 달에 최초로 발자국을 남긴 닐 암스트롱은
알아도 두 번째로 달에 내려선 버즈 올드린에 대해서 기억하는 사람은 많지 않다.
역사의 스포트라이트는 대부분 '최초'에 맞추어져 있다. 최초의 문명, 최초의 인
물, 최초의 성공……. 처음은 모든 것의 출발점이 되기에 영예를 누릴 자격이 있
다. 하지만 때로는 최초가 아니면서 최초로 잘못 각인된 경우도 있다. 역사의 오
기(誤記)이거나 조작일 수 있고 오랜 시간 잘못된 상식이 유통된 것일 수도 있으
며 관점에 따라 달리 해석된 것일 수도 있다. '최초' 뒤에 숨은 이야기에 귀 기울이
면서 역사의 이면을 들여다보자.

만델라 이전에
아프리카 최초의 노벨 평화상 수상자가 있었다
자유와 인권을 위해 투쟁한 두 거목

　세상을 살아가는 방식도, 대상을 인식하는 방식도 사람마다 다르다. 아프리카 최남단의 남아프리카 공화국(남아공)을 '인식하는' 여러분의 방식은 어떠한가? 여행을 좋아한다면 희망봉을 비롯한 절경을, 축구를 좋아한다면 월드컵 개최국이라는 이미지를 떠올릴 것이다. 인물에 관심이 있다면? 아마도 넬슨 만델라(1918~2013)를 입에 올리지 않을까.

　만델라는 남아공의 흑인 인권 운동가다. 백인 정부의 인종 차별에 맞서 투쟁하다 종신형을 선고받고 27년을 복역했다. 출소한 후에도 투쟁을 계속했고, 1994년 흑인이 참여한 첫 자유선거에서 남아공 최초의 흑인 대통령에 당선되었다. 이보다 1년 전에는 남아공의 인종 차별 정책을 종식시킨 공로를 인정받아 노벨 평화상을 수상했다. 남아공의 인종 차별 정책을 '아파르트헤이트'라고 한다. 지구상에서 가장 악질적인 인종 차별 정책이다. 이에 대해서 알려면 남아공의 역사를

남아프리카에 케이프타운을 건설해 백인 정착의 길을 연 네덜란드인 얀 반 리베크가 남아프리카에 도착했을 당시를 묘사한 그림

들여다보아야 한다.

17세기 중반 네덜란드 이주민이 남아프리카에 식민지를 세웠다. 그들을 보어인(농부)이라 불렀다. 식민지에는 다이아몬드와 금이 풍부했다. 보어인들은 흑인을 동원해 보물을 캐게 했다. 19세기 후반 영국이 이곳에 진출했다. 보어인들이 영국에 맞섰다. 보어 전쟁(1899~1902)이다. 영국은 세계 최강이었다. 보어인들은 항복할 수밖에 없었다.

1910년 영국은 나탈, 케이프, 트란스발, 오렌지 자유국 등 4개의 지역을 묶어 남아프리카 연방을 세웠다. 이 연방이 남아공의 모태다. 영국 정부는 남아프리카 연방에 노예 제도를 폐지할 것을 촉구했다. 하지만 남아프리카 연방의 백인 정부는 들은 척도 하지 않았다. 제2차 세계 대전이 끝나고 1948년 국민당 백인 정부가 들어섰다. 국민당 정부는 백인의 기득권을 지키기 위해 영국과의 대결도 불사했다. 우선

2006년, 초상화 모델로 화가 앞에 선 넬슨 만델라

신분증에 백인인지 흑인인지를 명시하는 법을 만들었다. 아파르트헤이트의 시작이다. 1959년에는 반투 자치 촉진법이라는 것도 만들었다. 말로는 반투족의 자치를 촉진한다면서 실제로는 반투스탄이라는 황무지에 흑인들을 몰아넣었다. 흑인들은 백인이 사는 도시와 해변, 공원에 갈 수 없었다. 이런 곳에 흑인들이 갈 수 있는 경우는 허드렛일을 할 때뿐이었다.

전 세계가 경악했다. 남아공은 국제 제재 때문에 국제 행사에 나갈 수 없었다. 그래도 국민당 정부는 아파르트헤이트를 고수했다. 흑인들은 아프리카민족회의(ANC, African National Congress)를 주축으로 저항하기 시작했다. 1960년 흑인들의 대규모 시위가 벌어졌다. 정부 발포로 70여 명이 사망했고, 2만 명 가까이 체포되었다. 국민당 정부를 향한 비난의 목소리가 더욱 커졌다. 영국도 여기에 동참했다. 1961년 국민당 정부는 영국으로부터의 독립을 선언했다. 이때부터 나라 이름이 남아프리카 공화국이 되었다.

이후 만델라는 '민족의 창'이라는 게릴라 조직을 만들어 맞섰다. 지도자만 없애면 민중은 개미처럼 흩어질 것이라 여긴 정부가 1962년 만델라를 체포했다. 만델라는 1990년에야 풀려났다. 무려 27년이나 갇혀 있었던 것이다.

흑인들의 오랜 투쟁과 국제 사회의 강력한 제재를 견디지 못한 백인 정부가 두 손을 들었다. 인종 차별 정책은 무너졌고, 만델라가 대통령이 되었다. 때문에 많은 사람들이 만델라가 아프리카에서 최초로 노벨 평화상을 수상했다고 생각한다. 하지만 만델라보다 앞서 노벨 평화상을 수상한 아프리카인이 있었다. 그는 유럽과 아메리카 외의 지역에서 최초로 노벨 평화상을 수상했다. 바로 앨버트 루툴리(1898~1967)다. 이 이름이 낯선 독자들도 있겠지만, 루툴리도 만델라 못지않은 거목이다.

앨버트 루툴리. 줄루족 이름은 음붐비다. 아프리카 민족회의 의장을 지냈고, 아프리카인 최초로 노벨 평화상을 수상했다.

    루툴리는 만델라보다 스무 살이 많았고 ANC 의장을 지냈다. 노벨 평화상을 타게 된 공적도 비슷하다. 첫째가 아파르트헤이트에 맞서 비폭력 투쟁을 한 점이고, 둘째가 ANC의 발전을 위해 노력한 점이다. 루툴리도 가택 연금을 당했다. 무력 사용을 주장하기도 했던 만델라와는 달리 루툴리는 처음부터 끝까지 비폭력 투쟁을 고수했다.

    루툴리는 아프리카의 대표적 부족인 줄루족이다. 그의 줄루족 이름은 '음붐비'다. 우리말로 옮기면 '끊임없이 내리는 비'라는 뜻이란다. 그의 아버지가 기독교 선교사였기에 앨버트라는 서양 이름을 갖게 된 것이었다. 루툴리는 38세 되던 해 주민들의 거듭된 권유로 교사를 접고 족장에 올랐다. 족장이 된 후에는 교육 사업에 특히 신경을 썼다. 가난한 아이들과 이주 노동자를 위한 학교를 세웠다. 다른 지역의 원주민들과도 연대했다. 멀리 떨어진 마을을 찾아가 족장들을 설득했다. 이 과정에서 그는 남아프리카 흑인들의 비참한 현실을 목격했다. 정치인이 되어야 했다. 1944년 ANC에 가입하면서 본격적인 투쟁에 나섰다.

1950년대 초반 ANC는 루툴리의 주도로 백인 정부에 대한 불복종 운동을 벌였다. 불복종 유형 중에는 '일부러 옥에 들어가기'란 것도 있었다. 시위를 벌인 뒤 자발적으로 체포되어 재판에서 유죄를 받자는 운동이었다. 백인 정부의 행정력을 낭비시키려는 의도였다.

백인 정부가 루툴리에게 접근했다. 처음에는 달래는 척하더니 이윽고 본색을 드러냈다. 당장 ANC를 탈퇴하라고 압박했다. 루툴리는 거부했다. 백인 정부는 그의 추장 사무실을 폐쇄해 버렸다. 루툴리는 더 과감하게 나갔다. 바로 그 해, 즉 1952년 12월 ANC 의장에 선출되었다. 이제 루툴리에게 강력한 조직이 생겼다!

1956년, 루툴리는 흑인들이 원하는 내용을 조사해 자유헌장을 제정했다. 백인 정부는 루툴리를 더 이상 방치해서는 안 된다고 생각하고, 그를 가택 연금시켰다. 하지만 그는 낙담하지 않았다. 투쟁은 계속되었다. 1960년, 루툴리가 노벨 평화상 수상자로 선정되었다. 남아공 정부는 치졸하게도 그의 노벨상 수상을 막기 위해 여행을 금지시켰다. 하지만 전 세계가 그를 지지했다. 결국 정부도 어쩔 수 없이 해외여행을 허락해야 했다.

자유를 위해 투쟁한 두 거목. 그들 덕분에 21세기인 지금, 아파르트헤이트는 사라졌다. 남아공은 국제 사회의 일원으로 당당히 섰다. 2010년에는 FIFA 월드컵을 개최하기도 했다. 하지만 안타까운 이야기가 들려온다. 권력을 잡은 흑인 권력자들이 과거 백인 정부의 권력자처럼 타락했다는 이야기다. 정말로 권력 앞에는 장사가 없나 보다. 이말이 사실이라면 두 거목이 지하에서 통곡할 일이다.

과거 청산은 반드시! 그러나 정치 보복은 폭력일 뿐!

지동설을 최초로 주장한 사람은
코페르니쿠스가 아니다

1,700년이 걸려 입증된 진실

매일 같은 시각에 밤하늘을 관찰하면 별자리가 약 1도씩 동쪽에서 서쪽으로 이동하는 것을 알 수 있다. 1년이 지나면 그 별자리는 원래 자리로 돌아온다. 이를 연주 운동(年周運動)이라고 하는데, 1년을 주기로 천체가 지구 둘레를 한 바퀴 도는 것처럼 보이는 현상을 일컫는다. 하지만 정확히 말하면 이는 천체가 아니라 지구가 움직이기 때문에 나타나는 현상이다. 지구는 태양을 중심으로 매일 1도씩 서쪽에서 동쪽으로 이동하다가 1년이 지나면 원점으로 돌아온다.

요즘에는 이런 천문학 지식이 상식에 속한다. 지구가 태양을 중심으로 돈다는 지동설을 최초로 주장한 사람이 누구냐는 질문에도 주저하지 않는다. "중세 폴란드의 천문학자이자 신부인 코페르니쿠스!" 하지만 땡! 가장 먼저 지동설을 주장한 학자는 니콜라스 코페르니쿠스(1473~1543)가 아니다. 그보다 약 1,700년 전의 고대 그리스 학자가 이미 지동설을 주장했다. 그 학자의 이름은 아리스타르코스(기원전

사모스섬의 피타고라스 기념상

310~기원전 230).

　기원전 6세기부터 기원전 3세기까지 고대 그리스는 철학, 사상은 물론 과학에서도 대약진을 이루었다. 수많은 학자들이 현대 과학에까지 영향을 미치는 많은 이론을 만들어 냈다. 피타고라스의 정리도 이때 만들어졌다. 피타고라스(기원전 580~기원전 500)는 그리스 에게해에 있는 사모스섬에서 태어난 철학자이자 수학자다. 그런데 사모스섬 출신의 유명한 인물이 적지 않다. 『이솝 우화』의 저자인 아이소포스(이솝)가 기원전 6세기 무렵에 이곳에서 태어났다. 기원전 4세기 중반에 역시 이곳에서 태어난 에피쿠로스는 쾌락주의로 표현되는 에피쿠로스학파의 창시자다. 아리스타르코스는 에피쿠로스보다 약 30년 늦게 이 섬에서 태어났다.

　아리스타르코스는 태양과 달의 크기, 지구~달의 거리, 지구~태양의 거리 등을 처음 관측했다. 그의 저서 『태양 및 달의 크기와 거리에 대해서』에 이와 관련한 기록이 남아 있다. 하지만 아리스타르코스는 실제 수치를 측량하지는 못하고 비율만 제시했다. 지구~태양의 거리는 지구~달의 거리의 18~20배, 태양의 크기는 지구의 300배라고 했다. 현대 과학의 기준에서 보면 이 수치는 틀렸다. 실제 지구~태양의 거리는 지구~달의 거리의 400배 정도다. 하지만 아리스타르코스의 업적이 엉성한 것만은 아니다. 최초의 시도와 입증, 그 자체만으로도 가치를 지닌다. 게다가 아리스타르코스의 더 뛰어난 업적은 따로 있다. 바로 지동설을 주장했다는 점이다. 그는 이와 관련한 저서를 남기지는 않았다. 아테네의 에라스토테네스(기원전 276~기원 194)가 자신의 책에서 아리스타르코스의 지동설을 소개하고 있어 이 사실을 알 수 있게 되었다. 에라스토테네스는 처음 지구의 둘레를 측정한 과학자다.

사실 아리스타르코스가 왜 지동설을 주장했는지, 결정적인 근거는 무엇인지에 대해서는 정확히 밝혀진 것이 없다. 다만 그는 태양이 지구보다 크다는 사실을 입증했다. 그리고 크기가 큰 태양이 지구를 도는 것이 아니라 크기가 작은 지구가 태양을 도는 것이 더 이치에 맞는다고 생각했다. 아리스타르코스는 태양의 연주 운동이 지구의 공전에 따른 것이라 주장했다. 그는 연주 운동의 실체를 명확히 이해했다. 지구가 공전하기 때문에 이런 현상이 나타난다는 사실을 간파했던 것이다.

아리스타르코스의 지동설 주장을 당대에는 어떻게 받아들였을까. 예상한 대로다. 당시에는 지구를 중심으로 태양이 돈다는 천동설(지구중심설)이 지배적이었다. 플라톤과 아리스토텔레스도 천동설을 옳다고 여겼다. 그러니 당연히 아리스타르코스의 지동설 주장은 즉각 비판에 직면했다. 어떤 학자들은 아리스타르코스가 신을 모독했으니 처벌해야 한다고 주장하기까지 했다. 까짓것, 증명해 보이면 되지 않을까? 지구가 태양을 중심으로 돈다면 시간에 따라 별자리가 이동하는 것처럼 보인다. 이를 '연주 시차'라 한다. 만약 이 연주 시차를 입증해 내면 지동설도 설득력을 얻는다. 하지만 아리스타르코스는 그럴 수 없었다. 당시의 과학 수준이 낮아서다. 연주 시차는 18세기 이후에야 증명된다.

코페르니쿠스

어쨌거나 아리스타르코스의 지동설은 천동설에 가려 1500년이 넘도록 무시되어 왔다. 물론 지동설을 주장하는 학자들이 전혀 없었던 것은 아니다. 그러나 목소

케플러

리를 높일 수 없었다. 크리스트교가 지배하던 중세 유럽에서는 목숨을 걸어야 할 일이었다. 지동설을 주장했다가 교리에 어긋난다는 이유로 처형될 수도 있었다.

지동설이 다시 주목을 받게 된 것은 16세기의 일이다. 1530년경 코페르니쿠스가 「천체의 회전에 관하여」라는 논문에서 지동설을 다시 꺼내 들었다. 하지만 당장 책으로 출간하지는 않았다. 책은 그의 사후에 출간되었다. 당장 교회가 불경하다며 난리를 쳤을까? 그건 아니었다. 이유가 있었다. 우선 책의 서문을 성직자가 썼다. 때문에 교회가 무작정 이단이라고 몰아붙일 수 없었다. 두 번째, 코페르니쿠스의

원 안의 크레이터가 아리스타르코스 크레이터다.

지동설은 천동설과 많은 부분이 닮아 있었다. 좀 단순하게 말하자면, 코페르니쿠스는 태양과 지구의 위치만 바꾸었다. 당시까지 알려져 있던 태양계의 구조를 획기적으로 바꾼 것이 아니란 얘기다. 이런 여러 이유로 해서 코페르니쿠스의 지동설에 대해 성직자들조차 파괴적이라고 여기지는 않았던 것이다.

지동설을 과학적으로 체계화한 인물은 요하네스 케플러(1571~1630)다. 케플러는 1609년 행성의 궤도가 원형이 아니라 타원이라는 법칙을 비롯해 총 3개의 케플러 법칙을 잇달아 발표했다. 이로써 지동설은 비로소 과학의 영역에서 입증이 되었다. 이후 이 '가설'은 '과학적 진실'로 승격했다. 따지고 보면 지동설을 완성하는 데 걸린 시간은 약 1,700년에 이른다. 과학자 한 사람 한 사람의 업적이 쌓이고 쌓여 이

룩한 결실이다.

달 표면을 천체 망원경으로 관측하면 움푹 파인 구덩이가 여러 개 보인다. 이 구덩이는 운석들이 달과 충돌할 때 생긴 흔적이다. 이 운석 구덩이를 크레이터라고 한다. 크레이터에는 역사상 최고의 천문학자 이름을 붙인다. 당연히 아리스타르코스, 코페르니쿠스, 케플러의 이름을 딴 크레이터도 있다.

흥미로운 점 하나. 아리스타르코스 크레이터 중심의 봉우리 온도가 달에서 가장 높단다. 믿거나 말거나 식의 이야기이겠지만 사실이었으면 좋겠다. 시대의 어둠을 깨뜨리기 위해 도전한 영웅에 대한 최소한의 배려가 될 테니까 말이다.

조지 워싱턴보다 앞선
미국 대통령이 있다?

미국 건국에 힘을 모은 President들

가벼운 퀴즈로 시작하자. 미국의 초대 대통령은 누구일까? 조지 워싱턴(1732~1799)이다. 워싱턴은 미국 정부가 출범한 후에 취임한 첫 '공식' 대통령(President)이다. 이 말은 이렇게 해석할 여지가 있다. "조지 워싱턴 이전에 '비공식적인' 대통령이 있었다." 정말로 그랬다. 그것도 한 명이 아니라 여러 명의 'President'가 있었다. 이 이유를 알려면 우선 미국 독립의 역사부터 알아 두는 것이 좋을 것 같다.

18세기까지만 해도 미국이라는 나라는 존재하지 않았다. 오늘날의 미국 동부 해안 지방에 13개의 영국 식민지가 있었을 뿐이다. 각각의 식민지에는 자치 의회가 만들어졌다. 1773년 영국 정부는 동인도 회사에 아메리카 식민지에서의 차 판매 독점권을 주었다. 식민지 주민들은 반발했고, 급기야 보스턴 항구에 정박한 동인도 회사 선박을 급습하여 차 상자를 바다에 던져 버렸다. '보스턴 차 사건(Boston Tea Party)'이다. 영국 정부는 식민지 주민을 눌러야 한다고 판단했다.

보스턴 차 사건을 묘사한 그림. 인디언으로 변장한 미국 식민지 주민들이 영국 상선을 습격하여 차가 실린 상자를 바다에 내다버린 사건이다.

1774년 3~6월에 일명 '참을 수 없는 법'을 만들었다. 보스턴 항구를 폐쇄하는 법, 보스턴이 속해 있는 매사추세츠 식민지의 자치를 취소하는 법, 식민지 주민이 고발한 영국인 관리나 군인을 매사추세츠가 아닌 영국 본국에서 재판하는 법, 영국 군대가 식민지 주민의 주거지를 빼앗아 주둔할 수 있도록 한 법이 바로 그것이다. 1774년 9월 5일 식민지 대표들이 대책을 논의하기 위해 필라델피아에 모였다. 아메리카 원주민과 싸우느라 경황이 없던 조지아만 대책 회의에 참석하지 못했다. 12개 식민지 대표 56명이 참석한 이 모임이 바로 제1차 대륙 회의(Continental Congress)다. 제1차 대륙 회의는 10월 26일까지 50여 일 동안 열렸다. 회의는 '참을 수 없는 법'이 철회되지 않으면 영국과의 수입·수출을 금지하겠다고 결의했다. 식민지와 영국은 건널 수 없는 강을 건너고 있었다. 결국 해를 넘겨 1775년 4월 19일, 식민지와 영국은 전쟁에 돌입했다. 미국 독립 혁명이다.

독립선언문에 서명하는 존 핸콕. 당시 대륙 회의 의장이었던 핸콕은 미국의 독립선언문에 최초로 서명한 사람으로 역사에 이름을 남기게 된다.

    5월 10일 제2차 대륙 회의가 필라델피아에서 열렸다. 존 핸콕 (1737~1793)이 의장을 맡았다. 제2차 대륙회의는 제1차 대륙 회의와 달리 전시 사령부 역할을 맡았다. 그 때문에 미국이 독립을 쟁취한 후인 1781년 3월 1일까지 존속했다. 제2차 대륙 회의는 1776년 7월 2일 독립 선언 결의안을 통과시켰다. 이틀 후인 7월 4일에는 미국의 독립을 선언했다. 오늘날 미국의 독립 기념일이 7월 4일인 것이 이 때문이다. 이 모든 결정은 필라델피아에서 이루어졌다. 자연스럽게 필라델피아가 미국의 수도가 되었다. 다만 영국과의 전쟁이 격해지면서 필라델피아를 빼앗겼기 때문에 더 이상 수도로서의 역할을 하지 못했다. 대륙 회의는 뉴욕으로 수도를 옮겼다.

    1777년 11월 17일, 각 주가 합의해 '연합 규약(The Articles of Confederation)'을 만들었다. 이 연합 규약이 훗날 미국 연합 헌법으로 이어졌다. 따라서 사실상 미국의 첫 헌법이 탄생한 것과 다름이 없었다. 이제 각 주에서 연합 규약을 비준하면 법은 효력을 발휘한다. 하지만 그 과정이 쉽지만은 않았다. 당시에는 13개 주가 사실상 독립국처럼 움직였다. 그러다 보니 연방주의자와 비연방주의자 사이에 갈등이 컸다. 다행히 버지니아가 1777년 12월 16일에 가장 먼저 연합 규약을 비준함으로써 청신호를 날렸다. 맨 마지막으로 메릴랜드가 1781년 2월 2일에 연합 규약을 비준했다. 3년 이상의 시간이 걸린 셈이다.

제2차 대륙 회의는 이로써 임무를 다하고 해산했다. 그 대신 1781년 3월 1일 새로운 기구를 발족시켰다. 바로 '연합 회의(United States in Congress Assembled)'다. 정식 정부가 출범하기 전의 과도 정부 혹은 임시 정부다. 아직 미국 연방이 탄생하지는 않았지만 연합 회의는 엄연히 13개 주로부터 정통성을 부여받은 정부였다. 그러니 연합 회의의 의장은 국가 원수, 즉 President로서의 지위를 획득하게 된다. 이때 만장일치로 선출된 의장이 존 핸슨(1721~1783)이었다. 핸슨의 정식 직함은 '의회가 총의를 모은 미국의 대통령'이었다. 핸슨은 우리나라에는 그다지 알려지지 않았지만 미국에서는 독립 혁명의 영웅 중 한 명으로 추앙받고 있다.

핸슨은 메릴랜드 토박이였다. 대지주이자 정치적 거물이었던 아버지의 지위를 세습해 청년 시절부터 주목을 받았다. 영국 정부가 1760년대 '인지세 법'과 '타운센드 법'을, 1770년대 '참을 수 없는 법'을 만들었을 때도 적극적인 반대 투쟁에 나섰다. 독립 전쟁이 본격화했을 때는 지역 자치위원회를 이끌면서 병사와 자금을 모았다. 병사에게 줄 임금이 없을 때는 사재를 털었다. 이러한 노력이 있었기에 미국 건국 영웅들이 만장일치로 그를 초대 President로 선출했던 것이다.

존 핸슨

하지만 핸슨은 이 대통령 자리를 썩 반기지 않았다. 대통령에 취임하고 1주일 만에 사임하겠다는 생각을 했다. 공식적인 이유는 '건강 악화'였지만 지루함이 더 컸다. 그러나 후임자를 선출하지 못해 대통령에서 물러날 수 없었다. 결국 핸슨은 대통령 임기 1년을 채우고서야 물러날 수 있었다.

핸슨의 사례에서 알 수 있듯이 연합 회의 대통령에게는 실권이 별로 없었다. 번듯한 행정부가 출범하지 못했기 때문이다. 게다가 연합 회의는 대통령의 임기를 1년으로 정했다. 핸슨 이후로도 수많은 대통령이 1년씩 임기를 수행했다. 그래도 핸슨은 미국 통치자의 자격으로 국제 외교에 임했고, 미국의 국새를 만들도록 했으며, 재무부를 설립했다. 추수감사절을 매년 11월 4번째 목요일로 지정한 인물도 핸슨이었다. 나름대로 미국 정치사에 큰 족적을 남긴 셈이다.

1787년 미국 제헌 의회가 열렸다. 제헌 의회는 연방 헌법을 만들었고, 그 헌법에 따라 연방 정부도 탄생했다. 정부의 수장인 공식 대통령도 선출했다. 그 대통령이 바로 조지 워싱턴. 비로소 공식적으로 미국의 시대가 열린 것이다. 만약 연합 회의의 대통령까지 모두 합친다면 워싱턴은 8대 대통령이 된다.

미국 초기의 정치사를 접하다 보면 우리나라의 근대 정치사가 떠오른다. 일제 강점기에 수립된 대한민국 임시 정부, 그리고 국권을 되찾은 뒤 수립된 대한민국 정부……. 대한민국 정치사의 출발점은 어디일까?

주권자는 통치자가 아니라 국민이라는 사실, 잊지 마시길.......

블랙리스트를 창시한
찰스 2세

복수를 위해 살생부를 만들다

나라마다 색깔이 갖는 의미가 조금씩 다르다. 한국에서 백색은 애도를 뜻할 때가 많다. 전통 장례식 때 입는 상복의 색깔이 백색이다. 서양에서 백색은 일반적으로 순결과 평화를 상징한다. 천사의 날개와 웨딩드레스가 백색인 이유다. 검정색은 어떨까? 특히 서양 문화에서 검정색은 불운을 상징하는 경우가 많다. 죽음, 악마, 슬픔이 주로 검정색으로 표현된다. 그래서 서양 장례식의 상복은 검정색이다. 한국에서도 병원 장례식장을 이용하면 한복 형태의 검은색 상복을 입는다. 형식은 우리의 전통을 따르되 색상의 상징은 서양의 것을 받아들인 셈이다. 서양 중심의 글로벌 스탠더드를 따르는 경우라 할 수 있다.

검정색에 대해 조금 더 이야기해 보자. 블랙! 요즘 패션에서는 핫한 색상이기도 하지만 여전히 블랙은 부정적인 의미로 더 많이 차용한다. 사기나 협박을 블랙메일(blackmail)이라고 하고, 불법 거래가 판치는 암시장을 블랙마켓(black market)이라고 한다. 블랙을 사용한 대표적인 부정적 단어가 또 있다. 바로 블랙리스트(blacklist)다.

블랙리스트는 감시해야 할 사람의 이름을 적은 명부다. 집권 세력이 작성한 반정부 인사들의 명부, 기업주가 작성한 노동조합 핵심 멤버 명부가 블랙리스트에 해당한다. 골치 아픈 존재들이기에 리스트까지 만들어 관리하는 것이다. 하지만 굳이 '죽음'을 뜻하는 블랙을 차용할 필요가 있

찰스 2세

었을까? 엄밀하게 말하면 블랙리스트는 처형해야 할 사람의 이름을 적은 명부, 즉 살생부에 가깝다. 실제로 처음 등장한 블랙리스트는 살생부였다. 이 블랙리스트를 작성한 인물은 17세기 중후반 영국을 통치했던 왕 찰스 2세(재위 1660~1685)였다. 그가 블랙리스트를 만든 까닭은? 바로 복수였다. 아버지를 죽인 자들에 대한 복수! 영국 역사를 이해할 필요가 있다.

1215년 영국의 무능한 왕 존은 귀족들에 무릎을 꿇었다. 왕이 독단적으로 세금을 부과하지 않겠다고 약속했다. 시민의 권리까지 보장되지는 않았지만 그래도 영국 의회 민주주의 발전의 계기가 만들어졌다. 이때 작성한 문서가 대헌장(마그나카르타)이다. 1295년 에드워드 1세는 조금 더 나아갔다. 의회에 기사와 시민을 참여시켰다. 제한적이기는 해도 시민이 정치에 참여할 수 있는 문을 열었다. 이후 의회는 귀족파와 시민파로 나뉘었고, 각각 상원과 하원으로 발전했다. 이 의회를 모범 의회라 불렀다. 영국은 왕과 의회가 균형을 이루며 정치를

권리 청원

발전시켰다. 전제 군주 시대이니 왕의 권한이 더 강하긴 했지만, 엘리자베스 1세까지는 큰 탈이 없었다. 문제는 엘리자베스 1세의 뒤를 이은 제임스 1세 때 발생했다. 제임스 1세는 왕권은 신으로부터 받은 것이니 귀족이든 시민이든 까불지 말라며 왕권신수설을 주장했다. 왕과 의회의 밀월은 끝났다!

제임스 1세의 아들로 왕에 오른 찰스 1세도 똑같이 의회를 무시했다. 찰스 1세는 의회의 동의를 구하지 않고 세금을 부과했다. 의회가 저항했다. 움찔! 찰스 1세는 의회가 내민 문서에 서명해야 했다. '의회의 승인 없이는 왕이 세금을 부과할 수 없고, 법에 의하지 않고서는 아무도 체포할 수 없다!' 1628년 만들어진 이 문서가 바로 권리 청원이다.

찰스 1세는 의회와 시민의 권리를 인정하고 싶지 않았다. 이듬해에 찰스 1세는 휴회를 선언했고, 무려 11년 동안 의회를 열지 않았다. 마음대로 국정을 운영하던 찰스 1세는 1640년 어쩔 수 없이 의회를 소집해야 했다. 스코틀랜드와 전쟁을 치르기 위한 막대한 자금이 필요했기 때문이다. 이후 찰스 1세와 의회는 휴회와 소집을 반복하며 갈등을 벌였다. 정치는 엉망이 되어 버렸다. 의회 또한 왕을

올리버 크롬웰

지지하는 왕당파와 의회를 지지하는 의회파로 나뉘어 대립했다.

결국 1642년 내전이 터졌다. 시민 계급과 신교인 청교도가 의회파의 중심 세력이었고, 의회파가 이겼기에 이 내전을 청교도 혁명(1642~1660)이라 부른다. 전쟁을 승리로 이끈 의회파의 지도자는 올리버 크롬웰(1599~1658)이었다. 1649년 크롬웰은 찰스 1세 왕을 처형했다. 이어 공화정의 수립을 선포했다. 크롬웰은 호국경이라는 지위에 올라 모든 권력을 장악했다. 크롬웰의 정부는 영국 역사상 유일한 공화 정부로 기록되었다. 지금도 영국은 입헌군주제를 채택하고 있어, 공식적으로는 왕국이다.

크롬웰은 이때부터 죽기 전까지 잉글랜드, 스코틀랜드, 아일랜드를 통치했다. 항해 조례를 만들어 중상주의를 강화한 업적도 있지만, 대체로는 독재자로서 공포 통치를 펼쳤다. 성경에 예수 그리스도가 12월 25일에 태어났다는 기록이 없다며 크리스마스를 금지했다. 술을 마셔도, 도박을 해도 처형했다. 사람들은 왕이 통치하던 시절을 그리워했다.

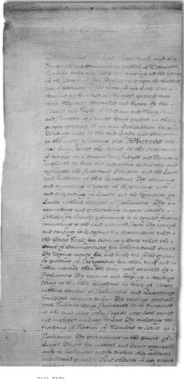
권리 장전

이 무렵 찰스 1세의 아들 찰스 2세는 프랑스에서 망명 생활을 하고 있었다. 크롬웰이 죽자 교회가 찰스 2세와 접촉했다. 올리버 크롬웰의 권력은 호국경의 지위를 세습한 아들 리처드 크롬웰에 넘어갔지만 민심은 완전히 등을 돌린 뒤였다. 결국 1660년 교회가 찰스 2세를 왕으로 맞아들였다. 이로써 청교도 혁명은 종료되었다.

찰스 2세는 곧바로 아버지 찰스 1세를 처형하는 데 관여했던 판사나 관료의 살생부를 작성했다. 이 명부를 블랙리스트라 칭했다. 블랙리스트라는 이름이 이때 처음 사용된 것이다. 블랙리스트에는 청교도 혁명의 주역이었던 58명의 이름이 적혀 있었다. 이미 사망한 크롬웰도 포함되었다.

복수의 광풍이 불기 시작했다. 1661년 1월 찰스 2세는 58명 중 13명을 처형했다. 25명은 종신형에 처했다. 20명은 처벌이 두려워 서둘러 달아났다. 크롬웰은 반역의 괴수로 전락했다. 그의 관을 꺼내 목을 쳤다. 부관참시다. 크롬웰의 잘린 목을 장대에 매달고 웨스트민스터 홀에 전시했다. 크롬웰의 목은 이후 24년 동안 이 상태로 방치되었다. 복수에 성공했으니 찰스 2세는 만족했을까? 글쎄다. 그는 훌륭한 통치자로 평가받지 못했다. 후계자도 남기지 않고 사망했다. 왕위는 동생인 제임스 2세가 계승했다. 제임스 2세 또한 오래 왕위를 잇지 못했다. 가톨릭을 고집하고 의회를 무시하다 3년 만에 반란에 맞닥뜨려야 했다.

1689년 명예혁명이 일어나면서 제임스 2세는 물러나야 했다. 새로 왕이 된 메리 3세와 윌리엄 3세 부부는 의회의 권리를 모두 인정하는 권리 장전에 서명했다. 이로써 영국에서는 왕은 군림하지만 통치하지 않는다는 입헌군주제가 시작되었다. 영국이 역사의 수레바퀴를 찬찬히, 제대로 된 방향으로 굴린 셈이다.

결국 역사적으로 보았을 때 찰스 2세의 복수극은 큰 영향이 없었다고 할 수 있다. 하지만 부작용은 오늘날까지 살아 있다. 여전히 블랙리스트가 난무하고 있잖은가. 과거의 권력은 현재의 권력을 이기지 못한다는 말이 있다. 맞는 말이다. 하지만 현재의 권력은 언젠가 과거의 권력이 된다. 그러니 어떤 경우라도 블랙리스트를 작성하지 말라. 그 블랙리스트가 부메랑이 되어 당신의 목을 칠 수 있으니.

최초의 전화 발명가는
벨이 아니다

전화 발명에 얽힌 숨 가쁜 스토리

1990년대 중반까지만 해도 공중전화 부스에 서너 명이 줄지어 서 있는 풍경이 흔했다. 누구나 휴대전화를 들고 다니는 요즘에는 상상하기 힘든 일이지만 그때는 그랬다. 커피숍 전화기의 벨이 울리면 점원이 "아무개 손님, 전화요!"라고 소리쳤고, 구석 어딘가에 있던 손님이 얼른 달려가 전화를 받았다. 20여 년 사이에 통신 문화가 상당히 달라졌다. 휴대전화가 카메라, 라디오, 녹음기, 뮤직플레이어, TV, 영화관 역할을 하는 지금이니, 앞으로 10년이 지나면 또 얼마나 달라질지 예측하기 힘들 정도다.

전화기의 역사는 채 150년이 되지 않았다. 1876년 2월 14일, 미국에서 최초로 전화 발명 특허 신청이 접수되었다. 특허를 신청한 인물은 영국 태생의 미국 발명가인 알렉산더 그레이엄 벨(1847~1922)이었다. 특허를 따면서 벨은 전화를 발명한 인물로 역사의 페이지를 장식했다. 하지만 진짜 전화 발명가는 따로 있었다. 진실을 추적해 보자.

특허번호 174465가 찍힌 특허장을 받아든 벨은 의기양양했다. 바로 그 순간, 벨과 희비가 엇갈린 이가 있었다. 벨이 특허를 신청한 바로 그날 벨보다 2시간 늦게 특허 사무국에 도착하는 바람에 허탕을 친 인물, 바로 엘리샤 그레이(1835~1901)다.

엘리샤 그레이

그레이는 일찍 아버지를 잃는 바람에 정식 교육을 받지 못했다. 농사를 지으면서 생계를 도와야 했다. 20대 때부터 전기와 전신에 관심을 가졌다. 30대 초반인 1868년에는 전신 장비와 관련한 특허를 취득하기도 했다. 이를 계기로 본격적으로 전신 사업과 발명에 뛰어들었다. 그 결과 일찌감치 전화기를 발명할 수 있었던 것이다.

여러 자료에 따르면 벨이 최초로 전화 통화에 성공한 것은 1876년 3월이다. 나중에 공개된 벨의 실험 노트에도 '특허를 받고 돌아온 다음날 전화 통화에 처음으로 성공했다'라고 기록되어 있다. 반면 그레이는 특허를 신청할 때 전화기의 도안을 함께 제출했다. 게다가 그레이는 특허를 신청하기 2년 전인 1874년에 일찌감치 전화를 시연하기도 했다. 당시 대중적으로 더 알려진 쪽도 벨보다는 그레이였다. 그레이가 벨보다 전화 기술에 정통했을 뿐 아니라 실제 전화 장치 발명에 있어서 한 발 앞섰던 것이 확실하다. 허나 2시간 늦게 특허 신청을 한 결과는 참담했다. 그레이는 역사의 뒤안길로 사라질 수밖에 없었다.

벨과 그레이의 '최초' 싸움에 또 다른 인물이 뛰어들었다. 이탈리아 출신의 발명가 안토니오 무치(1808~1889)였다. 무치는 벨이 자신의 아

안토니오 무치

이디어를 훔쳤다고 주장했다. 이 의혹 제기가 타당한 것일까? 무치는 자석식 전화기를 발명했다. 벨과 그레이가 발명한 전화기와 같은 방식의 모델이었다. 문제는, 무치가 전화기를 발명하고 특허를 내려는 직전에 설계도와 전화기 모델을 잃어버렸다는 데에 있었다. 공교롭게도 얼마 지나지 않아 벨이 같은 방식의 전화기 모델로 특허를 신청했다. 무치가 벨을 의심한 것이 이 때문이다. 무치는 벨을 사기 혐의로 고소했다. 하지만 재판의 끝을 보지 못했다. 무치는 1889년에 세상을 떠났다.

누가 최초로 전화를 발명했느냐 하는 논쟁과 법정 다툼이 계속되는 와중에도 벨이 단연 두각을 나타냈다. 전화기를 발명한 바로 그해에 미국 필라델피아에서 열린 만국 박람회에 전화기를 출품해 주목을 받았다. 한 해가 지난 1877년에는 벨 전화 회사를 만들었다. 오늘날 세계 최대 통신 회사로 손꼽히는 미국의 AT&T의 전신이 바로 이 벨 전화 회사다. 벨 전화 회사는 설립된 지 만 3년이 지난 후 AT&T로 회사 이름을 바꾸었다. 참고로 AT&T 산하의 벨연구소는 오늘날 세계 최고의 명성을 자랑하는 과학 저널 《사이언스》를 발행한다.

세 발명가 중에 사후까지 명성을 떨친 이는 벨이 유일하다. 하지만 성공 가도에 오르기까지 머리깨나 아팠을 것이다. 전화기가 대박 상품이 되자 최초의 발명자라고 주장하는 사람들의 소송이 끊이지 않았다. 벨 전화 회사가 설립된 후 18년 동안 진행된 소송만 600여 건

이라고 한다. 이 모든 소송에서 단
한 차례도 패하지 않았다니, 벨도
참 대단하다.

21세기가 되었다. 역사의 제자
리 찾기가 시작되었다. 전화기 최
초 발명자가 벨이 아니라는 쪽으
로 의견이 점점 모였다. 그러더니
결국 이 사실을 공식화하는 데 이
르렀다. 2002년 6월 미국 의회는
"안토니오 무치가 최초로 전화를

뉴욕과 시카고 간의 장거리 전화를 시연해 보이는 벨

발명했음을 공식 인정한다"라고 의결했다. 이렇게 의결하게 된 이유
를 의회는 이렇게 설명했다. "만약 무치에게 10달러의 돈만 있었다면
특허 신청을 미룰 이유가 없었다. 그 돈만 있었다면 당연히 벨보다 먼
저 특허권을 취득했을 것이다." 미국 의회의 측은지심으로 전화기의
최초 발명가는 무치가 되었다. 진실이 밝혀지는 데 126년이란 시간이
걸렸지만, 어쨌든 역사가 비로소 제자리를 찾는 것 같았다.

하지만 끝난 것이 아니었다. 또 다시 새로운 주장이 제기되었다.
2003년 12월 영국 BBC 방송 인터넷 뉴스가 '전화기는 벨이나 무치
보다 훨씬 이전에 발명되었다'고 보도했다. 점입가경이다. 새로 등장한
인물은 필리프 라이스(1834~1874)라는 독일 과학자였다. BBC 방송에
따르면 라이스는 1861년에 이미 전화기를 발명했을 뿐 아니라 그 장
치를 '텔레폰(telephone)'이라 명명하기까지 했다. 나아가 이 전화기를
1863년에 출시하기도 했다. 이게 사실이라면 벨과 그레이의 최초 싸
움은 부끄러울 정도다. 두 사람이 특허 신청을 했던 것이 1876년이니

라이스는 무려 15년을 앞섰다.

BBC는 런던 과학박물관에 보관된 문서에서 이 사실을 밝혀냈다고 한다. BBC는 무치에 대해서도 새로운 사실을 내놓았다. 무치가 전화 시스템을 최초로 만든 것이 1854~1860년 무렵이었을 것으로 추정된다는 보도였다. 당시 무치는 병원에 입원한 아내와 가장 먼저 통화를 했다고 한다.

그런데 여기서 그치지 않았다. 2009년에는 벨이 그레이의 도안을 베꼈다는 의혹이 제기되었다. 사실 여부를 떠나 이 의혹은 큰 파문을 일으켰다. 의혹을 제기한 인물은 세스 슐먼이란 미국의 과학 전문 기자였다. 그는 『지상 최대의 과학 사기극』이란 책에서 벨을 정면으로 비판했다. 그는 벨의 실험 노트가 1999년에야 공개된 점, 특허청 관리의 양심선언, 특허 신청서 사본 등의 내용을 근거로 제시하며 "벨은 전화기를 발명한 것이 아니라 다른 사람의 연구 성과를 훔쳤다!"라고 주장했다.

150여 년이 흘렀으니 진실은 알 수 없다. 일상의 혁명을 이룬 그들을 존중하는 뜻에서 갑론을박은 그만두자. 다만 학자들은 이 스토리를 새겨 두길 바란다. 윤리를 벗어난 업적은 결국 떠오르는 진실과 함께 언젠가는 만천하에 드러날 수밖에 없다는 사실.

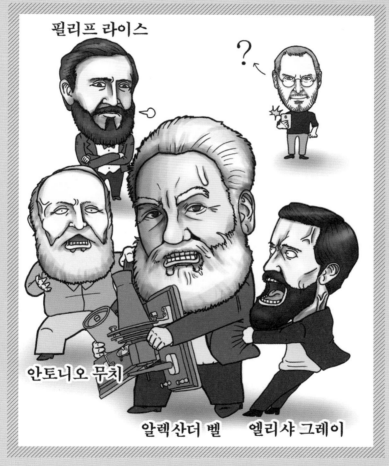

필리프 라이스

안토니오 무치

알렉산더 벨   엘리샤 그레이

성과에 집착하다가 정말 중요한 것을 놓치진 않을까?

최초의 법전을 만든 인물은 함무라비가 아니다

메소포타미아와 법에 관한 약사(略史)

'이에는 이, 눈에는 눈'은 누구나 알 만한 속담이다. 피해자가 받은 피해만큼 가해자에게 손해를 가한다는 의미다. 비슷한 뜻을 가진 속담으로 '주는 대로 받는다'도 있다. 이런 유형의 형벌을 일컬어 탈리오의 법칙이라고 한다. 탈리오는 '보복'을 뜻하는 라틴어다. 이 '탈리오'라는 말은 고대 로마 시대에 만들어진 것으로 보인다. 당시에는 사적인 보복이 공공연했다. 하지만 로마 이전에도 탈리오의 법칙이 존재했다. 그것도 수천 년 전에.

그 증거가 1901년 프랑스 탐험대에 의해 발견되었다. 메소포타미아의 고대 국가 바빌로니아에서 통용되던 법전이었다. 바로 함무라비 법전이다. 이 법전은 기원전 1750년 무렵에 만들어졌다. 약 2.25미터 높이의 돌기둥에 282개의 법 조항이 새겨져 있다. 함무라비 법전은 인류 역사상 가장 오래된 성문법이라는 영예를 안았다. 성문법은 문자로 기록된 법전을 말한다.

함무라비(재위 기원전 1792~기원전 1750)
는 바빌로니아 제1왕조의 6번째 왕이었다
(참고로 메소포타미아와 이집트 문명권에서는 왕
조의 앞에 숫자를 써서 구분하는 경우가 많다).
함무라비는 강한 군주였다. 수시로 전쟁이
터지고 여러 국가들이 명멸하는 상황에서
바빌로니아를 최고 강국으로 만들었다. 또
한 모든 권력을 왕에 집중시켰다. 유럽에서
는 근대에야 확립된 중앙 집권 체제를 함
무라비가 이미 구축한 것이다. 하지만 함
무라비의 가장 큰 업적은 최초의 성문법을
남긴 것으로 요약된다. 초중고교 역사책에
도 이 업적이 수록되었다.

이 '역사적 사실'에 변화가 생겼다. 1952
년 터키 이스탄불의 한 박물관에서, 이라
크 남동부의 고대 도시 니푸르에서 발굴
한 점토판 조각들을 이어 붙이는 작업을
끝내고 분석에 돌입했다. 메소포타미아 문
명권에서는 점토판에 쐐기 모양의 설형 문
자를 새긴 뒤 구워 보관했다. 오늘날 우리

함무라비 법전

가 당시의 생활을 추정하는 데 이 점토판이 큰 도움이 되고 있다. 러
시아 태생의 미국인 학자 사무엘 노아 크레이머(1897~1990)가 점토판
에 새겨진 설형 문자를 판독하기 시작했다. 크레이머는 전 세계를 통
틀어 수메르학(學) 분야의 최고 권위자였다. 얼마 후 판독 결과가 나

왔다. 놀랍게도 그 점토판은 법전이었다.

이 법전은 수메르의 도시 국가 우르 제3왕조를 세운 우르남무(재위 기원전 2120?~기원전 2100?)의 지시로 만들어졌다. 점토판에는 우르남무의 업적과 5개 법령이 수메르어로 적혀 있었다. 얼마 뒤 우르 유적지에서 법전을 새긴 점토판이 추가로 발견되었다. 그 결과 전체 57개 조항 중에서 40개 조항이 판독되었다. 이 법전을 우르남무 법전이라 부른다.

우르남무 법전이 정확하게 언제 만들어졌는지는 확실하지 않다. 우르남무의 통치 연도도 정확하지 않다. 그래도 여러 자료를 종합해 보면 이 법전은 대략 기원전 2100년을 전후해 만들어졌을 것으로 추정된다. 그렇다면 우르남무 법전은 함무라비 법전보다 최소한 300여 년 앞서 만들어진 것이다. 최초의 기록이 깨졌다! 이제 인류 최초의 성문법은 함무라비 법전이 아니라 우르남무 법전이 되었다. 교과서의 내용도 모두 수정해야 한다.

우르남무에 대해 이야기하기 전에 우르 제3왕조가 어떤 나라인지부터 알아보자. 우르는 메소포타미아 남부(오늘날의 이라크 남부) 지역에 수메르 문명 초기부터 존재했다. 기원전 3000년 무렵부터 도시로 발전한, 인류 역사상 가장 오래된 도시 중 하나로 꼽힌다. 우르 유적지에는 수메르 문명의 대표적 유적인 지구라트가 지금도 남아 있다. 우르 제3왕조는 바로 이 우르에 세워진 수메르인의 왕조를 뜻한다. 대략 기원전 2100년에서 기원전 2000년 무렵까지, 약 100년 동안 번영했다가 멸망했다. 우르 제3왕조가 등장하기 전까지는 아카드 왕국이 메소포타미아 남부를 통치했다. 복잡해진다고? 아무래도 메소포타미아 일대의 역사를 개괄적으로나마 이해하는 것이 좋을 것 같다.

지구라트

　인류 최초의 도시 문명이 서아시아 메소포타미아 지방에서 탄생했
으며, 대표적인 도시가 이라크 남부의 수메르라는 사실을 모르는 사
람은 많지 않을 것이다. 그래서 초기의 이 문명을 수메르 문명이라고
부르기도 한다. 수메르 문명은 기원전 2350년 무렵 외부에서 온 이
민족에 의해 위기를 맞았다. 그 민족이 아카드족이다. 아카드 왕국을
세운 인물이 사르곤 1세(재위 기원전 2350~기원전 2294)이기에 사르곤
왕조라고도 한다. 사르곤 1세는 최초로 메소포타미아 지방 전역을 통
일했다. 그래서 그에게는 '사계(四界)의 왕'이란 별명이 붙었다.

　아카드 왕국은 수메르인들을 핍박하지는 않았다. 두 문명의 공존
속에 수메르 문명은 그나마 계승되고 발전했다. 하지만 얼마 후 이란
고원에서 또 다른 이민족 구티족이 넘어오면서 상황이 달라졌다. 구
티족은 아카드 왕국을 무너뜨렸다. 메소포타미아는 혼란의 소용돌이

하늘에서 내려다본 우르 유적지

에 휩싸였다. 토박이 민족들은 저항하기 시작했다. 이런 상황에서 기원전 2100년 무렵에 우르 제3왕조가 창건되었다. 이 왕조를 세운 인물이 다름 아닌 우르남무 왕이었다. 우르남무 왕은 수메르인들을 규합해 구티족을 몰아냈다. 덕분에 수메르 문명은 부활할 수 있었다. (수메르 문명은 기원전 1970년 무렵 아모리인들에게 무너진다. 그 아모리인들이 세운 나라가 바빌로니아다.)

사실 우르남무에 대한 사료가 많지 않아 그의 정확한 업적을 알 수는 없다. 확실한 것은, 그가 우르 제3왕조를 이끌면서 주변 지역을 모두 평정했고 전성기를 이끌었다는 점이다. 이미 말한 대로 우르 지역에는 거대한 지구라트가 남아 있다. 이 지구라트를 짓도록 지시했던 왕이 우르남무였다. 우르남무는 평생 전쟁터를 누볐고, 죽음도 전쟁터에서 맞았다. 메소포타미아의 원수였던 구티족과의 전투에서 사망한 것으로 알려지고 있다.

무엇보다 우르남무의 최고 업적은 법전을 만든 것이다. 이제 우르남무의 법전을 살펴봐야 할 것 같다. 함무라비 법전의 기본 성격은 '이에는 이, 눈에는 눈'이다. 누군가의 눈을 멀게 하면 그 사람의 눈도 멀게 한다는 식인데, 우르남무 법전도 그럴까? 첫 1장만 보면 그런 것 같다. 1장이 '살인을 하면 사형에 처한다!'로 함무라비 법전의 1장과 똑같다. 하지만 그 다음부터 확연히 달라진다. 우르남무 법전의 가장 큰 특징은 '금전적 배상'에 초점을 맞추고 있다는 것이다. 신체를 다치게 하는 보복 대신 돈으로 벌금을 부과하는 내용이 대부분이다. 대표적인 내용만 추려 보면 다음과 같다. '어린이 납치범은 가두고 은 15 쉐켈을 징수한다. 남자가 첫 아내와 이혼하면 은 1미나를 낸다. 다른 이의 눈을 다치게 하면 은 2분의 1미나를 지불한다. 다른 이의 이를 부러뜨리면 은 2쉐켈을 지불한다. 다리를 다치게 하면 10쉐켈을 지불한다…….'

이제는 누가 인류 역사상 가장 오래된 법전이 무엇이냐고 묻는다면 우르남무 법전이라고 답해야 한다. 하지만 이 대답 역시 언젠가는 오답이 될 수도 있다는 사실을 명심하자. 아직 발견되지 않은 더 오래된 법전이 어딘가에 묻혀 있을 수 있기 때문이다. 실제로 우르남무 법전보다 250~300년 전에 이미 '우르카기나 법전'이란 것이 존재했다는 문헌 기록이 있으니 전혀 불가능한 이야기는 아니다. 최초는 늘 바뀔 수 있는 것이니까!

아메리카를 최초로 발견한 사람은 콜럼버스가 아니다

잊힌 땅 빈란드의 부활

북유럽 스칸디나비아반도 서쪽에 아이슬란드가 있다. '얼음의 나라'라는 뜻. 아이슬란드에서 서쪽으로 더 가면 그린란드도 있다. '초록의 나라'. 이름만 보면 아이슬란드는 온통 눈과 얼음으로 뒤덮여 있을 것 같다. 국토의 70% 이상이 빙하, 호수, 용암 지대이지만 숲도 있다. 여름은 10도 정도로 서늘하다. 해양성 기후여서 겨울에는 1도 정도를 유지한다. 대한민국 겨울보다 따뜻하다는 얘기다. 반면 그린란드는 국토의 85% 정도가 얼음으로 덮여 있다. 엄밀하게 말하면 그린란드가 아이슬란드가 되어야 한다.

그린란드라는 이름이 탄생하게 된 이유가 재미있다. 이 땅에 처음 정착한 인물이, '초록의 나라'라고 이름을 지으면 많은 사람들이 그린란드에 정착할지도 모른다고 생각했기 때문이란다. 그린란드를 '발견'한 인물은 바이킹이다. 바이킹이라는 단어를 듣고 뿔이 달린 투구를 쓴 해적을 떠올렸다면, 일단은 맞다. 다만 바이킹이 유럽뿐만 아니라

아이슬란드와 그린란드의 위치

아메리카까지 진출했다는 사실도 함께 알아 두면 좋을 것이다.

바이킹의 고향은 유럽 북부 스칸디나비아반도의 노르웨이와 스웨덴 그리고 덴마크다. 북쪽 사람이기에 '노르만족'이라고도 부른다. 그들은 9세기 중반부터 남쪽으로 이동했다. 척박한 유럽 북부에서 언제까지 해적질만 하고 살 수는 없잖은가. 비옥한 땅을 찾아 남쪽으로 이동했다. 이들의 민족 이동으로 유럽 전역이 떠들썩해졌다.

스웨덴 계열의 노르만족은 동유럽으로 향했다. 862년 그들은 드네프르강 일대에 노브고로트 공국을 세웠다. 나중에 러시아로 발전한다. 노르만족을 이끈 류리크(재위 862~879)는 러시아 최초의 왕이 되었다. 이후 이 지역의 노르만족은 콘스탄티노플까지 진출해 그곳 상인들과 무역하기도 했다. 노르만족의 기세에 눌린 슬라브족은 발칸반도로 남하해 나라를 세웠다. 노르만족이 오늘날 동유럽의 민족 지형을 만들었다고 할 수 있다.

덴마크 계열의 노르만족은 스웨덴 계열보다 먼저 해외로 진출하여 영국과 프랑스를 공략했다. 8세기 후반부터 영국 북동부를 수시로 약탈했다. 바이킹의 약탈 이미지는 이 무렵부터 만들어졌다. 9세기 후반부터 노르만족은 아예 영국 북동부를 점령해 통치하기 시작했다. 영국인들은 이들을 '데인'이라 불렀다. 영국을 초토화시킨 바이킹의 다음 목적지는 프랑스였다. 9세기 후반 프랑스 파리 근처까지 진격했다. 노르만족의 약탈에 지친 서프랑크 왕국이 센강 하류 지역을 내주었다. 이 땅은 노르망디 공국이 되었고, 노르만족의 수장인 롤로(재위 911~927)가 이 땅을 통치했다. 1066년 영국의 에드워드 왕이 사망하자 노르망디 공국의 윌리엄이 영국 본토를 정복해 왕위에 올랐다. 그가 바로 정복 왕 윌리엄 1세(재위 1066~1087)다. 윌리엄 1세는 영국 본토에 노르만족의 왕조를 열었다.

이제 노르웨이 계열의 노르만족에 대해 이야기할 차례다. 그 전에 퀴즈 하나. 아메리카 대륙에 최초로 상륙한 유럽인은? 크리스토퍼 콜럼버스(1451~1506)라고 답하면 과거에는 맞았지만 지금은 틀렸다. 그 공적은 이제 노르웨이 계열의 바이킹에게 돌아가야 한다. 그들의 이야기를 해 보자.

붉은 에이리크(950~1005?)라 불리는 바이킹이 있었다. 그는 노르웨이에서 태어났지만 아버지가 살인 사건에 연루되는 바람에 어렸을 때 노르웨이를 떠나야 했다. 그의 가족이 정착한 곳이 아이슬란드였다. 10세기 후반에 성인이 된 에이리크도 살인 사건에 연루되었다. 에이리크는 '3년 추방'의 판결을 받았다. 딱히 갈 곳이 없던 에이리크는 아이슬란드를 떠나 서쪽으로 항해했다. 얼음으로 뒤덮인 육지가 나타났다. 그 땅을 '그린란드'라 부른 이가 바로 에이리크다. 추방 기간이 끝나 아이슬란드로 돌아간 에이리크는 "초록의 땅을 발견했다!"라고 선전하며 정착지를 세울 자원자를 모집했다. 수백 명이 모였다. 그들은 그린란드로 돌아가 식민지를 건설했다.

에이리크에게는 레이프 에릭슨(970?~1020?)이라는 아들이 있었다. 다혈질 성격뿐 아니라 모험심도 유전되었나 보다. 1000년경 에릭슨은 수십 명으로 탐험대를 꾸렸다. 탐험대는 그린란드를 떠나 서쪽으로 항해했다. 얼마나 항해했을까. 육지를 만났다. 오늘날의 캐나다 뉴펀들랜드다. 에릭슨은 이 땅을 '빈란드'라 명명했다.

에릭슨은 고향으로 돌아가 새로운 땅의 존재를 널리 알렸다. 새 터전에서 새 삶을 살아 보겠다며 바이킹들이 빈란드로 속속 몰려들었다. 황무지와 다를 바 없는 곳에 정착하는 게 쉽겠는가. 그래도 그들은 역경을 이겨 내며 정착촌을 꾸려 나갔다. 하지만 또 다른 난관에 부닥쳤다. 이미 그곳에는 아메리카 원주민이 있었던 것이다. 바이킹들은 원주민의 저항을 이겨 내지 못했다. 20년을 채우지 못하고 그린란드로 돌아갈 수밖에 없었다. 이후 바이킹이 북아메리카에 도착했다는 사실은 잊혔다. 세월이 흘러 15세기에 콜럼버스가 아메리카 대륙에 닿았다. 콜럼버스가 '최초'로 각인되면서 에릭슨과 바이킹의 존재는 묻혔다. 단지 아이슬란드와 그린란드에서만 "에릭슨이 빈란드를 발견했다"라는 이야기가 구전으로 내려올 뿐이었다.

레이프 에릭슨의 동상

현대로 접어들어 학자들이 에릭손 이야기에 관심을 갖기 시작했다. 빈란드가 실존했을 거라 믿는 학자 중 한 명이 노르웨이의 헬게 잉스타드였다. 그는 빈란드의 '빈'이 바이킹의 언어로 '풀'이란 뜻일 거라 여겼다. 풀이 있는 곳을 찾자! 캐나다 동쪽의 래브라도반도를 탐색하기 시작했다. 그리고 1960년 래브라도반도 근처의 뉴펀들랜드에서 빈란드 유적지를 발굴하는 데 성공했다. 해안가에는 바이킹의 정착지로 추정되는 곳이 있었다. 여기에서 아메리카 원주민의 주거지와 다른 형태의 주거 흔적이 발견되었다. 아이슬란드와 그린란드의 것과 비슷했다. 또한 바이킹들이 무기를 만들던 대장간의 흔적과 선박을 만들던 장소도 발견했다. 에릭손이 아메리카에 오지 않았다면 있을 수 없는 유적 아닌가. 이로써 에릭손의 아메리카 대륙 탐험은 공식적인 사실이 되었다.

콜럼버스는 '최초'의 단상에서 내려와야 했다. 지금은 '두 번째'이지만 어쩌면 '세 번째'로 떨어질 수도 있다. 전승에 따르면 아일랜드의 수도사 성 브렌던이 6세기에 수도사들과 함께 아메리카에 도달했다. 당시 성 브렌던은 서인도제도의 쿠바까지 항해했다고도 한다. 물론 아직까지 이 항해를 입증할 만한 유물이나 유적이 발굴되지는 않았다. 허나 혹시 아는가. 언젠가 이 유적이 발견될지.

최초의 영예는 깨지기 전까지의 영예

영국 최초의 여왕은 누구였을까?

영국의 무정부 시대와 마틸다

영국의 정식 명칭은 '그레이트브리튼 북아일랜드 연합 왕국(United Kingdom of Great Britain and Northern Ireland)'이다. 민주 공화국이 아니라 '왕국(kingdom)'이다. 그러니 최고 통치권자는 윈저 왕가의 엘리자베스 2세(재위 1952~)다. 실제 정치에는 참여하지 않지만 여왕의 권위는 실로 막강하다. 따지고 보면 영국은 '여왕의 나라'다. 현재의 여왕을 포함해 튜더 왕가의 메리 1세(재위 1553~1558)와 엘리자베스 1세(재위 1558~1603), 스튜어트 왕가의 메리 2세(1689~1694)와 앤(1702~1714), 하노버 왕가의 빅토리아(1837~1901) 등 6명의 여왕을 배출했다.

공식적인 영국(잉글랜드)의 첫 여왕은 메리 1세다. 바람둥이 왕으로 알려진 헨리 8세와 캐서린 왕비의 딸이다. 캐서린은 이혼당한 뒤 불행한 삶을 살았다. 친모를 버린 아버지에 대한 복수였을까? 그녀는 아버지가 만든 신교(영국 국교회)를 박해했다. 로마 가톨릭을 부활시키고 신교도들을 처형했다. '피의 메리(Bloody Mary)'라는 별명이 붙은 이유다.

메리 1세

사실 메리 1세가 등극하기 직전의 국왕도 여왕이었다. 그녀의 이름은 제인 그레이. 에드워드 6세가 사망하자 1553년 7월 10일 왕위에 올랐다. 하지만 그녀가 원한 자리는 아니었다. 귀족들의 정략적 판단에 의해 허수아비 여왕이 되었다. 결국 반란 혐의로 7월 19일 폐위되었다. 통치 기간은 고작 9일. 그래서 '9일 여왕'이라 부른다. 대관식을 치르지 못했으니 정식 여왕의 칭호도 못 받았다. 그녀에게는 '왕녀 제인 그레이(Lady Jane Grey)'라는 칭호가 주어졌다. 이보다 400여 년 앞서 또 한 명의 '레이디'가 존재했다. 마틸다(1102~1167)다. 그녀 또한 여왕의 권좌에 올랐지만 대관식을 치르지는 못했다. 그 때문에 공식적인 첫 여성 통치자이면서도 공식적인 첫 여왕은 아닌, 애매한 존재가 되어 버렸다.

영국 역사에도 '무정부 시대(The Anarchy, 1135~1153)'가 있었다. 왕위 계승을 둘러싸고 잉글랜드 왕국과 노르망디 공국이 18년 동안 내전을 벌였다. 이 무정부 시대가 시작된 이유 중 하나가 마틸다였다. 마틸다가 누구인지부터 알아보자.

1100년 영국에 노르만 왕조를 개창한 윌리엄 1세가 사망했다. 그의 막내아들 헨리 1세가 영국 왕에 올랐다. 마틸다는 이 헨리 1세의

1200년대의 베네딕토회 수사이자 연대기 작가인 매튜 패리스가 남긴 저작 속의 헨리 1세

딸이다. 7세 때 독일 및 이탈리아의 왕인 하인리히 5세와 약혼했다. 2년 후 하인리히 5세는 신성 로마 제국의 황제로 선출된다. 마틸다가 12세가 되던 1114년, 두 사람은 결혼식을 올렸다. 당시 신랑은 28세였다. 16살의 나이 차이가 있었고, 마틸다가 지참금을 주면서까지 한 정략결혼이다. 사랑이 개입할 여지가 없다. 그래도 마틸다는 잘살았다. 황제를 따라 이탈리아 원정에도 동행했고, 황제의 섭정 자격으로 1년 동안 이

탈리아를 통치하기도 했다.

　1120년 영국에서 비보가 날아왔다. 왕태자이자 그녀의 친동생인 윌리엄이 목숨을 잃었다는 소식이었다. 적통의 다른 남자 형제는 없었다. 마틸다가 왕위 후계자 서열 1위였다. 하지만 귀족들은 여왕을 원하지 않았다. 왕위 계승 문제가 복잡해졌다. 5년 후 신성 로마 제국의 황제 하인리히 5세가 사망했다. 곧바로 마틸다는 친정으로 돌아왔고, 헨리 1세는 그녀를 왕위 계승자로 선포했다. 헨리 1세는 귀족들에게 "마틸다에게 충성 서약을 하라!"라고 강요했다. 억지 충성 맹세가 무슨 소용이 있으랴. 이미 귀족들의 마음은 반역으로 기울어 있었다.

　귀족들도 단속했겠다, 헨리 1세는 다시 정략결혼의 패를 꺼내 들었

다. 노르만 왕가의 고향은 노르 망디 공국이었다. 그 땅을 지키 려면 프랑스 앙주 가문과의 협 력이 절실했다. 1128년 헨리 1 세는 마틸다를 앙주 가문의 조 프루아 플랜태저넷에게 시집보 냈다. 조프루아는 13세로, 마틸 다보다 열두 살이나 적었다. 마 틸다는 두 번째 남편과의 사이 에 장남 헨리(외할아버지와 이름 이 같다)를 비롯해 3명의 아들 을 낳았다.

마틸다를 묘사한 그림. 1200년대의 연대기 작가 매튜 패리스의 저작 속에 있는 그림이다.

1135년 영국 왕 헨리 1세가 사망했다. 마틸다가 순조롭게 왕위를 이어받았을까? 아니다. 그녀의 사촌 스티븐이 런던을 점령해 왕위를 차지했다. 런던 귀족들도 마틸다에게 했던 충성 서약을 취소했다.

각지의 귀족들이 반란을 일으켰다. 독립을 선언하는 지역도 있었 다. 스코틀랜드가 침략해 오기도 했다. 이런 혼란은 그녀에겐 반격의 좋은 기회! 1139년 마틸다는 이복오빠인 글로스터 백작과 함께 군대 를 이끌고 영국으로 진격했다. 1141년 2월 스티븐을 사로잡았다! 마틸 다는 즉각 스티븐을 폐위시켰다. 이어 여왕에 오르기 위한 단계를 밟 아 나갔다. 먼저 성직자들이 윈체스터에 모여 회의를 열고 그녀에게 '잉글랜드의 레이디(Lady of England)'라는 칭호를 내렸다. 이제 런던의 웨스트민스터 성당에서 대관식만 치르면 된다.

런던 입성에 성공했다. 대관식은 6월로 정해졌다. 하지만 마틸다는

영국 왕 헨리 2세

대관식을 치르지 못했다. 귀족들을 포섭하고 민심을 다독이는 데 실패했기 때문이다. 스티븐을 지지하는 귀족들과 런던 시민들은 '여왕 마틸다'를 거부하며 폭동을 일으켰다. 목숨이 위태로울 지경. 그녀는 부랴부랴 옥스퍼드로 대피했다. 설상가상으로 스티븐의 아내가 글로스터 백작을 붙잡고는 스티븐과 교환하자고 제안했다. 스티븐을 풀어 줄 수밖에 없었다. 이로써 최고 통치권자로서의 지위도 잃었다. 1141년 4월부터 11월까지 7개월. 그녀의 통치 기간이다.

이후 전쟁은 지리멸렬했다. 마틸다는 1148년 노르망디로 돌아갔고, 얼마 후에는 남편도 죽었다. 그 사이에 마틸다의 장남 헨리가 폭풍 성장했다. 아버지로부터 앙주 가문의 영토를 상속한 데다 또 다른 정략결혼으로 아키텐, 가스코뉴, 푸아티에 등 광대한 영토를 확보했다. 그 헨리가 1153년 군대를 이끌고 영국으로 진격했다. 큰 전투는 발생하지 않았다. 양쪽은 스티븐이 사망하면 헨리가 왕위를 상속하는 대신 스티븐의 아들에게는 부르고뉴 백작 지위를 주기로 합의했다. 이로써 내전이 끝났다. 더불어 무정부 시대도 종결되었다. 헨리는 스티븐이 사망한 1154년, 영국의 왕위에 올랐다. 이 인물이 헨리 2세다. 헨리 2세는 앙주 가문의 후손. 따라서 왕의 혈통이 바뀐 셈이다. 이 왕조를 앙주 왕조 혹은 플랜태저넷 왕조라 한다.

이후 마틸다는 노르망디 공국의 행정에 전념했다. 간혹 헨리 2세의 정치를 도왔지만 전면에 나서지는 않았다. 말년에는 평온하게 삶을 마감했다. 훗날의 두 번째 'Lady'인 제인 그레이가 참수당한 것에 비하면 행복한 삶을 산 셈이다. 그래도 궁금해진다. 혹시 마틸다는 아들을 밀어내고 여왕이 되고 싶진 않았을까? 그녀는 왜 왕위를 포기했을까? 어쩌면 영국의 첫 여왕보다는 아들의 성공을 바라는 어머니가 되고 싶었는지도 모른다. 권력보다는 가족에 대한 사랑이 더 소중하니까.

유리 가가린과 닐 암스트롱보다
먼저 우주를 개척한 영웅들

맨몸으로 우주 시대를 열다

20세기 후반까지만 해도 민간인의 우주여행은 SF 영화에서나 가능한 일이었다. 21세기 접어들어 꿈은 현실이 되어 가고 있다. 실제로 2018년 8월 미국의 우주 탐사 기업 스페이스 엑스가 2023년 달 여행 탑승권을 판매했다. 일본인 억만장자가 이 탑승권을 구매했다. 그는 6~8명의 예술가와 건축가, 디자이너와 함께 달 여행을 즐길 것이라 했다.

국가가 주도하는 우주 탐사는 20세기 중반에 시작되었다. 계기는 냉전이었다. 1950년대 이후 미국과 구소련은 첨단 무기 경쟁을 벌였다. 그 경쟁은 우주로까지 이어졌는데, 스타워즈(Star Wars)라 부를 만했다. 소련이 먼저 웃었다. 전투기 조종사 출신 유리 가가린(1934~1968)은 세계 최초의 유인 우주선 보스토크 1호에 탑승해 1961년 4월 우주여행에 성공했다. 당시 가가린은 301킬로미터 상공에서 1시간 48분 동안 비행한 뒤 지구로 돌아왔다. 가가린은 영웅이 되었지만 34세의 젊은 나이에 전투기 추락 사고로 목숨을 잃었다.

　미국은 8년이 더 흐른 후에야 자존심을 회복했다. 1969년 7월 16일, 미국의 아폴로 11호가 달에 근접했다. 아폴로 11호의 선장인 닐 암스트롱(1930~2012)은 달 착륙선 이글호로 갈아탔다. 이글호는 무사히 달에 착륙했고, 암스트롱은 인류 최초로 달 표면을 밟았다. "한 인간에게는 작은 걸음이지만 인류에게는 위대한 도약이다"라는 말을 남긴 암스트롱은 전 세계의 영웅으로 떠올랐다. 미국의 역전승이라고 할 수 있다. 어쩌면 '정당한' 결과인지도 모른다. 우주 탐사에 더 먼저, 더 많이 열을 올린 나라는 소련이 아니라 미국이었다. 그랬으니 소련의 강편치 공격을 받고도 역전승을 일굴 수 있었을 것이다.

　미국의 우주 탐사는 1950년대 중반에 이미 시작되었다. 대표적인 것이 맨하이(Manhigh) 프로젝트와 엑셀시어(Excelsior) 프로젝트다. 이 두 프로젝트를 주도한 사람들 가운데 두 명만 추리자면 데이비드 시먼스(1922~2010)와 조셉 키팅어(1928~)를 들 수 있다.

　맨하이 프로젝트(1955~1958)는 미 공군이 주도했다. 우주의 수많은 입자와 광선이 인체에 미치는 영향을 알아보기 위한 프로젝트였다. 도전자들은 헬륨 가스를 채운 기구를 타고 성층권 중간까지 날아올랐다. 비행은 총 3회 이루어졌다. 1957년 6월의 1차 도전에는 키팅어가 비행자로 나섰다. 기구는 29.5킬로미터 상공까지 올라갔다. 1930년대에 세운 최고 기록(15.8킬로미터)이 깨지는 순간! 키팅어는 가장 높은 곳까지 날아오른 인물이 되었다. 하지만 이 기록은 두 달 만에 깨졌다. 2차 도전에 나선 시먼스가 30.4킬로미터 상공까지 올라갔다. 무려 32시간을 비행했다. 성층권의 구름을 관찰하고 오존층을 측정한 뒤 무사히 귀환했다. 이듬해에 3차 도전이 이어졌지만 시먼스의 기

《라이프》 표지에 실린 데이비드 시먼스의 사진

록을 깨지는 못했다.

시먼스는 원래 화학을 전공했다. 내과 의사로 변신하나 싶더니 1940년대 후반에는 군인으로 신분을 바꾸었다. 한국 전쟁이 터졌을 때는 극동 지방의 공군 의무관으로 복무했다. 전쟁이 끝난 뒤 우주 과학에 뛰어들었다. 가장 먼저 한 실험은 무중력 상태의 생체 반응을 체크하는 것이었다. 이를 위해 원숭이, 쥐, 기니피그를 차례대로 로켓에 태워 우주로 날려 보냈다. 실험의 끝은 직접 우주 비행에 도전하는 것이었고, 실제로 성사시켰던 것이다.

시먼스의 비행은 큰 화제가 되었다. 우주복을 입은 그의 사진이 《라이프》의 표지에 큼지막하게 실렸다. 우주에서 바라본 지구에 대해 그는 이렇게 말했다. "지구 위의 하늘은 자줏빛을 띤 검정색이었다. 지구의 안개층 위로 얇은 파란색 띠가 아로새겨져 있었다. 별은 반짝이지 않았다." 시먼스는 또 "적절한 장비만 갖춘다면 인간이 우주에서 생존할 수 있다는 사실을 깨달았다"라고도 했다. 그의 비행이 성공하면서 사람들은 우주에 관심을 가지기 시작했다. 전문가들은 "시먼스가 우주 시대를 열었다"라며 극찬했다.

맨하이 프로젝트의 1차 도전자 키팅어는 어디 갔냐고? 키팅어는 맨하이 프로젝트의 뒤를 이은 엑셀시어 프로젝트(1959~1960)에서 존재감을 드러냈다. 높은 고도에서 비행기가 격추되거나 고장 난다면

비상 탈출을 해야 한다. 엑셀시어 프
로젝트는 이에 대비하기 위한 일종
의 낙하산 실험이었다. 총 3차에 걸
친 도전을 키팅어가 도맡았다. 23.3
킬로미터 상공에서 점프한 1차 도전
때는 낙하산이 목을 감는 바람에 목
숨을 잃을 뻔했다. 2차 때는 22.8킬
로미터 상공에서 점프했다. 17킬로미
터를 그대로 다이빙한 후 낙하산을
폈다. 성공이었다. 1960년 8월의 3차

수십 킬로미터 상공의 기구에서 뛰어내리는 키팅어

도전 때에는 31.3킬로미터 상공까지 올라갔다. 이로써 시먼스의 기록
을 깼다. 키팅어는 4분 46초 동안 자유 낙하를 했다. 낙하산은 지상
5.3킬로미터 상공에서 펼쳤다. 전체 낙하 시간은 13분 45초. 키팅어는
최고 높이와 최장 시간 자유 낙하라는 대기록을 세웠다.

　우주는 어두컴컴하다. 자유 낙하할 때의 최고 속도는 시속 988킬
로미터. 기온은 영하 70도에 이르렀다. 그 상황에 대해 키팅어는 이렇
게 말했다. "속도를 알 수 있는 방법이 없었다. 깊이에 대한 지각도 할
수 없었다. 마치 눈을 감고 자동차를 운전하는 것과 같다. 오로지 헬
멧 속에서 내가 숨을 쉬는 소리만 들릴 뿐이었다."

　키팅어가 달성한 최고 높이 기록은 무려 52년이 지난 2012년에야
깨졌다. 새로운 최고 높이 기록은 38.9킬로미터. 흥미로운 점은 새로
운 기록이 만들어지던 2012년 당시의 스태프 중 한 명이 키팅어였다
는 사실이다. 키팅어는 무려 84세의 나이에 이 프로젝트에 참여했다.

　이쯤에서 우주에 대한 과학적 사실 하나를 알려 주겠다. 과학계에

서는 우주의 시작 지점을 '지상 100킬로미터 이상의 고도'라고 규정하고 있다. 이 100킬로미터의 경계선을 미국의 물리학자 이름을 따서 '카르만 선'이라고 부른다. 최근에는 일부 과학자들이 지상 80킬로미터로 경계선을 낮추어야 한다고 주장하고 있다. 이 기준대로라면 시먼스나 키팅어는 우주에 진입하지 못했다. 그러니 엄밀하게 말하면 그들은 우주인의 자격을 얻을 수 없다. 실망이라고? 그렇게 생각하지 말자. 우주의 기준이 그렇다고 해서 그들의 업적이 초라해지는 것은 아니다. 그들의 도전이 있었고, 그런 도전들이 쌓이고 쌓였기에 오늘날 우리가 우주여행을 목전에 둔 것이 아니겠는가.

'1등'만 기억하는 역사 공부는 하지 말자. 그런 역사는 매력이 없다. 최초의 성공 이전에 있었던 수많은 시행착오, 목숨을 걸었던 선구자들의 이야기……. 이런 '도전의 역사'야말로 가장 흥미진진한 역사가 아닐까.

뛰어난 조연이 있기에 주연이 더욱 빛나는 법

측천무후 이전에도
중국의 여자 황제가 있었다?

한 고조 유방의 아내, 여태후

고대 중국만큼 무시무시한 형벌이 많은 나라는 없는 것 같다. 또 고대 중국만큼 '디테일하게' 형벌을 가하는 나라도 드문 것 같다. 궁형(宮刑)은 생식기를 자르는 고대 중국의 형벌이다. 죽는 것보다 더 치욕스럽게 여겨졌다. 중국 역사를 통틀어 가장 위대한 역사학자로 평가받는 사마천(기원전 145?~기원전 86?)이 바로 이 궁형을 받았다.

사마천은 역사를 기록하는 사관 가문에서 태어났다. 고대 중국에서 사관 직위는 한 가문에서 대대로 승계할 때가 많았다. 사마천의 아버지 또한 사관이었다. 이런 사관이 얼마나 큰 죄를 지었기에 가장 모멸적인 형벌을 받았을까. 당시 한 제국의 황제는 무제였다. 한 왕조뿐 아니라 중국 역사를 통틀어 가장 위대한 황제로 평가받는 인물이다. 그의 통치기에 중국은 사방으로 영토를 확장했다. 그 과정에서 실크로드가 개척되었고 고조선이 멸망했다.

당시 중국의 가장 큰 위협은 북방의 흉노족이었다. 기원전 99년

이릉이란 장수가 흉노족을 토벌하러 갔
다. 적지 않은 공을 세웠지만 퇴각하던 중
흉노족에게 포위되었다. 이릉의 병사는
5,000명이었고 흉노족은 8만이었다. 무턱
대고 달려들었다가는 개죽음이 예상되는
상황. 이릉은 어쩔 수 없이 항복했다. 이
사실이 알려지자 무제는 불같이 화를 냈
다. 항복하느니 죽음을 택해야 했다는 것
이다. 바로 이때 사마천이 이릉의 선택이
옳았다고 변호했다. 무모하다 싶을 정도의
용기다. 분노한 무제는 사마천의 생식기를
자르라 했다. 치욕을 당한 사마천은 죽고
싶었지만 더 큰 사명을 떠올리며 죽음의

명의 만력제 시절 판본의 『사기』

유혹을 떨쳤다. 바로 위대한 역사서를 써 입신양명하는 것이었다. 이
렇게 해서 완성된 책이 『사기(史記)』다.

　『사기』는 중국 오제 시절부터 무제 시절까지의 역사를 다룬 통사
다. 기전체 양식으로 만들어진 첫 역사서다. 기전체는 본기, 세가, 열
전, 서, 표 등으로 구분해 서술하는 방식이다. 본기는 제왕의 이야기,
세가는 제후의 이야기, 열전은 그 밖의 영웅 이야기로 구성한다. 서는
제도와 문물에 관한 이야기이며 표는 역사 연표를 말한다. 사마천의
『사기』는 총 130편으로 구성되어 있는데, 이 중 본기가 12편이다. 이
미 말한 대로 본기는 제왕의 이야기로 꾸며져 있다. 그런데 본기에 제
왕이 아닌 인물이 2명 포함되어 있다. 한 명은 항우. 유방과 격돌하며
천하를 다투었고 실제로 거의 제패할 뻔했으니 항우를 제왕에 넣는

사마천

거야 뭐 그럴 수 있을 것 같다. 나머지 한 명은 유방(한고조)의 부인 여씨 황후였다. 줄여서 여후라 부르는 이 여성이 왜 본기에 수록된 것일까. 그녀에 대해 좀 더 캐 보아야 할 것 같다.

그녀는 유방의 조강지처였다. 유방이 항우와 천하를 다툴 때 부인 여씨는 묵묵히 집을 지켰다. 허나 성격이 불같았다. 기개는 웬만한 남자를 제압할 만큼 강했다. 항우에게 인질로 잡혔을 때도 "죽일 테면 죽여라"라며 불호령을 내릴 정도였다고 한다.

기원전 202년 유방이 천하를 얻었다. 황후가 된 여씨 부인, 즉 여후는 본색을 드러냈다. 여후는 권력욕이 강했다. 권력을 노릴 만한 동지들을 모두 제거했다. 가장 먼저 개국 공신 한신이 타깃이 되었다. 한신은 죽으면서 "토끼를 사냥했으니 사냥개를 삶아 죽이는구나"라며 한탄해 토사구팽이란 한자성어를 남겼다. 또 다른 공신 팽월과 경포도 죽였다. 유방의 책사였던 장량은 일찍이 사태를 예견했다. 관직을 반납하고 야인이 되었다. 덕분에 죽음을 면할 수 있었다. 개국 공신 번쾌도 살 수 있었다. 그의 아내가 여후의 친동생이었기 때문이다.

이 공신 숙청 작업은 사실 고조와 여후의 공동 작품이었다. 고조 또한 권력을 빼앗기고 싶지 않았다. 대대손손 유 씨 황족의 제국으로 번성하길 원했다. 다만 의리 때문에 나서지 않았을 뿐이다. 또한 영토

와 관직을 빼앗는 선에서 끝내고
싶어 했다. 냉혹하기를 따진다면
여후가 고조의 레벨을 훨씬 뛰어넘
었다.

공신 숙청을 끝냈더니 조정에서
는 황제 계승권을 놓고 권력 다툼
이 벌어졌다. 황태자는 당연히 여
후의 아들 유영이었다. 여후는 유
영이 황제가 될 거라는 사실을 추
호도 의심하지 않았다. 하지만 고
조는 총애하는 후궁 척부인의 아

한 고조 유방

들 유여의로 황태자를 바꾸려 했다. 척부인도 자신의 아들을 황태자
에 책봉시키려고 별의별 짓을 다 했다. 대신들이 황제를 뜯어말려 사
태는 곧 수습되었다. 하지만 여후의 분노는 조금도 줄어들지 않았다.
여후는 척부인 모자를 반드시 손보리라 다짐했다.

기원전 195년 고조가 죽었다. 유영이 황제에 올랐다. 혜제다. 이제
모든 권력은 여후가 쥐었다. 황제의 어머니이니까 이젠 여태후란 호칭
이 옳을 것 같다. 여태후의 잔혹한 보복이 시작되었다. 여태후는 변방
지역에 있던 척부인 모자를 황궁으로 불렀다. 척부인의 머리카락을
자르고 손발을 잘랐다. 눈을 뽑고 혀와 귀를 지지고 약을 부어 말하
지도, 듣지도 못하게 했다. 끝이 아니었다. 여태후는 척부인을 돼지우
리에 가두고는 '인간 돼지'라 불렀다.

혜제는 어머니가 무서웠다. 비록 배다른 동생이지만 유여의는 살려
내고 싶었다. 동생을 끼고 살았다. 그러나 빈틈이 생기게 마련이다. 그

여후를 묘사한 그림

틈을 노려 여태후는 유여의를 독살했다. 혜제가 받은 정신적 충격이 엄청났다. 육체의 질병으로 이어졌다. 혜제는 23세의 젊은 나이에 죽고 말았다.

기원전 188년 혜제의 아들이 3대 황제에 올랐다. 이 인물이 소제인데, 이름은 전하지 않는다. 여후는 황제의 할머니가 되었다. 황태후에서 태황태후로 된 것이다. 어린 황제를 보면서 여후는 본격적으로 여 씨 천하를 만들기 위한 작업에 착수했다. 유 씨 제후들이 하나씩 제거되었다. 그 자리는 어김없이 여 씨 일족으로 채워졌다. 저항하면? 잔혹하게 죽였다. 여후는 그렇게 8년간 1인자 역할을 했다. 사마천이 본기에 여후를 수록한 것이 이 때문이다. 그녀가 실질적 황제였던 것이다. 혜제는 황제였으면서도 본기에 이름을 올리지 못했다. 그러니 여후는 중국 최초의 여성 황제인 셈이다.

어느 날 여후는 갑자기 환각 증세를 보이다 죽었다. 유 씨 황족과 살아남은 공신들의 반격이 시작되었다. 여 씨 일족을 모두 죽여 버렸다. 사실상 멸문지화(滅門之禍)다. 훗날 전한이 멸망한 후 일어난 농민 반란군은 황릉을 파헤쳐 여후의 시신을 훼손했다. 후한을 세운 광무제는 폐황후를 선언해 여후를 황실 호적에서 지워 버렸다.

흥미로운 점이 있다. 여후가 악행을 일삼던 시절, 한 제국은 가장 평안했다. 전쟁도 없었다. 조정에선 피바람이 불었어도 그 여파가 백성에게는 미치지 않았다. 오히려 태평성대에 가까웠다. 이 때문에 여후가 훌륭한 군주였다고 평가하는 사람들도 있다.

혹시 여후가 권력 다툼에 몰입하느라 통치를 '방치'했던 건 아닐까. 이른바 '무위지치(無爲之治)' 말이다. 인위적인 통치를 하지 않았으니 백성이 편하다는 이야기인데……. 백성을 가르치려 들지도 않고, 억압하려 들지도 않는 정치가 최상이란 결론이 나온다. 오늘날의 정치 또한 마찬가지이리라.

역사의 한 순간을
장식한 사람들

우리는 매일 한 줄의 역사를 만들면서 살아간다. 내가 인식하지 못하는 지금 이
순간에도 나는 내 역사를 채워 가고 있다. 훗날 되돌아보았을 때 떠오르는 삶의
편린들, 그 편린들이 모이고 모여 나의 역사가 완성된다.

인류의 역사도 마찬가지다. 어떤 결정적 순간을 장식한 사람들이 있다. 그 당시에
는 몰랐지만 그 한 순간의 결정과 행동이 장엄한 역사의 물줄기를 바꾸는 계기가
되었다는 사실을 나중에야 알게 된다. 역사는 그 빛나는 순간들의 총합인 것이다.
역사의 한 순간을 빛낸 사람들의 이야기를 해 보자.

러시아 혁명에 뛰어든
한국인이 있었다

김 알렉산드라의 파란 많은 삶

중국, 베트남, 라오스, 쿠바, 북한. 오늘날까지도 공산주의를 표방하고 있는 나라들이다. 공산주의는 마르크스와 레닌에게서 비롯되었다. 북한은 마르크스-레닌주의와는 다른 주체사상을 표방한다. 북한과 달리 앞의 네 나라는 공산주의 이념을 사실상 포기하고 자본주의를 받아들였다. 엄밀히 따져서 공산주의 국가가 아니다. 다행히 최근 들어 북한도 변화를 보이고 있다. 북한의 긍정적 변화를 기대한다.

공산주의 이념은 20세기 말에 몰락했다. 물론 사회주의자들이 완전히 사라진 것은 아니다. 유럽의 선진국에는 좌파라 불리는 사회당이 버젓이 존재한다. 하지만 그들은 국가 전복을 꿈꾸지 않는다. 제도권 정치의 틀 안에서 활동하며 개혁과 변화를 외친다.

최초의 사회주의 국가는 1917년 러시아에서 탄생했다. 볼세비키 혁명을 통해서다. 전제 정권이 무너지고 소비에트 정권이 들어섰다. 소비에트는 노동자, 농민이 주축이 된 정권을 뜻한다. 귀족 혈통도, 부르주아도 아닌 사람들이 지배 세력이 된다니! 당연히 기득권자들은 받아들일 수 없었다. 소비에트 세력과 혁명 반대 세력 사이에 치열한 내전이 벌어졌다. 내전은 소비에트 세력의 승리로 끝났다. 1922년 러시아의 소비에트 정권과 주변 국가들의 소비에트 정권이 힘을 합쳐 연방 국가를 출범시켰다. 이것이 바로 소비에트 사회주의공화국 연방(Unions of Soviet Socialist Republics · USSR), 즉 소련이다.

소비에트 연방의 단결을 의미하는 1930년대의 포스터. 러시아를 제외한 나머지 국가들의 기수는 전통 의상을 입고 있다.

1991년 소련이 붕괴하기까지 70여 년의 역사가 이어졌다. 그 출발점은 이미 말한 대로 1917년의 볼셰비키 혁명이다. 이 혁명을 이끈 인물은 블라디미르 레닌(1870~1924)이었다. 볼셰비키는 러시아 사회민주당을 지칭하며 '다수파'란 뜻이다. 그렇다면 '소수파'도 존재할 터. 소수파는 멘셰비키라고 불렀다. 다수파와 소수파는 구성원의 많고 적음을 뜻하는 게 아니었다. 그들이 추종하는 이념이 혁명의 중심이 되었느냐, 그렇지 못했느냐에 따라 소수파가 다수파도 될 수 있다. 실제로 볼셰비키의 구성원 수가 멘셰비키보다 적었다. 그 대신 볼셰비키는 비타협적이었고 과격했다. 볼셰비키는 멘셰비키에 대해서 자본가, 권력자와 타협하는 세력이라 몰아붙였다.

러시아 혁명은 두 단계로 이루어졌다. 1917년 2월 혁명과 같은 해

10월의 볼셰비키 혁명이다. 2월 혁명은 시민 혁명이었다. 그 결과 차르 체제가 무너지고 자유주의 정부가 들어섰다. 볼셰비키가 활동할 수 있는 토대가 만들어졌다. 2단계인 볼셰비키 혁명과 관련해 흥미로운 이야기가 있다. 우리나라 최초의 공산주의자가 이 혁명에 적극 가담했다는 점이다. 김 알렉산드라(1885~1918)라는 여성이었다. 그녀는 어쩌다 볼셰비키 혁명에 뛰어든 것일까?

1860년대 이후 많은 조선인들이 연해주로 이주했다. 연해주는 한반도의 북쪽, 그러니까 러시아 시베리아의 동남쪽에 위치해 있다. 김 알렉산드라의 아버지도 그 무렵 연해주로 이주했다. 함경도 출신인 그가 왜 고향을 떠났는지는 확실치 않다. 독립운동을 위해서라는 이야기도 있고, 새로운 삶을 찾기 위해서라는 설도 있다. 후자일 가능성이 더 높다. 실제로 같은 목적으로 연해주를 찾는 조선인이 크게 늘어 1920년대에는 6만 명에 이르렀다. 김 알렉산드라는 바로 이 연해주의 우수리스크 부근에서 태어났다. 한인 2세인 셈이다.

아버지는 만주 철도 건설 현장에서 통역관으로 일했다. 아버지는 폴란드 출신 러시아인 표트르 스탄케비치와 친하게 지냈다. 그 인연으로 알렉산드라는 어머니와 아버지를 모두 잃은 후 스탄케비치의 양녀로 들어갔다. 성인이 된 뒤에는 그의 아들과 결혼했다. 하지만 결혼 생활은 순탄치 않았다. 그녀는 이혼을 선택했다. 바로 다음 해인 1915년, 그녀는 우랄산맥 일대의 벌목장으로 향했다. 그곳에 조선인 노동자가 많았기 때문이다. 벌목장의 상황은 열악했다. 조선인 노동자들은 강제 노역에 시달렸고, 때로는 학살되었다. 그녀는 그곳에서 통역관을 자처하며 조선인 노동자의 권리를 찾아 주는 데 주력했다. 그 과정에서 사회주의자로 변신했다. 1916년 말, 그녀는 러시아 공산

당의 전신인 러시아 사회민주노동당에
가입했다.

이후 그녀는 극동 지방의 공산주의
확산에 전념했다. 혁명 분위기가 무르
익자 극동 지방에서 공산주의자 세포
조직을 만들고 대중 집회를 주도했다.
상트페테르부르크에 있는 혁명 지도부
와도 수시로 교감했다. 볼셰비키 혁명
에 성공한 뒤 그녀의 지위는 크게 향

김 알렉산드라

상되었다. 소비에트 정부는 그녀를 극동 인민공화국 외무위원에 임명
했다. 이 직책은 오늘날로 치면 최고위급 장관에 해당한다. 극동 지역
의 최고 책임자가 된 것이다.

부임해 보니 독립운동가 이동휘가 당국에 붙잡혀 있었다. 이동휘는
훗날 대한민국 임시 정부의 초대 국무총리를 지낸 인물이기도 하다.
당시 그는 독일의 밀정 혐의를 받고 있었다. 이동휘는 김 알렉산드라
의 적극적인 구명 운동 덕분에 풀려날 수 있었다. 1918년 5월 김 알
렉산드라는 하바롭스크에서 이동휘 등 독립운동가들과 한인사회당
을 결성했다. 한인사회당은 한국 최초의 사회주의 정당이었다.

이후 소비에트 세력과 혁명 반대 세력 사이에 내전이 시작되었다.
혁명군은 적군, 반혁명군은 백군이라 불렀다. 공산주의 이념이 서방
세계로 흘러들어오는 것을 막기 위해 미국과 영국 등은 백군을 지원
했다. 내전은 극동 지역에서도 치열하게 전개되었다. 1918년 9월 15일
그녀가 백군에 붙잡혔다. 극동 최고 책임자이니 살려 줄 리 만무했다.
총살. 그의 시신은 아무르강에 아무렇게나 던져졌다.

이후 그녀는 한동안 잊혔다. 아무리 이념이 다르다 하더라도 우리 민족의 독립에 기여한 공이 큰데⋯⋯. 같은 민족끼리 전쟁을 치렀으니 좌파 인사는 무조건 배척하던 대한민국이었다. 그러니 우리도 그녀를 뇌리 속에서 지웠다.

소련 정부도 그녀의 공을 인정하지 않았다. 오히려 연해주의 조선인을 핍박했다. 1937년 독재자 스탈린은 연해주에 살던 17만 명의 조선인을 시베리아로 강제 이주시켰다. 이 과정에서 2만 5,000여 명이 목숨을 잃었다. 김 알렉산드라가 살아 있었다면 땅을 치고 통곡했을 것이다. 그랬던 소련도 지금은 해체되었으니, 이념이란 이처럼 허무한 것이다.

다행히 국내에서 2009년 그녀의 재발견 작업이 이루어졌다. 그녀가 독립운동에 기여한 사실도 인정되었다. 대한민국 정부는 그녀에게 건국훈장 애국장을 추서했다. 지하에서나마 그녀가 기쁨의 눈물을 흘렸기를 바란다.

민족의 평화 앞에 이념이란 있을 수 없다. 이제는 이념 갈등에서 벗어나야 할 때!

선교사의 어설픈 호의가
아프리카 노예 무역을 부르다

갑의 횡포가 부른 비극의 역사

사람마다 식성이 다르다. 무엇을 어떤 방식으로 먹든 어느 쪽이 옳다고 할 수는 없다. 필자는 쇠고기 스테이크를 먹을 때 꼭 통후추와 함께 먹는다. 가루 제품으로 나온 후추는 풍미가 덜하다. 고기 육즙의 맛을 살리고 고기의 비린내를 잡아 주기에는 통후추가 제격이다. 혹시 구미가 당긴다면 시도해 보시라.

15세기 이후 유럽 사람들이 아시아와 아메리카 대륙으로 항해한 까닭이 바로 후추를 비롯한 향신료 때문이었다. 고기를 주식으로 하는 유럽 귀족들에게 이미 후추는 없어서는 안 될 식품이 되었다. 후추는 고기의 누린내를 잡아 줄 뿐 아니라 보관 기간도 늘려 주었다. 향신료는 유럽에서 가장 핫한 아이템이었다. 하지만 기후 조건이 맞지 않아 유럽에서는 후추를 비롯한 향신료를 재배할 수 없었다. 크리스토퍼 콜럼버스가 아메리카 대륙으로 항해한 까닭도 향신료 때문이었다. 콜럼버스는 아메리카 대륙을 인도로 여겼다. 원주민을 만나자

아메리카에 진출한 스페인인들의 극악무도한 만행을 폭로한 그림

"인디언이다!"라고 외쳤다. 이후 아메리카 대륙의 원주민은 인도 사람이 아닌데도 인디언이라 불리게 되었다. 실제 아메리카 원주민들은 인디언이란 표현을 썩 좋아하지 않는다.

아메리카는 인도가 아니었기에 당연히 향신료가 없었다. 콜럼버스는 곤혹스러웠다. 체면을 완전히 구겨 버렸다. 뭐라도 가지고 가야 하는데……. 그때 콜럼버스의 눈에 원주민의 장신구가 들어왔다. 금이었다. 향신료가 없으면 어때? 더 좋은 금이 있잖아! '눈 가리고 아웅' 하는 격이었지만 스페인 사람들에게는 큰 효과가 있었다. 이후 일확천금을 노린 스페인 사람들이 중남미로 몰려들었다. 그들은 금은보화를 내놓으라고 원주민들을 겁박했다. 하지만 예상과 달리 금은보화는 그리 많지 않았다.

스페인 정복자들은 새로운 돈벌이 수단을 찾았다. 한편으로는 금광과 은광을 운영하고, 또 한편으로는 담배, 사탕수수와 같은 작물을 재배했다. 원주민이 있으니 노동력을 걱정할 필요가 없었다. 원주민들은 노예와 다름없는 삶을 살아야 했다. 원주민 인구는 강제 노동과 학살, 유럽 사람들이 옮긴 전염병으로 인해 급격하게 줄었다.

당시 스페인 정복자들 중에 바르톨로메 데 라스카사스(1484~1566)란 인물이 있었다. 1502년 라스카사스는 18세의 나이로 아버지와 함께 히스파니올라섬으로 갔다. 그도 여느 정복자와 같았다. 원주민을 학살하고 살아남은 자는 노예로 삼았다. 그런데 무슨 바람이 불었던 걸까? 이후 라스카사스는 스페인으로 돌아가 신학을 공부했다. 성직자의 신분으로 아메리카로 돌아갔다. 하지만 제 버릇 남 주겠는가. 전혀 달라지지 않았다. 성직자의 신분으로 전투에 참가해 원주민을 학살하고 노예로 삼았다.

도미니크 수도회는 "라스카사스가 종교 사제이면서도 원주민들을 강제 노역시키고 음식도 제대로 주지 않았으며 심지어 죽을 때까지 괴롭히고 있다"라고 비판했다. 라스카사스는 이에 맞서 "원주민은 열등하다. 그들을 개화시키는 것이야말로 유럽 문명인의 소명이다"라고 항변했다. 종교 사제가 맞긴 한 걸까? 어쨌거나 그 후로도 라스카사스의 재산과 원주민 노예는 계속 늘어났다.

어느 날 라스카사스는 설교를 준비하기 위해 성경을 읽고 있었다. 문득 깨달음이 찾아왔다. 그동안 자신이 원주민을 학살했고 그들의 재산과 자유를 빼앗았다는 점을 인식하게 되었다. 뒤늦은 참회다. 분연히 일어난 그는 자신의 원주민 노예를 모두 해방시켰다. 나아가

1515년에는 스페인의 왕 페르난도 2세를 직접 만났다. 그는 왕에게 "이대로 가면 아메리카 원주민이 급감해 결국에는 스페인 전체가 위기를 맞게 될 것입니다"라고 경고했다. 설득이 먹혀들었다. 페르난도 2세가 긍정적인 반응을 보였다. 하지만 바로 다음 해 왕이 갑자기 죽으면서 허사가 되어 버렸다.

원주민 압제자에서 성직자로 변신한 라스카사스

새로이 왕에 오른 카를로스 1세는 아메리카 원주민의 인권 따위에 관심이 없었다. 이 왕은 열여섯 살에 불과했지만 신성 로마 제국의 황제(카를 5세)도 겸한 최고의 권력자였다. 라스카사스는 아메리카 원주민의 처우를 개선해 달라는 탄원서를 새 왕에게 올렸다. 하지만 새로운 문제가 등장했다. 원주민을 '해방'시키면 누가 금광과 은광에서 일할 것이며 농장 인부는 어떻게 구할 것이냐는 것이었다. 곰곰이 생각하던 라스카사스가 이렇게 말했다. "아메리카 원주민보다 아프리카의 흑인이 훨씬 튼튼합니다. 그 흑인들을 아메리카 대륙으로 데려와 노동을 시키면 대안이 됩니다."

아랫돌을 빼어 윗돌을 괸다는 말이 이럴 때 쓰라고 있는 것 같다. 아메리카 원주민을 해방시키기 위해 아프리카 흑인을 붙잡아 와서 노동을 시키면 된다니! 흑인들에게는 인권이 없다는 이야기가 아닌가. 라스카사스는 자신이 무슨 짓을 저질렀는지 알지 못했다. 그저 아메리카 원주민을 해방시키겠다는 자신의 소명에만 충실했다. 정말 지극

노예 무역선에 짐짝처럼 실려 가는 아프리카 흑인들을 묘사한 그림

정성이었다. 여러 차례 왕에게 "아메리카 원주민을 노예로 부리면 안
됩니다"라고 탄원서를 올렸다. 하늘이 감동한 것일까? 카를로스 1세
는 결국 스페인 식민지에서 원주민 노예를 해방하라는 법을 발표했
다. 한 고비는 넘었다. 하지만 아메리카의 스페인 정복자들이 반발했
다. 노동력이 부족해질 수 있다는 문제가 또 다시 제기된 것이다. 결
국 대안으로 라스카사스의 제안에 따르기로 했다. 도미니크 수도회마
저 아프리카 흑인을 수입해 노예로 삼는 것에 찬성했다.

그 후 스페인 상인들이 더 왕성하게 아프리카 흑인들을 붙잡아 아
메리카 대륙으로 끌고 왔다. 바로 이때부터 흑인 노예 무역이 크게 번
성한 것이다. 스페인만 그런 것이 아니다. 네덜란드, 영국 등 유럽의
여러 나라가 노예 무역에 뛰어들었다. 17세기에 흑인 노예 무역은 전
성기를 누렸다. 미국에도 흑인 노예가 수입되었다. 1619년 네덜란드

상인이 20여 명의 흑인 노예를 미국 버지니아 담배 농장에 판 것이 그 시초였다. 이후 미국에서도 본격적으로 흑인 노예를 부리기 시작했다.

훗날 라틴 아메리카의 독립 영웅인 시몬 볼리바르는 "라스카사스는 아메리카의 선지자다"라고 추켜세웠다. 하지만 이 정책 이후에도 원주민의 삶이 썩 나아지지는 않았다. 여전히 정복자들은 원주민을 착취했다. 원주민 외에 추가로 흑인 노예를 덤으로 얻은 스페인 정복자들만 콧노래를 부르게 된 것이다.

만약 라스카사스가 스페인의 부당한 착취를 막기 위한 해법에 더 관심을 가졌더라면 어땠을까? 원주민을 배려한답시고 내놓은 대책이 아프리카 원주민들을 절망의 나락으로 빠뜨릴 것이란 사실을 예측했더라면, 그 이후의 역사는 다른 방향으로 흐를 수도 있었다. 혹시 라스카사스는 여전히 정복자의 관점에서 세상을 바라본 것이 아닐까?

라스카사스의 사례에서 알 수 있듯이 어설픈 호의는 때로 예기치 않은 부작용을 초래한다. 갑이 을의 입장에 서고 싶다면, 먼저 정확한 상황을 파악하고 그 다음 을의 마음을 제대로 들여다보아야 한다. 그것이 이 역사의 한 페이지에서 배워야 할 교훈이다.

마리 앙투아네트는
왕따였다?

정쟁에 희생된 오스트리아 공주

2018년 전 세계가 '미투(Me too)' 열풍에 휩싸였다. 대한민국도 마찬가지. 문화계, 학계, 정계 가릴 것 없이 피해자의 용기 있는 고백이 쏟아졌다. 가해자에 대한 처벌도 이어지고 있다. 이 열풍이 앞으로 어떤 식으로 결론이 날지 아직은 단언할 수 없다. 다만 그 어떤 경우에도 '미투'의 핵심은 '추악한 권력'에 대한 저격이 되어야 한다. 권력을 악용해 약자의 성적 자존감을 훼손하는 자는 반드시 심판대에 올려야 한다.

사실 성폭력은 어제오늘의 일이 아니다. 전근대 사회에서는 권력자의 '당연한 권리'로 여겨졌다. 중세 유럽에서는 성인이 되는 여성이 첫날밤을 영주와 치러야 하는 의식까지 있었다. 근대 사회로 접어들 무렵에도 유럽에서 성(性)은 정치 도구로 활용되었다. 프랑스 혁명을 전후한 18세기에는 외설적이고 음란한 성적 그림, 즉 포르노그래피가 크게 유행했다. 포르노그래피에 등장하는 여성은 대부분 왕비를 비롯한 왕족이었다. 집권 세력의 반대파 혹은 혁명 세력이 의도적으로 유포한 것이다. 왜? 민중의 반감을 끌어내기 위해서였다.

18세기 후반 프랑스 포르노그래피에 가장 많이 등장한 여성 중 한 명이 왕비인 마리 앙투아네트(1755~1793)였다. 이를테면 이런 식이다. '왕비는 남편인 왕과의 관계만으로는 만족하지 못해 시동생과도 관계를 갖는다.', '왕비는 성적으로 문란해 남자는 물론 여자들을 끌어들여 동성애를 즐긴다.', '왕비는 자식들과도 근친상간을 한다.' 앙투아네트는 자신에게 씌워진 이런 이미지로 인해 상당히 큰 충격을 받았으리라. 실제로 정적들은 이런 포르노그래피를 근거로 그녀를 공격하기도 했다. 사실 그녀는 프랑스 왕비로서의 삶이 행복하지 않았다. 프랑스 귀족과 왕족들에게 집단 따돌림을 당했고, 온갖 루머에 시달려야 했다. 평생 동안!

앙투아네트는 오스트리아 여제 마리아 테레지아의 열한 번째 딸이다. 오스트리아 공주가 프랑스 왕실로 시집을 간 이유는 명백하다. 정략결혼이었다. 18세기 유럽 왕실의 인맥은 거미줄보다 복잡하게 얽혀 있었다. 두 나라가 동맹을 맺으면 으레 자녀들을 결혼시켰다. 이보다 더 확고한 인질 정책이 어디 있겠는가. 만약 한 나라가 동맹을 파기하면 시집 온 외국의 왕비를 처형할 수 있다. 그러니 서로 조심, 또 조심할 수밖에 없다.

오스트리아는 프랑스와의 동맹을 원했다. 프로이센이라는 또 다른 게르만족 국가가 급부상했기 때문이다. 프로이센을 견제하려면 군사 대국인 프랑스의 도움이 절실했다. 프랑스도 마침 영국과 전 세계에서 대결을 벌이고 있었다. 동맹이 필요했으니 기꺼이 오스트리아와 혼인 동맹을 맺은 것이다. 앙투아네트는 훗날 루이 16세가 되는 프랑

오스트리아 공주 시절의 마리 앙투아네트. 자유분방했던 소녀 앙투아네트는 프랑스 왕궁으로 시집가면서 불행의 길을 걷기 시작했다.

스 왕태자와 결혼했다. 오스트리아 빈에서 프랑스 베르사유까지의 여정은 험난했다. 덜컹거리는 마차로 20여 일간 이동한 후에야 베르사유에 도착했다. 장차 왕비가 될 신분이었지만 프랑스 왕실 사람들은 그저 '오스트리아 여자'라 불렀다. 프랑스 궁정 예절은 엄격하고도 까다로웠다. 자유분방하게 지냈던 오스트리아 공주 시절이 그리웠지만 참을 수밖에 없었다. 오스트리아의 운명이 자신의 처신에 달려 있지 않은가.

1776년 루이 16세가 왕위에 올랐다. 앙투아네트는 왕비가 되었다. 그녀를 향한 비방과 험담이 더욱 심해졌다. 귀족과 관료들은 "왕비가 본국인 오스트리아를 위해 정치적 영향력을 행사할 것이다"라며 수군거렸다. 앙투아네트가 왕자를 낳지 못하는 점도 빌미가 되었다. 반면 루이 16세의 동생 부부는 아들을 낳았다. 귀족과 관료들은 이 기회를 놓치지 않고 "왕위 상속권을 조카에게 넘겨야 한다!"라고 주장했다. 드러내놓고 '이국의 왕비'를 견제한 것이다. 앙투아네트가 포르노그래피 팸플릿에 외설적인 모습으로 등장한 것도 이 무렵부터다.

1781년 앙투아네트가 마침내 왕자를 낳았다. 이후 그녀에 대한 비방이 잦아드는 듯했다. 하지만 정치만큼 음흉한 것도 없다. '목걸이 로비' 사건이 터지면서 그녀가 다시 위기에 빠졌다. 요즘에도 고위 공직자들을 상대로 한 로비 사건이 터지면 온 나라가 시끄럽다. 당시 프랑스 왕실에 이와 비슷 한 사건이 터졌다. 추기 경, 백작 부인, 창녀 등 이 뒤얽힌 희대의 사기 극이었다. 이 사기극은 목걸이와 돈을 사기꾼이

루이 16세의 얼굴이 새겨진 동전의 앞면(왼쪽)과 뒷면

챙겨 잠적하면서 끝났다. 문제는, 앙투아네트의 이름이 막후에 등장 했다는 것이다. 물론 그녀는 이 사건과 아무런 관계가 없었다.

앙투아네트는 결백했지만 그녀에 대한 평판은 극도로 나빠졌다. 당 시 프랑스는 영국과의 잦은 전쟁 때문에 재정이 매우 어려운 상황이 었다. 그런데도 부유한 귀족과 교회는 전혀 세금을 내지 않았다. 가난 한 농민의 허리만 휘었다. 농민의 반발이 극에 달했다. 귀족은 꼼수를 부렸다. 이런 소문을 퍼뜨렸다. "외국에서 온 왕비가 너무 사치스러워 곳간이 다 비어 버렸다!" 졸지에 마리 앙투아네트는 프랑스 재정 악 화의 주범이 되어 버렸다.

1789년 프랑스 혁명이 일어났다. 혁명군의 기세가 하늘을 찔렀다. 여성들은 "파리 시민에게 빵을 달라!"라고 외쳤다. 이때 앙투아네트 가 "빵이 없으면 케이크를 먹으면 되지"라고 했단다. 정말로 그녀가 이 말을 했을까? 역사학자들은 고개를 젓는다. 궁정 밖의 삶을 겪어 보지 않은 왕비였으니 민중을 자극하는 발언을 했을 수도 있다. 그러 나 '빵과 케이크' 발언은 현실성이 없다. 비방과 선동의 음모가 숨어 있다고 보는 편이 옳을 듯하다. 구체제에 대한 민중의 반감을, 이보다 더 확실하게 자극할 대사가 있겠는가.

1791년 6월 루이 16세와 마리 앙투아네트는 야반도주를 하다 혁명

군에 붙잡혔다. 오스트리아를 비롯한 주변 국가들은 프랑스 혁명의 이념이 자기 나라로 번지는 것을 두려워했다. 그 나라들은 프랑스 혁명 정부에 전쟁을 선포했다. 혁명 정부는 구체제의 부활을 원하지 않았다. 혁명 정부는 1793년 1월 루이 16세를 처형했다. 앙투아네트에 대해서도 재판이 진행되었다. 루이 16세에게 적용되지 않은 혐의가 추가되었다. 바로 오스트리아와 내통해 반역을 저질렀다는 것이다. 오빠인 오스트리아 황제에게 "살려 달라"고 부탁했던 것이 반역죄의 빌미가 되었다. 항변은 무의미했다. 1793년 10월 16일 결국 마리 앙투아네트는 처형되었다.

　권력의 속성에는 '아량의 미덕'이란 것이 없다. 반대 세력에 대해서는 왜곡과 떠넘기기를 통해 치명타를 입히고 싶어 한다. 이 추악한 싸움에서 마리 앙투아네트는 피해자였다. 요즘은 어떨까? 혹시 부당한 방법으로 당장의 승리에 취한 정치인들이 있다면 이 사실을 명심하시라. 언젠가는 역사가 모든 진실을 말하리라는 것을!

어릴 적의 꿈이 찾아낸
트로이 유적

9개의 고대 도시를 발굴한 사나이

요즘 청소년들을 보고 있으면 안타까운 마음이 든다. 입시 때문에 하루 종일 학원에 매어 있어서만은 아니다. 입시를 위해 어설픈 '꿈'과 '미래'를 미리부터 정해야 하기 때문이다. 일찌감치 진로를 정해 놓고 그 진로에 맞춰 '패키지' 형태로 학생부를 관리한다. 물론 일찌감치 자신이 원하는 진로를 정하고, 그 꿈을 이루기 위해 매진하는 아이들도 있다. 하지만 이런 아이들이 얼마나 될까? 대부분의 아이들은 부모가 일러준 대로 '잘나가는 직업'을 꿈이라 믿는다. 의사와 변호사가 어떤 사회적 역할을 하는지, 그 직업을 통해 자신이 얼마나 행복한 삶을 살 수 있을지 고민하지 않는다. 이는 입시 위주의 교육 시스템이 만든 부작용이다. 천진난만하게 또래 친구들과 노는 게 어울리는 아이들에게 "미래를 생각하고 꿈을 만들어라!"라고 강요하는 어른이 문제다. 좀 더 성숙해지면 그 아이들도 자신의 미래를 고민하지 않겠는가. 하지만 학생부의 '비(非)교과 영역'에서 높은 점수를 받으려면 지금 미래와 꿈을 기재해야 하고, 그 꿈에 맞는 활동을 해야 한다. 안타까운 현실이다. 교육 제도의 개혁을 진심으로 바란다.

꿈을 잃지 않았던 한 사나이에 대해 이야기하려 한다. 그 사나이는 마침내 자신의 꿈을 이루었다. 그리고 역사를 바꾸었다! 19세기 후반 터키에서 고대 도시 트로이의 유적이 발굴되었다. 전 세계가 발칵 뒤집혔다. 트로이는 기원전 900년경 호메로스가 쓴 서사시 「일리아드」의 무대. 하지만 트로이는 신화나 전설로만 여겨졌다. 그게 역사적 사실이 된 것이다! 이 유적지를 발견한 인물은 독일 출신의 하인리히 슐리만(1822~1890)이었다.

슐리만은 늦깎이 고고학자였다. 사실 고고학과 큰 관련이 없었다. 돈 많은 사업가였다. 다른 사업가와 다른 점이 있다면, 「일리아드」에 나오는 트로이의 존재를 철석같이 믿었다는 정도. 슐리만은 어렸을 때 아버지로부터 『어린이를 위한 세계사』라는 책을 선물받았다. 그 책에는 불타는 트로이의 모습이 삽화로 그려져 있었다고 한다. 슐리만은 그 이미지가 주는 강렬함에 매료되었다. 슐리만은 언젠가는 트로이를 자기 손으로 발굴하겠다고 결심했다.

슐리만이 강렬한 인상을 받았던 트로이 전쟁은 기원전 1200년경 소아시아(오늘날의 터키)와 그리스 연합군 사이에 벌어진 전쟁이다. 전쟁은 약 10년 동안 계속되었고, 패한 트로이는 화염과 함께 멸망하고 말았다. 트로이 전쟁이 유명한 까닭이 있다. 전쟁 후반부에 등장하는 트로이 목마의 이야기가 너무나 극적이기 때문이다. 아무리 두들겨도 트로이가 함락되지 않자 그리스 연합군은 해변에 거대한 목마를 두고 퇴각했다. 트로이는 이 목마를 전리품으로 생각하고 성 안으로 옮겼다. 밤이 되자 트로이 목마에 숨어 있던 그리스 병사들이 나와 공

터키 차나칼레에 있는 트로이 목마 모형

격을 개시했다. 거짓 퇴각했던 그리스 군대가 합류했다. 그 결과 트로
이는 멸망했다. 슐리만은 평생 이 이야기를 가슴에 담고 살았다. 물론
당장 어떻게 할 방도는 없었다. 그저 꿈을 간직하고 살았을 뿐.

　슐리만은 10대의 어린 나이에 장사에 뛰어들었다. 그는 사업 감각
이 탁월했다. 손을 대는 사업마다 성공 또 성공이었다. 어느덧 재력가
의 반열에 올랐다. 슐리만은 그제야 '평생의 꿈'을 책상 위에 꺼내 놓
았다. 트로이 유적을 발굴하겠다는 꿈 말이다. 그리스어를 배우기 시
작했다. 마흔이 넘은 나이에 대학에 들어가 고고학 공부를 시작했다.
그런 그를 아내도 이해하지 못했다. 슐리만은 아내와 이혼할 수밖에
없었다. 그는 새로운 반려자를 만났다. 그리스 여성과 재혼했다.

　1870년 슐리만은 동료들과 함께 터키로 떠났다. 평생의 꿈을 실현
하는 순간이었다. 드디어 트로이 발굴에 나섰다! 그는 히사를리크언

덕에 트로이가 묻혀 있을 거라고 판단
했다. 모든 조사가 순조롭게 끝났다.
1871년 10월 언덕을 파기 시작했다.
결과는 놀라웠다. 총 7개의 유적층을
발굴했다. 일반적으로 유적층의 가장
밑에 있는 층이 역사가 가장 오래된
유적이다. 슐리만은 이 중에서 2번째
층이 트로이 유적층이라고 확신했다.

고고학 유적지에서 발굴한 유물로 치장하고 사진
을 찍은 슐리만의 아내

1873년 6월 슐리만은 트로이 왕궁
으로 여겨지는 건물의 지하에서 순금
으로 된 귀걸이와 장식품을 발굴해

냈다. 슐리만은 그게 트로이의 마지막 왕인 프리아모스의 것이라고
확신했다. 흥분한 슐리만은 "내가 '프리아모스의 보물'을 발견했다!"라
고 외쳤다. 아내에게 금붙이를 장식하도록 한 후 사진도 펑펑 찍어 놓
았다. 슐리만은 이때 큰 실수를 저질렀다. 아니, 어쩌면 실수가 아니었
을 수도 있다. 고의적인 도둑질이라 해도 변명하지 못하리라. 그는 보
물을 빼돌려 그리스로 옮겨 놓았다. 왜 그랬을까? 어쩌면 고대 트로
이 보물을 독차지하려는 의도에서 그랬을 수도 있다. 그에게는 '트로
이' 그 자체가 평생의 꿈이었으니까. 이 사실이 알려지면서 슐리만은
큰 곤욕을 치렀다. 심지어 터키는 그의 발굴을 더 이상 허용하지 않
으려 했다.

슐리만은 그리스로 향했다. 트로이의 상대국, 즉 그리스 연합군의
중심이었던 미케네 왕궁을 발굴하기 위해서였다. 어떻게 손대는 일마
다 성공할 수 있을까? 1876년 슐리만은 미케네 왕궁도 발굴해 냈다.

아가멤논의 것으로 추정되는 황금 마스크

그곳에서도 많은 금제 장식물이 쏟아져 나왔다. 황금으로 된 가면도
있었다. 슐리만은 "미케네의 왕 아가멤논의 마스크가 발견됐다"라고
주장했다.

이처럼 슐리만은 고고학 분야에서 큰 획을 그었다. 하지만 평가가
썩 좋지만은 않다. 비판이 상당히 거세다. 그가 트로이 유적을 발굴
하겠다며 다른 유적을 망쳤기 때문이다. 오로지 트로이를 발굴하겠
다는 열망 때문에 발굴 과정에서 지켜야 할 원칙을 지키지 않고 마
구 땅을 파헤쳤기 때문이다. 그렇게 했으니 다른 층의 귀중한 유적들
이 파괴되어 버렸다.

사실 그가 발굴한 유물이 트로이 시대의 것도 아니었다. 프리아
모스 왕의 보물이나 아가멤논의 마스크를 분석해 보니 트로이보다
1,000여 년 앞선 유물이었다. 이 때문에 그를 사기꾼이라고 비난하는

사람도 적지 않다. 게다가 여러 연구 결과 트로이 유적층은 2층이 아니라 7층인 것으로 잠정 결론이 났다. 그렇다면 슐리만은 실제 트로이를 발굴했던 게 아니다. 하지만 아메리카 대륙을 발견한 인물을 콜럼버스라고 하지, 아메리고 베스푸치라고 하지는 않는다(물론 콜럼버스가 처음 발견한 것은 아니지만 말이다). 마찬가지로 슐리만의 후대 고고학자들이 진실을 밝혀냈다고는 하나 거의 대부분의 업적은 슐리만이 쌓아 놓은 토대 위에서 이루어졌다. 또한 슐리만은 트로이를 포함해 총 9개의 고대 도시를 발굴했다. 대단한 업적을 남긴 것만은 분명한 사실이다.

슐리만을 비난하지 말자. 그의 업적이 있기에 트로이가 역사의 도시가 되었잖은가. 또한 그의 모든 업적이 어렸을 때부터의 '꿈'에서 비롯되었다는 사실도 높이 평가해야 한다. 오늘날 꿈을 잃은 많은 아이들에게 슐리만의 이야기를 들려주고 싶다. 평생 꿈을 잊지 않는 영원한 소년 슐리만. 그야말로 새 역사를 탄생시킨 주역이 아닐까.

베토벤,
나폴레옹을 저격하다
위대한 음악가의 숨겨진 면모

올림픽은 전 세계인의 축제다. 우리 대표팀의 경기가 있는 날에는 밤을 새는 수고를 아끼지 않는다. 그런데 올림픽을 대하는 사람들의 자세가 많이 달라졌다. 전에는 은메달을 따고도 억울해 하는 선수들이 많았다. 1등만 대접하는 사회 분위기 탓이었다. 하지만 요즘 선수들은 올림픽 자체를 즐긴다. 국민들도 금메달에 연연해하지 않는다. 바람직한 현상이다. 올림픽이 끝나면 패럴림픽이 열린다. 예전에는 패럴림픽에 사람들이 별 관심을 갖지 않았지만, 이러한 세태도 달라졌다. 인간 승리의 드라마에 많은 사람들이 박수를 보낸다.

실제로 인류 역사 속에는 장애를 극복한 사람들의 감동적인 이야기가 적지 않다. 그런 영웅 가운데 독일 출신의 음악가 루트비히 판 베토벤(1770~1827)을 빼놓을 수 없다. 그는 프란츠 요제프 하이든, 볼프강 아마데우스 모차르트와 더불어 3대 고전주의 음악가로 꼽힌다. 베토벤에 대해서 알아보기 전에 고전주의 음악에 대해서도 조금은 알아 두는 것이 좋을 것 같다.

악성 루트비히 판 베토벤

고전주의 이전, 그러니까 16~18세기에는 바로크 음악이 유행했다. 바로크 음악은 르네상스의 영향을 받아 유럽 전역에서 크게 인기를 누렸다. 음률이 화려하면서도 대체로 변화가 적어 안정감을 준다는 특징이 있다. '음악의 아버지'라 불리는 바흐, '음악의 어머니' 헨델, '협주곡의 대가' 비발디 등이 모두 바로크 음악가다.

고전주의 음악은 18세기 중반부터 19세기 초반에 오스트리아 빈을 중심으로 발전했다. 개략적으로 설명하자면 웅장하면서도 단순하고 우아하면서도 균형이 잡혀 있다는 인상을 준다. 고전주의 음악은 음악과 대중의 거리를 좁혔다는 평가를 받는다. 18세기 초반에 발명된 피아노가 크게 기여했다. 피아노를 활용한 작품이 많이 만들어지면서 중산층 시민들의 호응을 끌어냈다. 귀족의 전유물이었던 음악이 고전주의에 이르러 일반 민중의 품에 안긴 것이다.

베토벤은 종종 모차르트와 비교된다. 모차르트는 자타가 공인하는 천재였다. 그는 곡을 만들 때도 일사천리였다. 오선지에 악보를 그려 넣기 전에 머릿속으로 이미 곡을 완성했다. 반면에 베토벤은 불굴의 의지와 끈기로 작품을 만들었다. 어렸을 때부터 더 이상 손가락을 움직이지 못할 때까지 피아노 연습을 했다. 오선지에 악보를 그린 후에도 고치고 다시 고치는 과정을 되풀이했다. 베토벤의 성공 이면에는 피나는 노력이 숨어 있었다. 베토벤에게 천재성이 없었다는 뜻이 아니라, 천재성에 노력까지 더해졌다는 말이다.

베토벤은 10대 후반에 궁정 악단에 들어갔다. 안정적인 삶의 기반을 잡았다 싶었는데, 가세가 급격히 기울었다. 어머니는 죽고 아버지는 폐인이 되었다. 뿌리부터 흙수저였다. 그에 비하면 모차르트는 번쩍번쩍 광택이 나는 금수저였다. 음악 신동 소리를 들었던 모차르트는 6세 때부터 유럽 전역으로 연주 여행을 다녔다. 왕 앞에서도 직접 연주를 했다. 가는 곳마다 청중들은 열광했다.

하늘이 모차르트의 천재성을 시기했던 것일까? 안타깝게도 모차르트는 나이 마흔이 되기 전에 세상을 떠났다. 베토벤에게도 시련이 닥쳤다. 한창 왕성하게 활동할 시기에 청력이 약해지기 시작했다. 소리를 들을 수 없는 음악가라니…… 신이 목숨을 앗아가지는 않았지만, 청력을 잃은 베토벤은 음악가로서 사형 선고를 받은 것이나 마찬가지였다.

그는 한때 자살할 생각으로 유서를 쓰기도 했다. 실행에 옮기지는 못했다. 만약 그랬더라면, 우리는 그의 위대한 음악을 접할 수 없었을 것이다. 베토벤은 장애와 싸우는 한편 종전보다 더더욱 창작에 몰두했다. 그 결과 〈영웅〉, 〈운명〉, 〈합창〉과 같은 교향곡을 비롯해 음악사에 길이 남을 오페라와 소나타 등 많은 작품을 완성했다. 그래서 사람들은 베토벤을 두고 '음악의 성인(聖人)'이라는 의미로 '악성(樂聖)'이라 부른다.

베토벤은 자유와 평등 같은 가치를 매우 중요하게 생각했다. 여느 혁명가 못지않았다. 그러한 가치가 훼손되면 저항하고 싸웠다. 우리가 잘 알지 못하는 베토벤의 또 다른 면모다. 이 사실을 보여 주는 증거가 있다. 바로 그의 3번 교향곡인 〈영웅(에로이카)〉의 탄생 과정이다.

1789년 프랑스 혁명은 유럽 전역에 혁명의 불씨를 퍼뜨렸다. 독일인인 베토벤도 혁명 정신에 한껏 고무되었다. 하지만 이후 프랑스 혁명 정부는 공포 정치로 민중을 탄압하면서 한계를 드러냈다. 이 혼란스러운 상황에 등장한 인물이 바로 나폴레옹 보나파르트였다. 베토벤은 나폴레옹의 열성 지지자가 되었다. 일개 포병으로 시작해 공포 정치와 혼란을 종식시키고 최고 통치자의 자리에 오른 입지전적인 인물. 나폴레옹 또한 베토벤과 마찬가지로 흙수저 출신이었다. 베토벤에게는 나폴레옹이야말로 당대 최고의 영웅이었다.

　베토벤은 1803년부터 프랑스 혁명을 모티브로 한 교향곡을 만들기 시작했다. 제목은 '보나파르트'였다. 시대의 영웅 나폴레옹에게 헌정할 계획이었다. 1년 뒤인 1804년, 4개 악장으로 구성된 교향곡이 완성되었다. 웅장하고 힘찬 제1악장에 이은 제2악장은 다소 우울한 느낌을 준다. 혁명 정부의 공포 정치로 변질된 상황을 묘사한 것이다. 그는 악보 표지에 '보나파르트'라는 제목을 적고, 아래쪽에 자신의 이름을 서명했다.

　하지만 베토벤은 이 곡을 나폴레옹에게 헌정하지 않았다. 그는 교향곡 〈보나파르트〉를 폐기해 버렸다. 곡을 완성한 바로 그해에 나폴레옹이 민중의 기대를 저버리고 황제에 올랐기 때문이다. 베토벤은 깊은 배신감을 느꼈다. "나폴레옹도 권력에 취한 탐욕스러운 인간에 불과하다"라며 실망감을 감추지 않았다. 베토벤은 악보 표지를 찢어 버렸다. 제목도 〈영웅〉으로 바꾸었다. 나폴레옹을 추앙하기 위해 만든 곡이 아니라, 위대했던 한때의 영웅을 추억하고 진정한 영웅을 갈망하는 노래가 된 것이다. 공포 정치의 우울한 프랑스를 묘사한 제2악장은 영웅의 죽음과 장례식을 떠올리게 하는 장송곡으로 바뀌었다.

1905년경에 발매된 프랑스의 우편엽서. 수심에 잠긴 베토벤의 모습이 잘 표현되어 있다.

　지금의 우리나라를 돌아보자. 수많은 정치인이 대중의 관심을 받고 있다. 그들을 지지하는 팬들은 비판을 허락하지 않는다. 심지어 비판한 사람을 찾아 욕설을 퍼붓거나 테러를 가하기도 한다. 한때 나폴레옹의 '사생팬'이었던 베토벤의 사례에서 배워야 한다. 자신의 이상에 어긋난 순간 그는 지지를 거두고 권력을 향한 욕망에 일침을 가했다. 베토벤은 장애를 극복한 위대한 음악가로서만이 아니라, 자유와 평등의 정신을 수호하고자 했던 투사로서 기억되어 마땅한 인물이다.

지지하되 합리적 비판을 행하는 이가 진정한 팬이로소이다.

동로마 제국을 부활시킨
진짜 주역

내조의 여왕 테오도라 황후

보스포루스 해협은 아시아와 유럽의 경계다. 이 해협의 동쪽은 아
시아, 서쪽은 유럽이다. 보스포루스 해협의 남쪽에는 역사가 아주 오
래된, 터키 최대의 도시 이스탄불이 있다. 이스탄불은 기원전 7세기
중반에 형성되었다. 당시 이 지역의 지배자는 그리스인이었다. 그리스
인들은 이 도시를 비잔티움이라고 불렀다. 330년경 콘스탄티누스 대
제가 로마 제국의 수도를 로마에서 이곳으로 옮겼다. 그러면서 자신
의 이름을 따서 콘스탄티노플(콘스탄티노폴리스)로 바꾸었다. '콘스탄티
누스의 도시'라는 뜻이다.

1453년 오스만 제국의 군대가 동로마 제국을 무너뜨렸다. 오스만
제국은 콘스탄티노플을 장악한 뒤 도시 이름을 이스탄불로 바꾸었
다. 1923년에 오스만 제국의 뒤를 이은 터키 공화국은 이스탄불이라
는 이름을 그대로 사용했다.

이스탄불에는 역사적인 건축물이 많은데 그중에서도 '신성한 지혜'

보스포루스 해협의 양쪽을 연결한 다리. 양쪽 다 터키 영토이지만, 이스탄불이 있는 지역을 통해 유럽으로 향할 수 있기에 유럽과 아시아를 연결한 다리로 여겨진다.

라는 뜻의 아야소피아(성 소피아 성당)를 으뜸으로 꼽을 수 있다. 이 성당은 굴곡진 역사를 온몸으로 겪었다. 4세기 중반에 만들어졌다가 5세기 때 불타 버렸다. 곧바로 재건했지만 니카의 반란 때 다시 화재를 당했다. 당시 동로마 황제 유스티니아누스 1세(재위 527~565)가 6년 만에 재건했다.

유스티니아누스 1세는 '대제'라 일컬어진다. 로마 제국의 부흥을 이끌었기 때문이다. 그는 아프리카 북부를 비롯해 지중해 일대를 되찾았다. 이탈리아 본토로 진격해 고토를 회복했다. 『로마법 대전』을 편찬했고, 로마 교황청을 보호령으로 지정해 로마 교회가 성장할 수 있는 발판을 마련했다. 『로마법 대전』은 이후 유럽 법체계의 근간이 되었다. 만약 동로마 제국에 그가 없었다면, 동로마 제국은 그저 그런 소국의 하나로 전락했을지도 모른다.

터키 이스탄불의 성 소피아 성당에 있는 성화. 성모 마리아와 아기 예수를 가운데 두고 유스티니아누스 1세(왼쪽)와 콘스탄티누스 대제(오른쪽)가 서 있다.

자, 이쯤에서 이런 의문을 갖지 않을 수 없다. 그 모든 업적을 유스티니아누스 1세가 혼자 힘으로 이루어 냈을까? 든든한 정치적 동반자가 없었다면 정적들의 견제를 견디지 못했을지도 모른다. 실제로 그랬다. 강력한 조력자가 있었다. 그의 부인인 테오도라 황후(500 혹은 508~548)다. 약간의 과장을 덧붙이자면 테오도라가 없는 유스티니아누스 1세는 상상할 수 없을 정도다.『로마법 대전』편찬도 테오도라가 주도했다는 이야기가 있다. 외국 사절을 영접할 때는 그녀가 실질적인 국가 원수 역할을 하기도 했다.

로마 제국에서는 황제를 아우구스투스라 불렀다. 테오도라는 아우구스투스의 여성형인 '아우구스타'라 불렸다. 낮게는 황후, 높게는 여제다. 다시 말해서 테오도라가 황제 부인 이상의 정치적 지위를 누렸다는 이야기다. 어떤 학자들은 테오도라가 유스티니아누스 1세와 공동 통치를 했다고 주장하기도 한다.

테오도라의 강인함이 드러나는 인상적인 사례가 있다. 532년 콘스탄티노플의 전차 경기장에서 일어난 니카의 반란 때였다. 당시 재임 6년째를 맞은 황제는 로마 제국의 옛 영토를 회복하는 전쟁을 치르고 있었다. 전쟁 비용이 만만치 않기에 시민의 부담이 커질 수밖에 없었다. 황제는 강력한 권력을 바탕으로 자신의 뜻을 관철시켰다. 하지만 로마 공화정의 전통이 아직 남아 있었다. 여러 정파가 반발했다. 특히 청색당과 녹색당이 그랬다.

청색당은 지주와 귀족, 녹색당은 상공업자와 관료를 지지 기반으로 했다. 두 정파는 자기들끼리의 싸움을 중단하고 연대해 반란을 일으키는 선택을 했다. '니카'는 승리를 뜻하는 구호였다. 전차 경기장에서 "우리 편 이겨라!"라고 응원하던 함성이 반란으로 이어졌기에 '니카의 반란'이라고 부른다.

반란이 일어나자 황제는 주춤거렸다. 두 정파는 유스티니아누스 1세를 폐하고 새로운 황제를 추대했다. 반란군은 곧장 황궁으로 진격했다. 황제는 탈출을 꾀했다. 이때 테오도라가 막아섰다. "목숨을 구하려 한다면 우리가 곤란할 것은 없습니다. 하지만 이렇게 살아남는 것이 죽는 것보다 나았다고 나중에 말할 수 있겠습니까? 황제의 옷은 가장 고귀한 수의입니다."

정신을 차린 황제는 벨리사리우스와 나르세스, 두 명장에게 진압 명령을 내렸다. 잔인한 진압이 시작되었고 3만 명의 시민이 목숨을 잃었다. 황제는 권력을 회복했지만, 비난의 화살이 고스란히 테오도라에게 향했다.

이후 테오도라의 인기가 추락했다. 정적들은 비난의 강도를 높였

테오도라(가운데)가 그려진 모자이크

다. 콘스탄티노플에 전염병이 돌았을 때도 "테오도라 때문에 하늘이 저주를 내렸다"라며 이를 갈았다. 황실 사관 프로코피우스는 『비잔틴 제국 비사(The Secret History)』라는 책을 통해 테오도라를 외설스러운 인물로 깎아내렸고, 유스티니아누스 1세까지도 환락만 좇는 색정으로 묘사했다. 절대 권력자를 향한 이러한 폭로는 일부 사실일 수도 있다. 실제로 테오도라는 반대파들을 잡아다가 지하 감옥에서 고문하고 재산을 몰수하기도 했으니까. 그렇다 하더라도 테오도라에 대한 평가는 지나친 면이 있었다. 미운 털이 박혀도 단단히 박힌 셈이다. 어쩌면 테오도라의 출신이 이런 기류를 만든 원인이었을 수 있다.

테오도라는 곰을 조련하는 서커스 단원 아버지와 댄서 어머니 사이에서 태어났다. 테오도라 역시 댄서의 삶을 살았다. 당시 댄서는 매춘에서 자유롭지 못했다. 테오도라는 최하층 신분이었던 것이다.

먼저 반한 쪽은 유스티니아누스였다. 미모에 반해서 그랬을 수도 있고, 정치적 판단 때문에 그랬을 수도 있다. 어쩌면 당시 로마 시민과 군인들에게서 큰 인기를 누린 대중 스타였으니 가까이 두고 싶었는지도 모른다. 하지만 당장 아내로 맞을 수는 없었다. 당시의 로마법은 귀족과 천민의 결혼을 금지했다. 유스티니아누스는 당시 황제였던 삼촌 유스티누스 1세를 설득해 이 법을 개정했다. 이런 과정을 거친 뒤에야 두 사람은 부부가 될 수 있었다.

유스티니아누스 1세가 죽은 뒤 동로마 제국은 급격하게 기울기 시작했다. 어떤 이들은 테오도라가 사망한 7년 전부터 황제의 통치가 방만해졌고 나라꼴이 엉망이 되었다고 분석한다. 이 분석이 사실이든 아니든 '대제'라는 칭호를 누리는 유스티니아누스 1세의 통치 후반기에 나라 살림이 어려워진 것은 분명한 사실이다. 테오도라의 내조가 그만큼 큰 부분을 차지했던 것이다.

아, 한 가지 더. 성 소피아 성당은 더 이상 성당이 아니다. 오스만 제국이 정복한 뒤 이슬람 사원으로 바뀌었다. 터키 공화국은 이곳을 박물관으로 바꾸었고, 종교 행사를 금하고 있다. 자칫 일어날지도 모를 종교적 마찰을 예방하기 위해서일 것이다. 현명한 처사다.

상비군 체제는
스웨덴의 왕이 처음 만들었다
근대 군사학의 아버지 구스타브 2세

스웨덴 스톡홀름에는 침몰한 목재 군함 한 척만을 위한 박물관이 있다. 길이 69미터, 높이 52.2미터, 폭 11.7미터. 1628년에 만들어진 이 전함의 이름은 바사호인데, 당시 스웨덴을 통치한 왕의 이름에서 따 왔다. 다른 전함들이 함포를 1층으로만 배열한 것과 달리 바사호는 2층으로 배열해서 64개의 대포를 쏠 수 있었다. 다만 이로 인해 배의 높이가 높아진 것이 흠이었다. 바사호는 첫 출항에 나서면서 한쪽 포문을 열어 축포를 펑펑 쏘아 댔다. 여기까지는 좋았다. 그런데 그 반작용으로 배가 기울기 시작했다. 갑자기 돌풍까지 들이닥쳤다. 딱 30분이었다. 고작 1.3킬로미터를 항해한 뒤 침몰했다.

더 화려하고 더 강하게! 왕의 이런 요구가 침몰의 원인이었다. 함포를 2층 구조로 배치하고 여기저기에 수많은 장식을 달았다. 이 과정에서 설계를 급하게 수정하기도 했다. 재앙은 예고된 것이었다. 침몰한 바사호는 300년 넘게 잊혔다가 1959년에 발견되었다. 3년여의 작

바사 박물관에 전시되어 있는 바사호

업 끝에 1961년 인양되었다. 건조 당시의 원래 모습을 유지하고 있어서 해마다 수많은 관광객이 박물관(Vasa Museum)을 찾고 있다.

바사호를 만들라고 지시한 이는 구스타브 왕이었다. 스웨덴 역사에서 '구스타브'라는 이름을 가진 왕이 최소 6~7명이다. 스웨덴 역사에 획을 그은 구스타브를 꼽으라면, 단연 구스타브 1세 바사와 구스타브 2세 아돌프다. 짐작하겠지만 이들 중 한 명이 바사호와 관련이 있다.

구스타브 1세 바사(재위 1523~1560)는 스웨덴 바사 왕조를 창건한 인물이다. 덴마크의 지배를 끊고 스웨덴을 독립시켰다. 때문에 오늘날까지도 스웨덴 국민들로부터 큰 존경을 받고 있다. 스웨덴 독립 기념일인 6월 6일은 그가 왕에 오르고 독립을 선언한 날이다.

구스타브 1세 바사가 등장하기 전까지 스웨덴은 칼마르 동맹(1397~1523)에 속해 있었다. 칼마르 동맹은 발트해에 인접한 덴마크, 스웨덴, 노르웨이가 체결한 국가 연맹체였다. 말이 동맹이지 실제로는 덴마크의 지배를 받았다. 1520년 덴마크 군대가 스웨덴 스톡홀름을

구스타브 2세 아돌프

점령하고 귀족과 시민을 학살했다. 이 사건을 계기로 구스타브 1세가 본격적인 저항에 나섰다. 이 투쟁을 스웨덴에서는 스웨덴 해방 전쟁이라고 부른다. 전쟁에서 승리한 구스타브 1세는 바사 왕조를 창건하고 왕위에 올랐다. 이어서 독립을 선포했다.

구스타브 2세 아돌프(재위 1611~1632)는 구스타브 1세의 손자다. 그는 스웨덴을 강국으로 만든 대왕이다. 구스타브 2세 아돌프는 전투가 벌어지면 죽기를 두려워하지 않고 전면에 나서 싸웠다. 군대는 그를 믿고 따랐다. 결국 죽음도 전쟁터에서 맞았다. 37세의 젊은 나이였다. 이런 용맹함을 반영하듯 그에게는 늘 '북방의 전사'라는 별명이 따라다녔다.

바사호 제작을 지시한 왕이 바로 구스타브 2세 아돌프였다. 이제 왕이 왜 바사호를 만들려 했는지 이야기해 보자. 명분은 빤하다. 강력한 군대를 만들기 위해서였다. 바사호는 실패로 끝났지만 구스타브 2세 아돌프는 스웨덴의 군대를 재편했다. 오합지졸이었던 군대를 정예 부대로 만들었고, 군사 작전도 창의적으로 바꾸었다. 무기도 개량했다. 훗날의 독일 프리드리히 대왕이나 프랑스 나폴레옹이 그의 군사학을 따라 했다. 이 때문에 구스타브 2세 아돌프를 '근대 군사학의 아버지'라 부른다.

그의 가장 큰 업적은 18세~30세의 남자 중에서 4만 명 정도를 모아 군대를 만든 것이다. 비상시에 모였다가 해체되는 군대가 아니었다. 치밀한 계획의 결과물이었다. 전국의 각 행정 단위마다 일정한 규모의 병력을 뽑았다. 또 군 장교들을 각 지역에 파견해 언제든지 부대를 꾸릴 수 있도록 했다. 장교들은 병사들의 훈련도 담당했다. 지금까지의 군대와는 확실히 달랐다. 그 전에는 돈을 주고 고용한 용병 부대가 대부분이었다. 농민으로 구성된 부대가 있었지만 오합지졸이었다. 국민군(상비군)의 개념이 이때 처음으로 등장했다. 구스타브 2세 아돌프가 최초로 상비군 체제를 도입한 것이다.

상비군은 엄격한 군사 훈련을 받았다. 모든 병사가 정부가 통일시킨 군복을 입고, 계급장을 달았다. 기강을 흩뜨리거나 명령에 불복종할 경우 상관이 즉결 심판했다. 채찍만 휘두른 것은 아니었다. 늘 보급품이 부족했기에 예전의 병사들은 민간인을 약탈해 보급품을 조달했다. 이제 그럴 필요가 없었다. 보급품이 넉넉하게 지급되었다. 군의관도 따로 배치했다.

18세기 이후 프로이센은 강력한 군부 국가로 우뚝 선다. 프로이센의 프리드리히 대왕이 군대를 개혁한 덕분이었다. 이 때문에 프로이센이 상비군 체제를 창안한 것으로 아는 사람이 많다. 진실은 그게 아니다. 프리드리히 대왕은 스웨덴의 군대 체제를 모방해서 군대를 개혁했다. 만약 스웨덴이 프로이센처럼 이후로도 강력한 국가를 유지했더라면 사람들은 프리드리히 대왕이 아니라 구스타브 2세 아돌프를 더 많이 기억했을 것이다.

구스타브 2세 아돌프는 이후 등장하는 많은 군사 전략의 최초 설계자 또는 최초의 창시자다. 제1차 세계 대전 때는 땅을 파서 그 안에 숨어 공격을 하는 참호가 등장했다. 참호전은 제1차 세계 대전의 상징이기도 했는데, 참호전의 시초가 이때 만들어졌다. 새로운 공격

전술도 창안했다. 병사를 세 줄로 세운 뒤 맨 앞줄은 무릎쏴 자세로 사격하도록 했다. 두 번째 줄은 앞줄 병사의 머리 위로 사격을 했고, 맨 마지막 줄은 두 번째 줄과 어긋나게 서서 그 사이로 총을 쏘았다. 3개열의 병사가 동시에 사격했으니 적으로서는 피할 틈이 없었다.

스웨덴이 군대를 개혁한 성과는 유럽의 대형 종교 전쟁인 30년 전쟁(1618~1648)에서 빛을 발했다. 당시 스웨덴은 신교를 믿고 있었다. 1631년에는 신성 로마 제국의 군대를 격파했다. 1632년에는 독일의 작센과 바이에른까지 점령했다. 하지만 구스타브 2세 아돌프는 얼마 후 치러진 뤼첸 전투에서 최전방에 나섰다가 전사했다. 그는 전쟁의 끝을 보지 못했지만, 유럽 대부분을 장악한 합스부르크 왕조가 북유럽으로 진출하는 것을 막아내는 데 성공했다. 군대 개혁에 목숨을 걸었던 성과를 본 셈이다.

2017년 스웨덴은 징병제를 부활시켰다. 2010년 모병제로 바꾼 지 7년 만이었다. 여성도 징집 대상이 되었다. 러시아가 크림반도를 병합하는 등 세력을 확대하자 대처하기 위해서였다. 여성 징집을 두고 논란이 일었지만 정도가 심하지는 않았다. 이미 주변 국가들도 여성 징집을 하고 있기 때문이다.

우리나라도 군사적 긴장이 국가 성장의 발목을 잡을 때가 많다. 우리나라도 여성을 징집한다면 어떨까? 이런저런 공상은 그만하자. 빨리 군사적 긴장이 사라지기를 바랄 뿐이다.

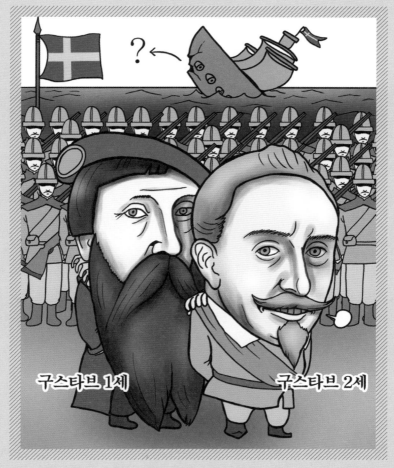

국방력을 키우는 것은 아주 중요하다. 하지만 평화를 정착시키는 것이 더 중요하다.

페르시아에서 탄생한
최초의 인권주의자

다문화 제국을 훌륭하게 이끈 왕들

역사상 가장 광대한 제국을 꼽으라면 으레 중국이나 유럽의 여러 나라 중 하나를 떠올린다. 한 제국이나 로마 제국처럼 말이다. 그렇다면 가장 먼저 건설된 제국은 어디였을까? 알렉산드로스 3세의 마케도니아? 아니다. 그 전에 제국이 있었다. 바로 아케메네스 왕조 페르시아 제국(기원전 559~기원전 330)이다.

아케메네스 왕조 페르시아는 원래 기원전 7세기 말에 창건되었다. 당시에는 소국에 불과했고, 메디아 왕국의 지배까지 받았다. 왕국이라고 부르기에 약간 민망할 정도였다. 몇 세대에 걸쳐 독립과 통일을 추진했지만 모두 실패했다. 이러한 판세는 키루스 2세(재위 기원전 559~기원전 529)가 등장하면서 바뀌었다. 키루스 2세는 권력 다툼으로 어수선한 메디아를 쳤다. 약 5년 동안의 전투 끝에 메디아 왕국의 수도 엑바타나를 점령하는 데 성공했다. 바로 이곳에서 아케메네스 왕조 페르시아의 창건을 선포했다.

한 젊은이가 키루스 대왕(가운데)에게 벨(Bel, 메소포타미아 지역의 신)을 섬길 수 없는 이유를 설명하는 모습을 묘사한 그림

메디아의 왕족과 귀족들은 처분만 기다렸다. 죽임을 당하거나, 죽음보다 더한 굴욕이 돌아올 터였다. 하지만 키루스 2세는 통합을 소중히 여겼다. 철천지원수일 수도 있는 그들의 신분과 관직을 그대로 인정했고, 연금과 집까지 제공했다. 적의 수도라 해서 초토화시키는 야만적인 짓도 하지 않았다. 오히려 엑바타나를 아케메네스 왕조 페르시아의 여름 수도로 정했다.

아케메네스 왕조 페르시아가 세력을 키우기 전의 서아시아는 아주 혼란스러웠다. 신바빌로니아가 최고의 강자 행세를 하고 있었지만 이미 기울고 있었다. 독재자의 극악무도한 통치 때문이었다. 민중들은 하루 빨리 관용의 통치자가 신바빌로니아를 접수해 주기를 바라고 있었다. 그리고 정말로 그렇게 되었다. 키루스 2세는 여러 도시를 잇달아 정복했고, 마침내 최종 결전을 치르기 위해 신바빌로니아로 진격했다. 서아시아의 최대 강자를 가리는 결전! 예상치 못한 상황이 벌어졌다. 장수와 백성들이 성문을 활짝 열고 키루스 2세를 환영한 것이다. 키루스 2세는 신바빌로니아에 무혈 입성했다.

키루스 2세는 백성들을 모아 놓고 선언했다. 이 선언이 새겨진 유물이 오늘날까지 남아 있다. 바로 '키루스의 원통(Cyrus Cylinder)'이다. 선언문의 내용이 노예제를 바탕으로 하는 고대 국가 시대 때 만들어진 것이라고 보기 어려울 정도로 앞서 있다. 그 내용을 현대식으로 재해석하면 다음과 같다. "전지전능한 세계의 왕, 나 키루스는 어느 민족도 위협하지 않는다. 모든 민족의 종교와 전통을 존중할 것이다. 그 누구도 다른 민족을 억압해서는 안 된다. 개인에 대해서도 마찬가지다. 누구도 다른 사람의 권리와 자유를 침범해서는 안 된다. 나는 백성을 결코 무력으로 통치하지 않겠다."

노예가 모든 생산을 담당하던 시대였다. 그러니 노예의 많고 적음이 국가의 부와 직결되었다. 정복한 땅의 백성은 당연히 노예로 삼았다. 그들에게는 인권이 적용되지 않았다. 아니, 인권의 개념조차 없었다. 키루스의 선언이 돋보이는 부분이 이 지점이다. 어떤 학자들은 키루스 2세의 이 선언을 인류 역사가 시작된 이후 탄생한 첫 인권 선언이라고 평가한다. 어쩌면 정치적 제스처일 수도 있다. 일단 민심을 수습해야 하니까 관용의 리더십을 보여 주는 척했을 수도 있다는 뜻이다. 하지만 키루스 2세의 이후 행적을 보면 '진심'이란 게 조금은 느껴진다. 유대인을 해방시켜 준 일이 대표적이다.

신바빌로니아는 이미 말한 대로 서아시아의 최고 강국이었다. 신바빌로니아에 맞설 수 있었던 나라는 이집트 정도였다. 유대인들은 이집트 편을 들다가 화를 당했다. 신바빌로니아는 그 보복으로 기원전 587년 유대 왕국을 멸망시키고 유대인들을 자기 나라로 끌고 갔다. 이 사건을 '바빌론 유수'라고 한다. 바빌론 유수 시절 유대인들은 노예와 다를 바 없었다. 바빌론에 입성한 키루스 2세는 유대인들을 풀어 주었다. 하지만 유대인들은 갈 곳이 없었다. 그들은 키루스 2세에게 예루살렘으로 돌아가 성을 쌓게 해 달라고 간청했다. 키루스 2세는 이 간청을 들어주었다. 덕분에 유대인들은 예루살렘으로 돌아가 성전을 쌓고 자신들의 나라를 다시 세울 수 있었다. 이 성전은 훗날 로마 제국의 군대에 초토화된다.

키루스 2세의 일화는 성경에 고스란히 기록되어 있다. 구약 성경 「에스라」(「에즈라기」)에는 '고레스 왕'이 유대인의 간청을 들어주었다고 되어 있다. 이 고레스 왕이 바로 키루스 2세다. 유대인들은 진심으로 키루스 2세를 '사면의 왕'으로 숭배했다. 그러니 성경에도 기록한 게 아니겠는가.

키루스 2세가 이집트를 정복했다면 아시리아에 이어 오리엔트 전역을 다시 통일한 인물로 기록되었을 것이다. 키루스 2세는 이집트 정복을 앞두고 스키타이 정벌을 위해 아랄해로 원정을 떠났다가 사망했다. 오리엔트 재통일의 업적은 그의 아들 캄비세스 2세의 공으로 돌아갔다.

비록 오리엔트 통일의 위업을 이루지는 못했지만 키루스 2세는 역사가들 사이에 키루스 대왕 혹은 키루스 대제라 불렸다. 페르시아 역사의 계보는 오늘날 이란으로 이어지고 있다. 이란 사람들 또한 키루스 대왕을 '건국자'로 추앙하고 있다. 페르시아 지방에서만 키루스 대왕을 높이 평가하는 건 아니다. 고대 그리스 역사가 크세노폰은 키루

이란 파사르가다에에 있는 키루스 대왕의 무덤. 파사르가다에는 아케메네스 왕조 페르시아 제국의 첫 번째 수도였다.

스 대왕에 대해 "가장 이상적인 지도자이자 가장 자비로운 군주"라고 평가했다. 그리스 역사가 헤로도토스 또한 "키루스 대왕은 자상함과 배려를 갖춘, 아버지 같은 제왕이다"라고 말했다.

키루스 2세가 '관용 통치'의 토대를 쌓은 덕분에 아케메네스 왕조 페르시아는 정복지 백성들의 인심을 잃지 않고 영토를 넓혀 나갈 수 있었다. 그의 아들인 캄비세스 2세의 뒤를 이어 왕에 오른 다리우스 1세(재위 기원전 522~기원전 486) 또한 대왕이라 불러도 손색이 없다. 그역시 각 민족의 문화와 종교를 인정했다. 심지어 어떤 지역에 가면 그지역의 종교 의식을 따랐다. 그리스 문화와 예술을 적극 지원했기에 그리스에 다리우스 대왕의 팬들이 생겨날 정도였다.

이후 아케메네스 왕조 페르시아는 그리스와 초대형 전쟁을 치렀다. 페르시아 전쟁이다. 이 전쟁에서 패하면서 아케메네스 왕조는 역사 속으로 사라졌다. 아케메네스 왕조 페르시아가 멸망한 것이 군사력의 열세 때문이었을까? 꼭 그런 것만은 아니다. 다리우스 대왕 이후 관용과 포용의 군주가 나타나지 않았던 것이 가장 큰 원인이었다. 광대한 제국은 곧 다문화를 바탕으로 한다. 각각의 문화가 살아 있어야 하고, 그 문화들이 서로 어울릴 때 번영할 수 있다. 키루스 대왕과 다리우스 대왕은 그 점을 잘 알고 있었다. 하지만 후세 왕들은 전제 통치에 맛을 들였다. 그런 통치 아래서 다문화 제국은 무너질 수밖에 없었다.

오늘날의 대한민국을 돌아보자. 우리 또한 다문화 국가다. 지금으로부터 2,500여 년 전의 두 인물에게서 다른 문화를 존중하는 마음을 배워야 할 것 같다.

자본주의자?
사회주의자?
잭 런던의 이중적인 삶

한동안 재벌 자녀들의 '갑질'로 온 나라가 시끄러웠다. 사람들은 혀를 내두른다. "도대체 가정교육이 얼마나 제멋대로이기에 저럴 수 있지?" 어디 재벌 2세만 그런가. 성격 비뚤어진 어른이 한둘이 아니다. 그들은 다른 사람과 소통하지 못한다. 아니, 그럴 생각도 없다. 인격의 성장이 멈추었다. 욕망만 이글거린다.

많은 사람이 인격 성장보다는 부와 권력, 명예 같은 세속적 성공을 꿈꾼다. 인간의 본성이 그러니 탓할 바는 아니다. 하지만 변절은 역겹다. 이를테면 피 끓는 20대에 민주주의 투사였던 사람이 중년 이후 마치 대단한 깨달음이라도 얻은 양 "세상은 그렇게 사는 게 아냐"라며 수구 세력으로 돌아설 때가 그렇다.

'빨갱이는 뼛속까지 빨갛다'라는 말이 있다. 설마 공산주의를 따른다고 뼛속까지 빨갛겠는가. 그만큼 좌파 이념은 일단 빠지면 헤어나기 어렵다는 뜻이다. 하지만 부와 권력, 명예가 주어진다면 공산주의 이념도 과감히 버릴 수 있지 않을까? 미국의 소설가이자 사회 평론가인 잭 런던(1876~1916)의 사례가 조금은 도움이 될 듯하다.

1903년의 잭 런던

그는 불행한 어린 시절을 보냈다. 사회의 모순과 부조리를 온몸으로 체험했고 사회주의자가 되었다. 출간한 책들이 베스트셀러가 되면서 돈방석에 앉았다. 사유 재산을 부정하는 공산주의 이념을 좇으면서도 호화로운 생활을 했다. 그러다가 갑자기 죽었다. 자살이냐 아니냐를 놓고 논란이 일었다. 그는 사회주의자였을까, 아니면 사회주의의 탈을 쓰고 세속적 성공을 추구한 속물이었을까? 그의 삶을 들여다보자.

그의 부모는 점성술사였다. 부모는 같이 살았지만 정식 결혼을 하지는 않았다. 잭 런던이 태어나자 그의 아버지는 자기 자식이 아니라고 부인했다. 어머니는 존 런던이란 남자와 정식으로 결혼했다. 출생부터 범상치 않다. 집안 형편도 좋지 않았다. 공장 직공, 신문 배달원, 얼음 배달원 등 닥치는 대로 일했다. 굴 양식장에서 굴을 훔쳐 생계를 꾸리기도 했다. 도둑질을 하다 경찰에 붙잡힌 후로는 경찰의 끄나풀 노릇도 했다. 잠시 원양 어선을 타기도 했지만 얼마 안 가 그만두고 길거리를 떠도는 부랑자가 되었다. 알래스카에 금광이 발견되었다는 뉴스를 접하고는 일확천금을 꿈꾸며 알래스카로 달려가기도 했다. 이처럼 런던은 항상 돈을 좇았다. 그래야 밑바닥 생활을 청산할 수 있으니까. 하지만 세상은 호락호락하지 않았다. 밑바닥 생활을 전전하면서 런던은 자연스럽게 사회주의자가 되어 갔다. 20대로 접어들던 1896년, 그는 사회노동당에 가입했다.

런던은 대학에 입학한 후 본격적으로 글을 쓰기 시작했다. 밑바닥 경험은 소중한 소재가 되었다. 에세이, 소설 가리지 않고 닥치는 대로 썼다. 그러던 중 27세 때인 1903년 『야생의 부름(The Call of the Wild)』이 출간 첫 해에 1만 부 정도가 팔렸다. 이 책은 1909년 무렵까지 누적 75만 부가 팔리는 베스트셀러가 되었다. 전 세계적으로는 600만 부가 넘게 팔렸다(이 책은 국내에는 『야성의 부름』, 『황야의 절규』 등으로도 번역되었다). 작가로 어느 정도 이름을 알린 후로도 런던은 왕성하게 창작 활동을 했다. 죽기 전까지 무려 19편의 장편 소설과 18편의 단편집을 남겼다. 이와 별도로 사회 비평집도 8권이나 펴냈다. 그에게 부귀영화를 안겨 준 최초의 작품은 『야생의 부름』이었지만 그의 존재감을 전 세계에 알린 것은 1908년에 쓴 『강철군화(The Iron Heel)』다.

『강철군화』를 통해 런던은 자신이 사회주의자임을 만천하에 드러냈다. 이 소설은 노동자가 정권을 장악한 27세기가 시대적 배경이다. 자본가들은 노동자 정권을 무너뜨리기 위해 온갖 야비한 짓을 서슴지 않는다. 노동 귀족, 언론의 자본가 편들기, 파시즘, 세계 대전 등 작가의 상상은 모두 현실이 되었다. 때문에 런던을 예언자로 보는 사람도 있다. 1917년 러시아 혁명의 주역 중 한 명인 레온 트로츠키는 이 책을 최고의 작품이라 평했다.

런던은 이제 사회주의 작가로서 위상을 굳건히 다졌다. 하지만 그의 삶은 더 이상 사회주의자의 그것과는 거리가 멀었다. 그가 낸 책들이 잇달아 베스트셀러가 되고, 일부는 영화로 만들어졌다. 돈방석에 앉았다. 도시가 내려다보이는 언덕배기에 대저택을 지었고, 최고급

요트를 구입해 선상 파티를 벌였다. 집
에서는 늘 파티가 열렸고 손님이 끊이지
않았다. 물론 노동자 협동조합을 만드는
등 사회주의자로서의 삶을 살려고 노력
하기도 했지만, 협동조합은 만들기도 전
에 건물이 불에 타 버렸다. 창작도 뜸해
졌다. 간혹 작품을 냈지만 이전의 작품에
비해 형편없다는 비평만 돌아왔다. 심경
에 변화가 생긴 것일까? 1916년에 사회당
을 탈당했다. 사회주의를 버린 사회주의
자. 얼마 후 그는 쓸쓸히 죽음을 맞았다.
너무나 갑작스런 죽음이라 사람들은 자
살이라 여겼다. 하지만 의학적으로는 '신
장 결석으로 인한 신부전'이 사망 원인이
었다.

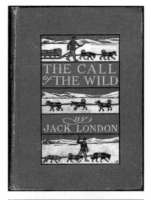

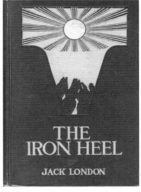

『야생의 부름』(위)와 『강철군화』(아래)의 표지

런던은 우리나라와도 관련이 있다. 『야
생의 부름』으로 대박을 터뜨리고 얼마
지나지 않아 러일 전쟁이 터졌다. 당시 그는 샌프란시스코 신문사의
특파원 자격으로 일본 요코하마에 왔다. 이후 한반도를 여행한 소감
을 프랑스어로 기록해 르포집을 냈다. 1904년에 나온 이 책이 『조선
사람 엿보기(La Corée en feu)』다. 이 책에서 그는 제국주의 국가인 일
본을 두둔했다. 일본에 대해서 '관습이 훌륭하고 무사도가 뛰어나 깊
은 감명을 받았다'라고 했다. 또 '일본이 장차 세계에 큰 위협이 될 것
이다'라고도 했다. 반면 한국인에 대해선 '능력도 없고 가치가 없는

삶을 사는 유색 인종'이라는 식으로 폄하했다. 물론 구한말의 상황이 어수선했던 것은 사실이다. 그렇다고 해서 제3세계(미국의 시선으로 본다면)의 민중을 이렇게 평가하는 것은 옳지 않다. 이 책으로만 보면 런던은 백인 우월주의에 빠진 인종주의자에 불과하다.

이처럼 런던은 평생을 모순 덩어리로 살았다. 그래도 분명한 점은 그가 20세기 초반의 미국 문학을 대표하는 작가였다는 사실이다. 덕분에 그는 죽고 나서도 융숭한 대우를 받고 있다. 그가 살았던 대저택과 주변 지역은 '캘리포니아 잭 런던 주립 공원'이 되었다. 게다가 이 주립 공원은 미국의 국가 사적지로도 지정되었다. 뿐만 아니라 샌프란시스코 최대의 관광지 중 하나인 '샌프란시스코 만(Bay)'에는 그의 이름을 딴 '잭 런던 광장(Square)'도 있다.

호랑이는 죽어서 가죽을 남기고 사람은 죽어서 이름을 남긴다는데, 잭 런던만큼 이 속담에 어울리는 사람은 흔치 않은 것 같다. 부귀영화를 누리며 사회주의자로 살다 간 잭 런던이야말로 어쩌면 가장 행복한 사회주의자가 아니었을까? 비록 모순 덩어리의 삶을 살기는 했지만 말이다.

부귀영화 앞에 장사 없다! ...그래서 서글프다.

최고의 언론과
옐로저널리즘의 간극

전설적 언론인 퓰리처의 두 얼굴

충격적인 사진 한 장이 세계적으로 논란이 되었다. 뼈만 앙상한 소녀의 몇 걸음 뒤로 소녀의 죽음을 기다리는 독수리 한 마리가 앉아 있다. 미국의 사진 기자 케빈 카터가 촬영한 사진이다. 이 사진은 아프리카 난민의 참상을 보여 주었다. 카터는 이 사진으로 1994년 퓰리처상을 수상했다. 하지만 곧 윤리 논쟁이 벌어졌다. 사진을 찍기 전에 아이부터 구해야 했다는 비난이 쏟아졌다. 현장에는 다른 사진작가들도 있었다. 그러니 독수리가 소녀를 공격하도록 내버려두지는 않았을 것이다. 그래도 생명을 담보로 사진을 찍었다는 비난은 멈추지 않았다. 나중에 케빈 카터는 오랫동안 우울증에 시달렸고 결국 스스로 목숨을 끊었다. 대중의 비판은 카터가 퓰리처상에 눈이 멀어 인류를 저버렸다는 데 있었다. 사진을 찍을 당시 카터가 상을 떠올렸는지 어땠는지는 알 수 없지만, 퓰리처상은 한 순간 마음의 눈을 멀게 만들 만큼 영예로운 것이기에 그런 비판이 쏟아졌던 것이다.

엘로저널리즘을 풍자한 카툰

　1917년에 제정된 퓰리처상은 최고의 권위를 자랑한다. 조지프 퓰리처(1847~1911)라는 언론인의 이름을 땄다. 매년 뉴스, 보도 사진 등의 저널리즘 분야뿐 아니라 문학, 음악 부문 등에서 큰 업적을 이룬 이에게 수상한다. 권위 있는 상의 이름을 땄으니 퓰리처라는 인물이 미국 언론계의 전설적인 존재이리라. 맞다. 하지만 밝은 곳이 있으면 어두운 곳도 있는 법. 자극적인 기사를 주로 다루는 황색 언론, 즉 옐로저널리즘(Yellow Journalism)이란 말도 퓰리처 때문에 만들어졌다.

　퓰리처는 헝가리의 부유한 유대인 가정에서 태어났다. 하지만 아버지가 파산하면서 가세가 기울었고, 19세기 중반 유럽에 불어 닥친 혁명의 소용돌이를 피해 미국으로 향했다. 마침 남북 전쟁이 터졌고 참전했다. 전쟁이 끝나자 고래를 잡으러 대서양에 나갔다. 온갖 허드렛일을 다 했다. 돈을 조금 모았다 싶으면 사기를 당했다. 거주지도 일정치 않아 뉴욕에서 세인트루이스까지 미국 전역을 전전했다. 그래도

조지프 퓰리처와 〈뉴욕 월드〉

꿈을 잃지 않았다. 닥치는 대로 책을 읽었고 미숙한 영어를 공부했다. 기회가 왔다. 작은 잡지사에서 편집 기자로 일하게 되었다. 언론과의 인연을 맺은 순간이다. 숨겨진 재능이 폭발했다. 순식간에 그는 유능한 기자 대열에 합류했다.

31세가 되던 1878년, 언론사 경영인으로서의 삶을 시작했다. 세인트루이스의 신문사 2곳을 사들여 〈세인트루이스 포스트 디스패치〉로 통합했다. 이 신문사는 곧 최고의 지역 신문으로 등극했다. 1883년에는 〈뉴욕 월드〉라는 신문사를 34만 6,000달러에 인수하며 뉴욕으로 진출했다. 당시 〈뉴욕 월드〉는 매년 4만 달러의 적자를 냈고, 발행 부수도 1만 5,000부에 불과했다. 이런 언론사를 그가 살려낼 거라고 누가 생각이나 했겠는가. 하지만 그는 해냈다. 우선 언론의 기본 책무에 충실했다. 굵직굵직한 특종을 쏟아 냈다. 대표적인 특종이 1908년 당시 대통령인 시어도어 루스벨트의 횡령 의혹을 폭로한 기사였다. 대통령은 명예 훼손이라며 노발대발했다. 온갖 외압에도 퓰리처는 꿈쩍하지 않았다. 독자들은 〈뉴욕 월드〉에 열광했다.

하지만 〈뉴욕 월드〉가 성공하게 된 진짜 이유는 다른 데 있었다. 퓰리처는 더 말랑말랑하고 감각적으로 신문을 만들도록 했다. "재미가 없는 신문은 죄악!"이라고도 했다. 이런 경영 철학에 따라 〈뉴욕 월드〉는 유명인의 스캔들을 비롯해 범죄나 천재지변을 다루는 기사들을 많이 썼고, 도드라지게 편집했다. 그의 철학이 먹혀들었다.

1895년 〈뉴욕 월드〉는 일요일마다 빈민가의 이야기를 담은 컬러 만화 〈호건의 뒷골목(Down Hogan's Alley)〉을 연재했다. 기독교 문화 탓에 일요일은 '쉬는 날'이란 인식이 지배적이었던 상황에서 컬러 만화로 독자를 끌어들이겠다는 승부수였다. 노란 잠옷을 입은 아이, 즉 옐로키드는 이 만화에 등장하는 캐

〈뉴욕 저널〉의 발행인이었던 윌리엄 랜돌프 허스트. 그는 금광 소유주이자 유력 정치인 집안의 아들이었다.

릭터였다. 옐로키드의 인기는 하늘을 찔렀다. 당시만 해도 글을 읽지 못하는 사람이 많았다. 그들은 이 만화를 보고 기사 내용을 이해했다. 〈뉴욕 월드〉의 발행 부수는 60만 부로 늘었다. 다른 신문사들을 제치고 1위에 올라섰다.

〈뉴욕 월드〉는 〈뉴욕 저널〉이라는 언론사의 도전에 직면했다. 〈뉴욕 저널〉의 경영자는 재벌이었다. 그는 신문 값을 1센트로 내리는가 하면, 〈뉴욕 월드〉의 유능한 직원을 마구잡이로 스카우트했다. 〈호건의 뒷골목〉을 그리던 리처드 아웃코트도 포함되어 있었다. 퓰리처는 다른 작가를 고용해 만화를 그리도록 했다. 두 신문에 똑같은 옐로키드가 등장하자 독자들은 황당해했다. 이 캐릭터에 빗대 당시 한 언론인이 혀를 쯧쯧 차며 붙인 용어가 바로 옐로저널리즘이었다. 옐로저널리즘은 선정적이고 자극적인 보도를 뜻하는 용어가 되었다.

1898년 미국의 군함인 메인호가 스페인 식민지인 쿠바에서 폭발했다. 이 사고로 미 해군 266명이 사망했다. 미국과 스페인이 조사에

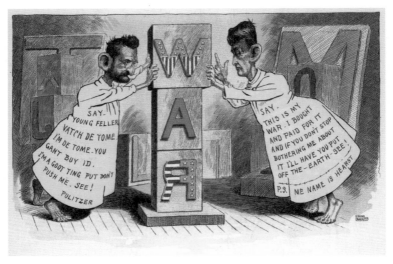

풀리처(왼쪽)와 허스트(오른쪽)의 경쟁을 풍자한 카툰. 두 사람이 입고 있는 옷이 옐로키드의 잠옷이다.

돌입했다. 사고 원인이 밝혀지기도 전에 〈뉴욕 월드〉는 '스페인의 기뢰가 메인호를 격추해 침몰시켰다!'고 보도했다. 옐로저널리즘의 폐해다. 이 사고의 진실은 아직도 밝혀지지 않았다. 그런데도 당시 이 보도는 사실 여부와 관계없이 미국인들의 애국심을 부추겼다. 의회는 전쟁을 결의했다. 이 전쟁이 미국-스페인 전쟁이다. 이 전쟁의 승리로 미국은 스페인의 식민지인 필리핀과 쿠바를 가져갔다.

풀리처는 정치판도 기웃거렸다. 처음에는 공화당이었다가 나중에는 민주당으로 갈아탔다. 한창 옐로키드로 주가를 올릴 때 민주당 하원 의원으로도 활동했다. 당시 미국은 독립 100주년을 기념해 프랑스로부터 자유의 여신상을 기부받았다. 하지만 미국까지 운반하고 설치할 돈이 없어 발만 동동 굴렀다. 이때 풀리처가 〈뉴욕 월드〉를 통해 모금 운동을 벌여 순식간에 10만 달러를 모았다. 덕분에 1886년 자유의 여신상을 뉴욕에 세울 수 있었다. 이런 활약에도 불구하고 대부분의 언론인들은 퓰리처를 비난했다. 언론인이 정치를 병행할 경우 타락할 수 있다는 우려에서였다. 그는 결국 1년 만에 의원직에서 사퇴했다.

퓰리처는 이중, 삼중의 삶을 산 인물이다. 부조리와 싸우는 언론, 말초신경을 자극하는 언론. 이 모든 것이 퓰리처에게서 비롯되었다. 사후에는 컬럼비아 대학교에 200만 달러를 기부하면서 언론대학원을 탄생시켰고, 최고 권위의 퓰리처상까지 만들었다. 어쩌면 그의 인생 자체가 아이러니로 점철된 게 아닌가 하는 생각이 든다.

아, 옐로키드의 결말을 빠뜨릴 뻔했다. 미국과 스페인의 갈등이 극으로 치닫던 1898년, 옐로키드는 노란 잠옷을 염색해 버린다. 스페인 왕정을 상징하는 색이 노란색이었기 때문이다. 미국인의 스페인에 대한 적개심이 얼마나 컸으면 그랬겠는가. 이후 캐릭터의 인기는 시들해졌고, 서서히 대중의 뇌리에서 사라졌다. 옐로저널리즘의 미래가 이런 것이 아닐까.

요즘도 미국 퓰리처협회는 매년 4월 퓰리처상 수상자를 발표한다. 수상자는 환희에 들뜬다. 적어도 퓰리처상은 퓰리처의 상업적이고 선정적인 면을 본받지 않았으면 좋겠다. 시대의 등불이라는 언론의 사명은 유지되어야 하지 않겠는가.

미처 알지 못했던
이야기들

살아가면서 우리는 숱한 이야기를 접한다. 그 잡다해 보이는 이야기들에도 역사
라는 장엄한 물줄기가 관통하고 있다. 그 이야기들이, 역사의 흐름을 아는 것이
팍팍한 삶에 무슨 도움이 되느냐고? 다르게 바라보자. 무언가를 알아 가는 즐거
움이 없다면 삶이 더 팍팍해지지 않을까? 다른 사람이 잘 알지 못하는 숨겨진 역
사를 찾아내는 쾌감도 짜릿하다. 어디선가 들어 봤음직한 10편의 이야기를 모았
다. 아하! 무릎을 치면서 읽게 될 것이다.

가이 포크스는
혁명가였을까?

한 테러리스트를 바라보는 두 개의 시선

2018년 국내의 항공사 직원들이 총수 가족의 부당 행위에 항의하며 시위를 벌였다. 직원들은 신분이 노출될 경우 닥칠지 모를 불이익을 우려해 가면을 썼다. 가이 포크스 가면이었다. 이 가면은 해외의 시위 현장에서도 곧잘 등장한다. 2011년 미국 뉴욕의 월가에서 시위가 벌어졌다. 대학생과 젊은이들은 "월가를 점령하라(Occupy Wall Street)!"를 외치며 부패한 금융 자본주의를 규탄했다. 이 시위는 전 세계로 확산되었다. 이보다 앞선 2008년에는 국제 해커 그룹 어나니머스(Anonymous) 회원들이 신흥 종교인 사이언톨로지(Scientology)에 항의하며 가이 포크스 가면을 썼다. 이들은 현재까지도 가이 포크스 가면을 어나니머스의 상징으로 사용하고 있다.

조금 거슬러 올라가 보자. 2006년 미국 할리우드 영화 〈브이 포 벤데타(V for Vendetta)〉가 만들어졌다. 2040년의 영국을 배경으로 한 이 영화에서 주인공 브이(V)는 혁명가로 묘사되었다. 브이 또한 가이 포크스 가면을 썼다. 이 영화는 1982년부터 미국에서 연재된 만화 시리즈가 원작이다. 국내에서는 2009년에 시공사가 정식 발간했다.

이처럼 가이 포크스 가면은 부당한 권력에 저항하는 상징으로 사용되고 있다. 이 가면의 모델은 실존했던 영국인 가이 포크스(1570~1606)다. 종합하건대 가이 포크스 역시 혁명가의 삶을 살았을 것으로 추정된다.

폴란드의 시위 현장에 등장한 가이 포크스 가면

그는 정말로 부당한 권력에 저항하는 혁명가였을까?

포크스가 태어난 당시 영국은 엘리자베스 1세(재위 1558~1603)가 통치하고 있었다. 엘리자베스 1세는 이복 언니이자 직전 왕인 메리 1세에 비해 종교 갈등을 많이 완화시켰다. 가톨릭을 고수했던 메리 1세는 종교 개혁에 따라 등장한 영국 국교회(성공회)와 신교를 탄압했다. 반면 엘리자베스 1세는 영국 국교회를 국교로 삼으면서도 가톨릭을 크게 탄압하지 않았다. 덕분에 영국에서는 가톨릭 신도들이 자신의 종교를 지키며 살아갈 수 있었다.

포크스는 신교도인 아버지와 가톨릭교도인 어머니 사이에서 태어났다. 아버지가 죽자 어머니는 가톨릭교도와 재혼했다. 포크스는 가톨릭으로 개종했고, 이어 뼛속까지 가톨릭 신도가 되었다. 그런 포크스에게 영국은 신앙의 땅이 아니었다.

포크스가 태어나기 2년 전 네덜란드 저지대 지방의 17개 주가 스페인으로부터 독립을 선언했다. 스페인의 합스부르크 왕조는 이를 허용하지 않았다. 전쟁이 터졌다. 이 전쟁을 네덜란드 독립 전쟁 또는 80년 전쟁(1568~1648)이라 한다. 이 전쟁은 네덜란드의 승리로 끝났다. 네덜란드는 1648년 베스트팔렌 조약을 통해 독립을 승인받았다. 이 전쟁은 종교 전쟁이기도 했다. 네덜란드는 신교, 스페인은 가톨릭을 국교로 삼았다. 포크스는 24세가 되던 해에 스페인군에 자원했다. 가톨릭의 승리를 위해서였다. 나아가 그는 영국에서 신교 세력을 몰아내고 가톨릭 정권을 세우기 위해 스페인의 여러 지역을 돌아다니며 원조를 요청했다.

그 즈음 영국의 왕이 바뀌었다. 평생 독신으로 살았던 엘리자베스 1세가 사망하자 스코틀랜드의 왕 제임스 6세가 영국 왕으로 추대되었다. 영국에서는 그를 제임스 1세라고 불렀다. 제임스 1세는 스코틀랜드, 잉글랜드, 아일랜드를 동시에 통치하는 최초의 영국 왕이 되었다. 그는 왕의 권력이 신으로부터 나온다는 왕권신수설을 주창한 인물이기도 하다.

제임스 1세는 영국 국교회를 우대하는 정책을 폈다. 포크스는 다시 스페인 왕실에 군사 원조를 요청했다. 하지만 스페인 왕실은 거부했다. 정체불명의 한 사내 때문에 외교 갈등을 키울 수는 없었다.

마침 영국에서는 로버트 캐츠비(1572~1605)라는 귀족의 주도로 제임스 1세를 제거하려는 음모가 진행 중이었다. 그는 제임스 1세를 끌어내린 뒤 아홉 살밖에 안 된 엘리자베스 공주를 왕으로 옹립한다는 계획을 세웠다. 거사에 성공한다면 공주는 허수아비가 되고 가톨릭 세력이 정권을 장악할 것이다. 캐츠비는 팀을 조직했다. 폭약을 잘 다

화약 음모 사건의 공모자 가운데 8명을 그린 그림. 오른쪽에서 3번째가 가이 포크스다.

루는 포크스도 합류했다. 계획은 단순하고도 대담했다. 국회 의사당 지하에 폭약을 설치한 뒤 의회 개원에 맞추어 터뜨린다! 그렇게 왕과 귀족, 의회 의원을 한꺼번에 몰살한다는 계획이었다. 거사 날짜는 1605년 7월로 정했다. 하지만 의회 개원이 11월 5일로 연기되면서 거사일도 미루어졌다.

8월로 접어들어 포크스는 의회 지하 석실에 화약을 쌓기 시작했다. 사람들의 눈을 피하기 위해 장작더미로 가렸다. 차질 없이 착착 진행되었다. 거사의 성공은 의심할 여지가 없었다. 만약 한 의원에게 익명의 투서가 전달되지 않았다면 말이다. 누군가가 가톨릭 진영의 의원에게 의사당 개원에 맞추어 폭약을 터뜨리려는 계획이 진행되고 있으니 그날 등원하지 말라는 편지를 보냈던 것이다. 그 의원은 고민에 빠졌다. 명백한 테러였다. 같은 진영의 계획이었지만 대량 학살은 용납할 수 없었다. 왕에게 사실을 알렸다. 제임스 1세는 의사당 주변을 면밀하게 수색하라고 명했다.

자정 즈음 의사당 지하 석실에서 화약을 지키고 있던 포크스가 경비병들에게 붙잡혔다. 그는 곧장 런던탑에 갇혔다. 살점이 튀고 뼈가 드러나는 고문이 시작되었다. 포크스는 모든 것을 실토할 수밖에 없었다. '화약 음모 사건'의 전모가 밝혀지고 가담자가 줄줄이 체포되었다. 조사가 마무리되고 해를 넘긴 1월 31일 포크스는 처형되었다.

영국 의회는 안도의 한숨을 내쉬었다. 국왕의 무사함을 축하하기 위해 11월 5일을 감사의 날로 정하고 불꽃 축제를 벌였다. 아이들은 가이 포크스를 닮은 인형을 가지고 놀다가 불태웠다. 어른들은 가이 포크스 가면을 쓰고 다니면서 축제를 즐겼다. 어떤 사람은 반역의 실패를 축하했고, 어떤 사람은 반역의 실패를 아쉬워했다. 그러면서 모두 축제를 즐겼다. 정말 이상한 축제였다. 오늘날에도 매년 11월 5일에 영국 전역에서는 불꽃 축제가 벌어진다. 이날을 '가이 포크스 데이'라 부른다.

포크스는 화약 음모 사건의 주범이 아니었다. 13명의 공모자 가운데 행동대원에 불과했다. 그럼에도 포크스가 가장 '유명한' 인물이 되었다. 게다가 시간이 흐르면서 테러리스트 이미지는 옅어지고 왕실에 저항한 혁명가 이미지가 덧씌워졌다. 그의 이름인 가이(Guy)는 남자, 친구, 동료를 뜻하는 단어로 쓰이게 되었다. 이를 두고 상전벽해라고 해야 할까.

가이 포크스 가면을 쓸 일이 없는 나라가 좋은 나라...

아프리카를 사유지로 만든 벨기에의 왕이 있었다

유럽의 제국주의와 아프리카의 비극

화가를 꿈꾸는 소년 네로와 반려견 파트라슈의 우정을 담은 동화 『플랜더스의 개』는 1872년에 발표되었다. 이 작품은 애니메이션으로 만들어져 큰 인기를 누렸다. 작품의 배경이 된 플랜더스(벨기에어로는 플랑드르)는 12세기 이후 유럽 모직물 산업의 중심지였다. 한때 프랑스, 네덜란드, 벨기에 등 여러 나라에 걸쳐 있었지만 현재는 벨기에의 영토다. 벨기에는 오랜 시간 다른 나라의 지배를 받았다. 『플랜더스의 개』가 발표되기 34년 전인 1839년에야 벨기에는 독립국이 되었다.

15세기 무렵에는 오스트리아 합스부르크 왕가가 벨기에와 네덜란드를 다스렸다. 합스부르크 왕가의 카를 5세가 스페인을 상속받은 후 이 지역은 스페인의 영토가 되었다(신성 로마 제국 황제인 카를 5세는 스페인에서 카를로스 1세로 불렸다. 두 사람은 동일인이다). 카를로스 1세 통치 시절 벨기에와 네덜란드는 평화로웠다. 플랑드르 지방에는 르네상스의 꽃이 만개했다. 하지만 평화는 오래가지 못했다. 1556년 카를로스

플랑드르 지방의 위치

1세의 아들 펠리페 2세가 스페인 왕에 오른 뒤 구교인 로마 가톨릭을 강요했다. 신교도가 많은 네덜란드는 독립 투쟁을 벌였다. 네덜란드는 1648년 베스트팔렌 조약을 통해 국제적으로 독립을 인정받았다.

벨기에는 이때 독립하지 않았다. 주민 대부분이 로마 가톨릭을 믿었기에 굳이 스페인에 저항하지 않았다. 하지만 그 대가는 컸다. 18세기 초 다시 합스부르크 왕가의 지배를 받는가 싶더니 18세기 후반에는 프랑스로 넘어갔다. 19세기 초반 나폴레옹 전쟁이 끝난 후에는 네덜란드의 지배를 받았다. 19세기 중반 유럽 전역에 민족주의와 자유주의 열풍이 불었다. 1830년 벨기에에서도 혁명이 일어났다. 혁명군은 식민의 사슬을 끊었고 1831년 벨기에 왕국이 출범했다. 이어 1839년에는 영세 중립국 지위를 인정받으면서 독립국이 되었다.

영국의 탐험가 헨리 모턴 스탠리

벨기에 초대 국왕은 레오폴드 1세 (재위 1831~1865)다. 레오폴드 1세는 강대국 틈바구니에서 중립을 선언하고 균형을 잘 잡았다. 레오폴드 2세(재위 1865~1909)는 식민지 사업에 본격적으로 뛰어들었다. 벨기에는 열강의 대열에 끼고 싶었다. 하지만 아시아와 아메리카는 이미 영국, 프랑스 등 강대국들이 찜했다. 벨기에가 숟가락을 얹을 식민지는 별로 없었다. 레오폴드 2세는 아프리카 내륙 지방으로 눈을 돌렸다. 마침 헨리 모턴 스탠리 (1841~1904)라는 탐험가가 중앙아프리카를 탐험하고 있었다. 스탠리는 서양 사람으로는 처음으로 아프리카 내륙의 콩고강을 발견한 인물이다. 레오폴드 2세는 스탠리야말로 식민지 개척의 적임자라 여겼다.

스탠리는 부족을 돌며 추장들을 설득했다. 때로는 선물을 주고 때로는 윽박지르면서 추장들로 하여금 땅을 내놓도록 했다. 넋이 나간 추장들은 땅의 소유권을 영원히 넘긴다는 문서에 서명했다. 이 땅을 모아 스탠리는 콩고강 하류에 도시를 건설했다. 그 도시가 바로 벨기에 왕의 이름을 딴 레오폴드빌이다. 레오폴드빌은 벨기에의 80배 크기였다. 벨기에로서는 광대한 식민지를 얻은 걸까? 아니다. 레오폴드빌은 오롯이 레오폴드 2세의 사유지가 되었다. 레오폴드 2세의 성공 사례가 유럽 전역에 알려졌다. 같은 꿈을 꾸는 자들이 생겨났다. 콩고 지역의 긴장감이 극에 달했다. 그냥 두었다가는 유럽 열강들이 전쟁이라도 벌일 태세였다.

1884년 갈등을 해결하겠다며 독일 총리 비스마르크가 국제회의를 소집했다. 멀리 있는 미국을 포함해 15개국이 참여했다. 이 베를린 회의는 해를 넘겨 계속되었고, 마침내 1885년 아프리카 식민 원칙을 확정했다. 참가국들은 이 원칙을 베를린 협정으로 공식화했다. 이 협정의 여러 내용 중에서 특히 주목할 게 있다. 군대와 이주민을 가장 먼저 정착시키는 열강이 그 영토를 갖기로 한 것이다. 물론 아프리카 민중의 동의는 구하지 않았다. 열강들에게 아프리카는 그저 임자 없는 대륙일 뿐이었다.

다음은 빠르다. 먼저 땅을 차지하려는 열강들이 아프리카로 폭주했다. 열강들은 땅 따먹기 하듯 아프리카 영토를 분할했다. 이 과정에서 심각한 문제가 발생했다. 현지 종족과 종교, 문화 등은 전혀 고려하지 않았다. 자기들 마음대로 국경선을 긋다 보니 같은 종족이 다른 국가의 국민이 되고, 적대적인 부족이 한 나라의 국민이 되었다. 또 하나, 베를린 회의에서 레오폴드빌이 레오폴드 2세의 사유지로 공식 인정되었다. 레오폴드 2세는 이 도시를 콩고 자유국이라 명명했다. 개인이 식민 지배하는 독립국이 탄생한 것이다.

레오폴드 2세는 콩고 자유국에 고무 플랜테이션 농장을 만들었다. 당시 유럽과 미국에서 전선이나 차량 바퀴 등에 고무가 사용되면서 고무 값이 천정부지로 치솟았다. 레오폴드 2세는 원주민을 동원해 고무를 생산하도록 했다. 목표량을 과도하게 책정하고 이를 맞추지 못하면 그 벌로 원주민의 손발을 잘랐다. 마을의 목표량을 채우지 못하면 집단 학살했다. 레오폴드 2세가 통치한 20여 년 동안 최소한 1,000만 명의 원주민이 목숨을 잃었다. 지옥이 따로 없었다. 이렇게 해서 번 돈은 고스란히 벨기에로 옮겨졌다. 레오폴드 2세는 매춘

아프리카에는 국경이 일직선으로 그어진 나라가 많다. 유럽 강대국들이 땅을 갈라 먹으면서 인위적으로 국경선을 그었기 때문이다.

부를 옆에 끼고 펑펑 돈을 써 댔다. 이러한 사실이 국제 사회에 알려지면서 비판이 커졌다. 벨기에 의회마저 왕의 비도덕적이고 반인권적인 행위를 규탄했다. 레오폴드 2세는 더 이상 버틸 수 없었다. 1908년 레오폴드 2세는 콩고 자유국을 벨기에 정부에 바쳤다. 이로써 콩고 자유국은 벨기에의 정식 식민지가 되었다.

콩고 자유국은 1960년에 가서야 벨기에로부터 독립했다. 정식 국명은 콩고 민주 공화국이다. 레오폴드빌은 킨샤사라는 이름으로 바뀌어 이 나라의 수도가 되었다. 콩고 민주 공화국에는 20조 달러 가치가 넘는 천연자원이 매장되어 있다. 그러니 발전 가능성이 무궁무진하다. 하지만 현실은 암울하다. 내전이 계속되면서 600만 명 이상이 목숨을 잃었다. 혼란은 지금도 계속되고 있다.

아프리카 지도를 보라. 유럽과 달리 국경선이 직선으로 반듯하게 그려져 있다. 19세기 후반의 베를린 협약에 따라 열강들이 멋대로 영토를 분할했기 때문이다. 그 부작용은 오늘날까지 나타나고 있다. 수많은 나라가 종족 분쟁이나 종교 분쟁에 시달리고 있다. 내전에 휩싸인 나라도 적지 않다. 르완다에서는 인종 청소 학살극까지 발생했다.

아프리카는 몇몇 나라를 빼면 가난에서 벗어나지 못하고 있다. 비극은 유럽의 제국주의에서 잉태되었다. 아프리카를 살기 좋은 대륙으로 만들어 가는 작업에 서방 세계가 적극 참여해야 한다. 그것이야말로 '일그러진 아프리카'를 만든 지난 역사에 대한 속죄가 아닐까.

갈릴레이는
지구가 돈다고 말한 적이 없다

어느 위대한 과학자의 팬클럽

    감추어진 이야기가 공개되고는 한다. 그런 이야기는 때때로 역사적 위인의 평가를 바꾸어 버린다. 왜 뒤늦게야 사실이 밝혀지는 걸까? 위인과 관련된 일화가 조작되기 때문이다. 당사자가 조작할 수도 있지만 추종자들의 소행인 경우가 더 많다. 미화된 이야기는 시간이 흐르면서 사실로 둔갑한다. 그러다가 진실이 수면 위로 떠오른다.

    갈릴레오 갈릴레이(1564~1642)도 이런 사례에 해당하는 인물이다. 그가 남겼다는 유명한 말을 꺼내 보자. "그래도 지구는 돈다." 이 말은 갈릴레이가 지동설로 교회와 대립하는 과정에서 나온 것으로 알려져 있다. 교회가 지동설을 철회하라고 요구하자 마지못해 굴복하면서 '내 신념은 꺾이지 않았다'는 의미로 이렇게 중얼거렸다는 것이다. 그게 사실일까?

    이 이야기를 하기 전에 갈릴레이의 실험 정신이 돋보이는 일화부터 보자. 피사의 사탑에서 진행한 실험 이야기다. 당시는 물체의 무게에 따라 낙하 속도가 다르다고 여겨졌다. 무거운 물체가 먼저 떨어진다는 것이다. 고대 그리스의 철학자이자 과학자인 아리스토텔레스도 이런 주장을 했다. 갈릴레이는 이 주장이 틀렸다고 생각했다. 그는 1590년 피사의 사탑에서 실험을 함으로써 무게와 상관없이 모든 물체가 같은 속도로 떨어진다는 사실을 입증했다.

갈릴레이의 제자인 이탈리아 수학자 빈첸조 비비아니

이제 진실을 말할 차례다. 이를 어쩌나? 갈릴레이의 저서 어디에도 이 실험에 대한 기록이 없다. 이유는 간단하다. 그런 실험을 한 적이 없기 때문이다. 흥미로운 점이 있다. 그 무렵 네덜란드 과학자 시몬 스테빈(1548~1620)이 자신의 집 2층에서 낙하 실험을 했다. 스테빈은 무게 차이가 10배 정도 나는 두 물체를 동시에 떨어뜨렸고, 두 물체는 동시에 땅에 닿았다. 이 실험이 모티브가 되어 갈릴레이의 실험 일화가 탄생했을 가능성이 높다.

그렇다면 누가 조작했을까? 유력 혐의자는 갈릴레이의 제자 빈첸조 비비아니(1622~1703)다. 그는 스승을 멋지게 묘사하고 싶었다. 그래서 이야기를 지어내 자신의 책에 수록한 것으로 보인다. 여기서 한 가지 알아 두어야 할 것이 있다. 갈릴레이가 그런 생각조차 하지 않았던 건 아니라는 점이다. 갈릴레이는 '100미터 높이의 탑에서 포탄과 총알을 동시에 떨어뜨리면 실제로 거의 비슷하게 땅에 도착한다'고 자신의 저서에서 언급했다.

또 다른 '신화'에 시비를 걸어 보자. 망원경은 누가 발명했을까? 갈

HANS LIPPERHEY.
Secundus Conspicilorum inventor

망원경을 발명한 네덜란드의 한스 리퍼세이

릴레이라고 답한다면 틀렸다. 망원경은 네덜란드의 안경 제조업자 한스 리퍼세이(1570~1619)가 발명했다. 1608년 볼록렌즈와 오목렌즈를 겹쳐 망원경 특허를 얻었다. 물론 갈릴레이의 공도 있다. 망원경을 획기적으로 '업그레이드'했다. 그는 1609~1610년에 자신이 개선한 망원경으로 천체를 관찰했고 연이어 '대박'을 터뜨렸다. 달에 수많은 골짜기와 고원이 있고 태양 표면에 흑점이 있다는 사실을 발견했다. 목성 주변을 도는 20개가 넘는 위성 중에서 가장 큰 4개도 발견했다. 이 위성들을 요즘에는 '갈릴레이 위성'이라고 부른다.

목성의 위성을 발견한 것은 놀랄 만한 성과였다. 당시만 해도 천동설이 우세했다. 그런 상황에서 목성을 중심으로 위성이 공전한다는 사실을 입증했다. 지구 말고 다른 천체를 도는 위성이 있다니! 그렇다면 코페르니쿠스가 주장했던 지동설이 옳은 것이 아닌가! 갈릴레이의 이 발견은 학계의 큰 관심을 끌었다. 이 지점이 갈릴레이가 종교재판에 회부되는 운명으로 이어진 출발점이었다. 그는 지동설을 더 강력하게 주장하고 싶었다. 확고한 증거까지 있었다. 마침 1623년에 교황에 오른 우르바누스 8세와 친분도 있었다. 갈릴레이는 교황을 알현했다. 천동설과 지동설, 두 우주 체계에 대한 책을 쓰겠다고 밝히고 허락을 받았다.

이후 갈릴레이는 10여 년간 집필에 몰두했다. 1632년 마침내 책이 『두 우주 체계에 관한 대화』라는 제목으로 출판되었다. 파장은 컸다.

종교 재판관 앞에 선 갈릴레이를 묘사한 그림

사실 1620년대만 해도 교회는 갈릴레이에 우호적이었다. 무난히 검열을 피할 것 같았다. 하지만 그 사이에 사정이 달라졌다. 교회는 더 엄격하게 검열했다. 게다가 1616년의 종교 재판에서 이미 코페르니쿠스의 지동설을 금지한 바 있었다. 교회는 지동설을 옹호하는 갈릴레이의 책을 용납할 수 없었다.

1633년 갈릴레이에 대한 종교 재판소가 꾸려졌다. 혐의는 '이단'이었다. 성경 말씀에 어긋난 지동설을 주장하는 책을 냈다는 것이다. 갈릴레이에게 불리한 증거들이 쏟아졌다. 애초에 결론이 정해진 재판이니 저항한들 무슨 소용이 있겠는가. 갈릴레이는 코페르니쿠스 이론을 옹호할 의도가 없었으며 오히려 비판하려 했다고 항변했다. 나아가 자신의 견해를 철회하겠다는 문서에 순순히 서명했다. 정치적 타협이었다. 교회도 갈릴레이를 고문하지 않았다. 옥살이를 시키거나 처형하지도 않았다. 가택연금으로 처벌을 마무리했다. 자, 전체 상황을 머릿속에 그려 보라. 과연 갈릴레이가 용감하게 "그래도 지구는 돈다!"라고 중얼거렸을까? 그럴 일은 없었을 것이다. 갈릴레이는 그 발언이 얼마나 위험한지 잘 알았으니까 말이다.

이 일화는 어떻게 해서 만들어졌을까? 이 또한 작가의 '창작'이라는 게 대체적인 견해다. 1757년 출간된 주세페 바레티(1719~1789)의 『이탈리아 도서관』에 이 일화가 처음 등장하는데, 재판이 있고 100년도 더 지난 시점에 나온 이야기니 창작일 가능성이 크다.

끝으로 이 점은 분명히 하자. 갈릴레이의 업적은 실로 크다. 갈릴레이는 근대 과학의 아버지라 일컬어진다. 현대 과학으로 가는 문을 열었으며, 뉴턴과 아인슈타인에 비견되는 천재 과학자로 평가받는다. 아마 이 점 때문에 그에 대한 업적이 과장되게 포장된 것이 아닐까? 어쩌면 팬들의 맹목적인 존경과 지지가 이런 왜곡을 낳았을 수도 있다.

중세 유럽에서 종교 재판은 으레 참혹하게 끝났다. 재판정에 서면 마녀나 마법사의 누명을 쓰기 일쑤였다. 그들에게는 죽음보다 더한 고문이 가해졌다. 끝내 화형으로 목숨을 잃는 경우가 허다했다. 그러니 갈릴레이도 그런 위협을 피하기 위해 주장을 철회했을 것이다.

1992년 10월 31일 교황 요한 바오로 2세가 당시의 종교 재판에 대해 공식 사과했다. 지동설이라는 과학을 주장한 과학자를 이단으로 몰고 모든 자격을 박탈한 점에 대해서도 사과했다. 갈릴레이는 360년이나 지난 후에야 명예를 되찾았다. 갈릴레이의 일화가 비록 가공된 것이라 하지만 그의 업적까지 폄하해서는 안 된다. 뒤늦게라도 갈릴레이가 크게 외쳤으면 한다. 그럴 만한 자격이 충분하다. "그래도 지구는 돈다!"

있는 그대로가 가장 위대해 보이는 법!

역대 최고의 부자는
아프리카인?

금을 물처럼 쓴 사나이의 이야기

2012년 10월 유명 인사들에 대해서 평가를 하는 미국의 한 사이트(celebritynetworth.com)가 인류 역사상 최고 부자 25명의 순위를 발표했다. 2위는 유대계의 금융 재벌 로스차일드 가문으로 총 재산은 3,500억 달러였다. 3위는 미국의 석유 왕 존 록펠러로 3,400억 달러, 4위는 미국의 철강 왕 앤드루 카네기로 3,100억 달러의 재산을 보유한 것으로 나타났다. 자, 1위를 공개한다. 미국인, 유럽인? 아니다. 만사 무사라는 아프리카인이다. 14세기에 아프리카 서부 말리 왕국을 통치했던 왕이다. 놀라지 마시라. 그의 재산을 21세기 현재 기준으로 환산하면 무려 4,000억 달러에 달한다. 환율을 1,100원으로 하면 444조 원이 된다.

인터넷 매체라 신뢰가 안 간다고? 그렇다면 이건 어떤가? 2015년 7월 미국 시사 주간지 《타임》이 역대 최고 부자 10명을 선정했다. 여기서는 로스차일드 가문이 빠져 있다. 앤드루 카네기는 6위, 존 록펠러는 7위에 랭크되었다. 2위는 로마 제국의 첫 황제인 아우구스투스로, 현재 가치로 4조 6,000억 달러의 재산을 보유한 것으로 추정되었다. 그렇다면 1위는? 맞다. 만사 무사다. 더 놀라운 점은, 만사 무사의 재산은 추정할 수 없다고 결론내린 것이다. 5조 달러라고만 가정해도 우리 돈으로 5,555조 원에 이른다. 입이 다물어지지 않는다. 도대체 만사 무사가 어떤 인물이기에……. 만사 무사를 살펴보기 전에 우선 서아프리카의 중세 역사를 간략하게나마 알아 두는 것도 좋을 듯하다.

역사 속의 대표적인 부호 리스트에 이름을 올린 록펠러(위)와 카네기(아래)

서아프리카에는 8~16세기에 가나 왕국, 말리 왕국, 송가이 왕국이 차례대로 번영했다. 오늘날의 말리 공화국, 가나 공화국이 모두 이들 왕국의 영역에 만들어진 나라다. 다만 모든 나라가 과거 왕국의 후손은 아니다. 이를테면 1957년 탄생한 가나 공화국은 8~13세기에 맹위를 떨친 가나 왕국과 아무런 관련이 없다.

가나 왕국은 서아프리카에 들어선 첫 흑인 왕국이었다. 이슬람교가 아프리카 전역으로 퍼지고 있었지만 가나 왕국의 지배자들은 끝까지 아프리카 토착 종교를 고수했다. 사실 가나 왕국의 국명은 와가두 왕국이었다. '목동의 땅'이란 뜻이다. 가나는 왕을 가리키는 칭호였다. 가나 왕국과 무역을 한 지중해 주변 상인들이 가나라는 말을 더 많이 쓰면서 나라 이름이 가나로 알려진 것이다. 가나 왕국에는 금과 소금이 풍부했다. 금과 소금 무역으로 가나 왕국은 번영을 누렸다. 어쩌면 가나 왕국의 이런 영광을 재현하고 싶어 가나 공화국이 국명을 가나로 정했는지도 모른다.

11세기경 가나 왕국 주변에 여러 이슬람 왕국이 들어섰다. 이슬람 왕국들은 토착 종교를 고집하는 가나 왕국을 공격했다. 가나 왕국은 기울기 시작했다. 13세기 중반 가나 왕국은 급부상한 이슬람 왕국의 침략을 받았다. 이번에는 견디지 못했다. '황금의 땅'으로 불리던 가나 왕국은 멸망했다. 가나 왕국을 쓰러뜨린 나라는 말리 왕국이었다. 말리 왕이 스스로 황제라 칭했기에 때로는 말리 제국이라고도 한다. 말리 왕국은 13~16세기에 서아프리카의 맹주 역할을 했다. 이 말리 왕국의 9대 왕이 바로 만사 무사(재위 1312~1335)였다. 만사 무사 통치 시절 말리 왕국은 최고 전성기를 누렸다. 사하라 사막 이남의 아프리카 서부 지역, 그러니까 대서양 연안에서 니제르강 중류까지를 모조리 정복했다.

말리 왕국은 가나 왕국을 능가하는 부자 국가였다. 영토가 넓어지면서 황금 매장량이 추정할 수 없을 정도로 많아졌다. 당시 전 세계 황금의 70% 정도를 말리 왕국에서 생산했다는 기록까지 남아 있다. 또 하나의 기간산업인 소금 무역도 더욱 번성했다. 전 세계에서 사용하는 소금의 50% 가까이를 말리 왕국에서 생산했다.

말리 왕국이 융성해지면서 수도 통북투(오늘날의 팀북투)는 북서 아프리카 무역과 경제, 이슬람교의 중심지로 성장했다. 유럽과 아프리카 전역에서 온 상인으로 문전성시를 이루었다. 도서관과 대학이 속속 들어섰으며 멀리 유럽의 학자들까지 유학을 왔다. 조금만 걸어가

금화를 손에 쥔 채 왕좌에 앉아 있는 만사 무사를 묘사한 그림

면 이슬람 사원이 나타날 정도로 수백여 개의 이슬람 사원을 세우기도 했다.

말리 왕국이 유럽에까지 명성을 떨친 계기는 1324년의 메카 순례였다. 만사 무사는 메카 순례를 마치고 귀국하면서 건축가, 예술가, 학자, 성직자들을 대거 스카우트했다. 건축가와 예술가는 말리 왕국의 수도에 도서관과 대학, 이슬람 사원을 지었다. 학자들은 학문을 가르쳤고, 성직자들은 이슬람 율법을 가르쳤다.

그 많은 인재들이 말리 왕국까지 기꺼이 따라올 만큼 만사 무사가 믿을 만한 지도자였을까? 일단 그에 대한 평판이 나쁘지는 않았다. 말리 왕국을 다녀온 해외 여행객은 이런 글을 남겼다. '말리 왕이 범죄자에게는 냉정하지만 내국인과 외국인을 차별하지 않는다. 치안 상태도 아주 좋아 강도와 맞닥뜨리는 일이 거의 없다.' 하지만 만사 무사를 따를 가장 큰 이유는 따로 있다. 물처럼 써도 줄어들지 않는 천문학적인 그의 재산! 만사 무사는 경제적 지원을 아끼지 않았다. 재산이 얼마나 많았는지 알 수 있는 유명한 사례가 바로 1324년의 메카 순례였던 것이다.

이슬람교에서는 죽기 전까지 이행해야 할 5대 의무가 있다. 이를 '오행'이라고 한다. 이 오행 중 마지막 의무가 성지 메카 순례. 만사 무사는 독실한 이슬람 신도였으니 당연히 메카 순례를 떠났다. 출발부터가 남달랐다. 만사 무사는 아내 800여 명과 함께 순례를 떠났다. 그와 그의 아내를 수행하는 인원만 수만 명이었다. 뒤치다꺼리를 해 줄 노예가 어림잡아 1만 2,000여 명이었다. 이렇게 해서 전체 인원이 적게는 5만 명에서 많게는 6만 명을 넘었다. 행렬의 끝이 보이지 않을 정도였다. 더 놀라운 사실은 지금부터다. 그 많은 노예들이 저마다 금괴를 어깨에 지고 걸었다. 수백 마리의 낙타가 사금과 금 보따리를 날랐다. 학자들은 만사 무사가 출발 당시 가지고 간 금이 대략 11톤에 이를 것이라 추정하고 있다. 실로 어마어마한 양이다.

메카까지는 대략 4,000킬로미터의 거리였다. 만사 무사는 뭍으로 이동하면서 가는 곳마다 금을 뿌렸다. 이슬람 사원을 만들라며 거액을 척척 기부했다. 사람들은 만사 무사를 '아프리카의 태양'이라며 칭송했다. 얼마나 금을 많이 풀어 놓았는지 그가 지나간 지역은 이후 10년 동안 금값이 바닥을 기었다고 한다. 심지어 유럽에서도 금값이 떨어졌을 정도다.

흥청망청 돈을 쓴 탓일까? 말리 왕국은 만사 무사가 사망한 후로 내리막길을 타기 시작했다. 급기야 17세기에는 송가이 왕국의 침략을 막아내지 못하고 멸망하고 말았다. 인류 역사상 최대의 부자를 배출하면 뭐하나? 나라가 사라져 버렸는데 말이다.

국부(國富)는 어느 한 개인의 재산이 많아서 커지는 게 아니다. 국민의 1%도 안 되는 사람들이 나라 전체 소득의 90% 이상을 가져간다면? 나머지 99%의 국민은 국가 소득의 10%를 나누어 가져야 한다. 그러니 국민은 불행할 수밖에 없다.

만사 무사 같은 '초대형 부자'가 없어도 좋다. 우리나라의 국민 대다수가 삶을 영위할 수 있을 정도로 충분히 벌었으면 좋겠다. 만사 무사의 이야기를 하다가 문득 떠오른 생각이다.

에디슨은
전구를 발명하지 않았다

전구 발명의 약사

2018년 9월, 일본 홋카이도에 강진이 발생했다. 수십 명이 사망하거나 실종되었고 수백 명이 부상을 당했다. 인명 피해도 심각했지만 더 충격적인 사건이 터졌다. 화력 발전소의 가동이 멈추는 바람에 홋카이도 전역이 정전(블랙아웃)되는 사태가 일어난 것이다. 295만 가구가 칠흑 같은 밤을 지내야 했다. 모든 항공기가 결항되었고 고속 철도가 멈추었다. 20세기 이전이라면 전기를 복구하는 데 수개월이 걸렸을지도 모른다. 현대 과학 기술은 복구 능력도 수준급이다. 하루만에 40%가 복구되었고, 정상 수준으로 돌아가는 데 채 일주일이 걸리지 않았다. 하지만 시민들은 이 시간 동안 공포에 떨어야 했다. 공항이나 도심의 시설을 중심으로 먼저 복구하다 보니 일반 가정집은 꽤 오랜 시간 어둠 속에서 지내야 했다.

홋카이도 강진 소식을 접한 필자의 지인이 우스갯소리로 말했다. "이틀만 암흑 속에서 지내도 미쳐 버릴걸. 전구를 발명한 에디슨에게

감사해야 해."

틀린 말이다. 전구를 최초로 발명한 사람은 토머스 에디슨(1847~1931)이 아니다. 그가 전구를 발명하기 전에도 '원시적 수준'의 전구가 존재했다. 뿐만 아니라 에디슨의 전구와 원리가 똑같은 전구도 있었다. 정확하게 말하자면, '에디슨은 전구를 발명한 게 아니라 전구가 빛을 밝히는 시간을 연장했다!' 전구 발명에 얽힌 이야기를 하나씩 풀어 보자.

전구를 발명한 것으로 알려진 토머스 에디슨. 하지만 그의 업적은 전구를 발명한 것이 아니라 성능을 획기적으로 개선한 것에 있다.

아주 오래전, 그러니까 고대와 중세에는 기름과 초로 어둠을 밝혔다. 근대로 접어들고 산업 혁명이 시작되었다. 공장이 가동되면서 야간작업이 필요해지자 가스등이 공장 내부와 거리를 밝혔다. 하지만 가스등은 폭발 위험이 컸고 불빛도 그리 밝지 않았다. 진일보한 조명이 필요했다. 이런 상황에서 과학이 제 역할을 했다.

탄소아크등을 발명하여 전구를 대중화시킨 험프리 데이비. 하지만 그의 탄소아크등은 전력 소모량이 너무 컸다.

1802년 영국의 발명가 험프리 데이비(1778~1829)는 전극과 전극 사이에 탄소 물질을 놓고 전류를 흘리면 불꽃이 튄다는 사실을 발견했다. 이를 아크 방전이라고 한다. 데이비는 이 원리를 이용해 탄소아크등을 발명했다.

1808년 데이비는 파리 중심가 콩코드 광장에 전등을 설치했다. 가로등에 전류를 흘리자 밤이 대낮같이 환해졌다. 사람들은 환호했다.

하지만 부작용이 있었다. 우선 눈을 뜰 수 없을 만큼 빛이 강렬했다. 게다가 너무 뜨거웠다. 더 큰 문제는 전기를 너무 많이 잡아먹는다는 것이었다. 가로등 불을 밝히는 데만 2,000여 개의 건전지가 필요했다. 밤새 켜 두려면 파리의 모든 발전기를 가동해도 모자랄 판이었다. 그러니 일반 가정에서 사용한다는 것은 언감생심이었다. 그래서 탄소아크등은 공장과 탄광, 등대 같은 곳에서만 사용되었다.

이후 여러 과학자와 발명가들이 전등의 부작용을 해결하려고 달려들었다. 너무 많아서 획기적으로 성능을 개선한 발명가만 꼽아도 손가락이 모자란다. 그중 몇 명의 이름만 대 보자.

우선 스코틀랜드의 제임스 보우먼 린제이(1799~1862)가 있다. 린제이는 아크등이 아니라 현재와 같은 방식의 전구 원리를 처음 만든 인물로 알려져 있다. 그는 1835년 스코틀랜드 던디에서 열린 공개 행사에서 이 원리를 시연했다. 그는 1.5피트(45센티미터) 떨어진 곳의 책도 읽을 수 있다고 자랑했지만 정작 장치를 개발하지는 않았다. 후세의 과학자들은 린제이가 상업화에 뜻이 없었다고 평가한다. 만약 그가 돈을 벌고자 했다면? 전구 발명은 더 앞당겨졌을지도 모른다. 1844년 미국의 발명가 존 웰링턴 스타(1822~1846)는 필라멘트를 이용한 백열전구 특허를 신청했다. 필라멘트는 전구의 성능과 수명을 좌우하는 핵심 요소다. 이 필라멘트에 전류를 보내 빛을 발생시키는 게 기본 원리다. 이 과정에서 필라멘트는 고온을 견디어 내야 한다. 그러지 못하면 필라멘트는 금세 녹아 버리고 전구의 수명도 끝이 나기 때문이다. 스타는 이 원리를 입증하기 위한 시연을 하지 않았고, 미국에서 특허를 획득하지 못했다. 하지만 이듬해 영국에서는 특허를 따냈다. 어쨌든 필라멘트를 이용한 백열전구를 최초로 발명한 업적은 존 웰링턴

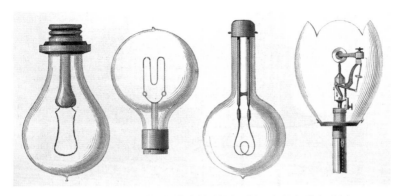

1882년 파리 박람회에 출품된 전구 모델들. 왼쪽에서 첫 번째가 에디슨의 모델이고, 세 번째가 스완의 모델이다.

스타의 차지가 되었다. 안타깝게도 그는 더 이상 연구를 진행하지 못했다. 얼마 지나지 않아 결핵균에 감염되어 사망했기 때문이다.

그 다음 주목할 인물은 영국의 발명가 조지프 스완(1828~1914)이다. 스완은 에디슨과 경쟁 관계에 있었다. 두 사람 모두 상업적으로 통용될 수 있는 전구, 즉 누구나 쓸 수 있는 전구 발명에 몰두했다. 1878년 스완은 진공 상태의 유리구 안에 필라멘트를 넣은 전구를 개발했다. 종이를 태워 필라멘트로 만들었다. 다만 유리구 내부가 완벽한 진공 상태를 유지하지 못했다. 그래도 스완은 영국에서 이 전구의 발명 특허를 얻는 데 성공했다. 1년이 지난 1879년, 미국의 에디슨이 완벽한 전구를 발명하는 데 성공했다. 유리구 내부를 완벽하게 진공 상태로 만들고, 필라멘트는 백금을 사용해 유리구 밖과 연결했다. 에디슨은 스완과 달리 대나무 필라멘트를 사용했다. 이 전구는 44시간 동안 꺼지지 않고 빛을 발했다. 이듬해 에디슨은 성능을 개선해 전구의 수명을 1,500시간으로 늘렸다. 이제 일반 가정에서도 쓸 수 있는 전구가 발명된 것이다.

잠깐. 좀 이상하지 않은가? 발명 연도를 보면 분명히 스완이 에디슨보다 1년 앞선다. 그렇다면 오늘날의 전구를 발명한 인물은 스완이 되어야 맞는 것 아닐까? 이런 점 때문에 에디슨이 스완의 아이디어를 도용했다는 의혹이 나왔다. 엄밀히 말하면 절반만 맞다.

진실은 이렇다. 스완이 영국의 특허를 얻어 내자 에디슨은 즉각 협력 관계를 제안했다. 각자의 나라에서 특허권을 행사하고, 제품을 공동으로 판매하자는 것이었다. 쉽게 말해, 싸우지 말고 함께 돈벌이를 하자는 얘기다. 실제로 두 사람은 합작 회사를 세웠다.

전구에 얽힌 발명가들의 이야기는 여기까지다. 에디슨에 대한 이미지가 바뀌었는가? 자신보다 앞선 발명가들의 성과를 벤치마킹한 사업가에 불과하다고 여겨지는가? 그렇다고 해서 평가 절하할 필요까지는 없다. 이 지구상에 하늘에서 갑자기 뚝 떨어진 것은 아무것도 없다. 진보에 진보를 거듭해 도달한 것이 오늘날의 과학이고 역사다.

영국 산업 혁명은 제임스 와트(1736~1819)가 증기 기관을 발명하면서 본격화했다는 이야기가 있다. 엄밀히 말하면 이 이야기도 틀렸다. 와트는 증기 기관의 효율성을 높여 상업화에 성공했을 뿐이다. 최초로 증기 기관을 만든 인물은 토머스 뉴커먼(1663~1729)이란 인물이다. 상용화하지 못한 증기 기관까지 포함한다면 거론해야 할 인물이 수도 없이 많다.

오늘날 백열전등은 LED 조명에 밀리고 있고, 증기 기관은 일찌감치 내연 기관에 자리를 내주었다. 앞으로도 과학은 끝없이 진보할 것이다. 새로운 조명 원리가 발명되면 LED의 운명도 어떻게 될지 모른다. 과학은 그런 것이다. 다만 그 진보가 인간미를 동반한 것이라면 좋겠다.

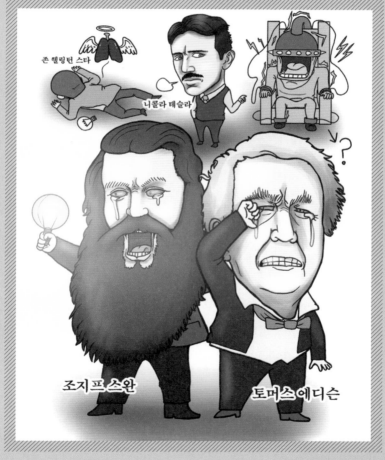

끊이지 않는 원조 논쟁!
에디슨은 전구 상용화에 기여한 모든 사람들 가운데 가장 유명한 인물일 뿐.

강태공은 낚시가 아니라
정치를 했다

기다림의 미학을 보여 준 백수건달

낚시는 주요한 레저 문화 중 하나다. 과거에도 낚시 애호가가 없었던 것은 아니지만 여가 시간이 늘어나고 장비가 좋아지면서 낚시에 대한 관심이 점점 커지고 있다. 하루 종일 낚시와 관련한 프로그램만 내보내는 TV 채널이 있을 정도다. 낚시 애호가들을 일컬어 '강태공'이라 부른다. 대체로 성과 이름을 분리하지 않지만 농담조로 김태공, 이태공, 박태공이라고 부르기도 한다. 그러면 태공이란 명칭에 낚시꾼이라는 의미가 담겨 있을까? 땡! 태공이라는 명칭에는 낚시꾼이라는 의미가 전혀 들어 있지 않다. 강태공에 대해서 알기 위해서는 중국 역사상 최초로 존재했던 나라, 상(商)의 말기로 거슬러 올라가야 한다.

상(기원전 1600~기원전 1046)은 나라를 세운 민족인 상족의 이름을 땄다. 과거에는 은(殷)이라 불렀다. 상의 후반기 도읍지 이름이 은허(殷墟)였기 때문이다. 하지만 요즘에는 은보다는 상이라고 부른다. 은허 유적지는 허난성에서 발굴되었지만, 최근에는 상의 유물과 유적지가 허베이성에서도 발견되고 있다. 상의 영역이 점점 넓어지고 있는 것이다. 흥미로운 점이 있다. 기록상으로는 상 이전에 하(夏)라는 나라가 있었다. 이 하의 유물로 보이는 것들이 간간이 발견되고 있다. 만약 이 유물이 진짜로 하의 것으로 밝혀진다면 중국 최초의 국가는 상에서 하로 바뀌게 된다. 상도 한때는 설화 속의 나라로 여겨지

상의 유적지에서 발굴된 갑골문자

다가 은허가 발굴되면서 역사가 되었다. 최종 결과는 조금 더 지켜봐야 할 것 같다. 이 이야기는 조금 미루어 두고 본격적으로 상에 대해서 이야기해 보자.

상은 여러 제후국을 거느리고 있었다. 상의 서쪽, 오늘날의 중국 중서부 산시성 치산(岐山)에 주라는 제후국이 있었다. 이 제후국을 다스리는 제후는 고공단보(古公亶父)였다. 고공단보는 주의 기반을 닦은 인물이다. 훗날 주가 중국을 통일한 후에는 그를 태왕(太王)으로 추존했다.

고공단보에게는 세 아들이 있었다. 장남 태백, 차남 우중, 막내 계력이 그들인데, 서로 꽤나 우애가 깊었던 듯하다. 세 형제는 권력 다툼을 벌이지 않았고 늘 서로를 위했다. 막내 계력이 아들을 낳았다. 그가 창이다. 창이 태어날 때 길조의 조짐이 여기저기에서 나타났다. 고공단보는 대업을 이루려면 창이 왕위를 이어야 한다고 생각했다. 하지만 창은 막내아들의 자식이다. 왕위 계승 서열이 낮아도 한참 낮다.

훗날 주가 중국을 통일한 뒤 주 문왕으로 추증된
서백창

장남과 차남의 자식들이 있었기에 창에게 왕위가 돌아갈 확률이 낮았다. 그러던 중 태백과 우중이 아버지의 뜻을 알게 되었다. 그들은 떠나는 선택을 했다. 그것이 아버지와 형제, 나라를 위한 가장 현명한 판단이라 여겼다. 그들은 중국 동남부에 정착해 나라를 세웠다. 이게 훗날 오의 시초다.

두 형이 떠난 덕분에 막내 계력이 고공단보의 뒤를 이어 왕에 올랐다. 이 무렵 상은 황혼을 맞고 있었다. 폭군이 중국을 어지럽혔다. 계력은 상의 왕들에게 "올바른 통치를 하라"며 직언을 했다. 상의 왕은 계력을 가두고 굶겨 죽였다. 계력의 아들 창이 주의 왕에 올랐다. 이 무렵 주의 세력은 날로 커지고 있었다. 창의 인기도 가파르게 상승했다. 상의 왕도 그 점을 인정해 창에게 '서쪽의 우두머리', 즉 '서백(西伯)'이란 칭호를 내렸다. 이 때문에 창은 서백창이란 이름으로 더 많이 불리게 되었다.

서백창은 인재가 있는 곳이라면 어디든 달려갔다. 황허의 지류인 웨이수이(渭水) 강가에서 낚시를 하는 노인이 비범하다는 첩보가 들어왔다. 노인의 본명은 여상이었다. 평생 번듯한 직업을 단 한 번도 가져 본 적이 없다고 했다. 시쳇말로 백수건달이었다. 여상의 아내는 돈을 벌어 오라고 구박을 하다 지쳐 집을 나갔다고 했다.

서백창이 여상을 만나기 위해 직접 가려 하자 참모들은 "별 볼일 없는 노인"이라며 말렸다. 하지만 서백창은 여상이란 노인이 비범함을 직감했다. 여상이야말로 할아버지 고공단보, 즉 태왕 때부터 바라

강태공 여상이 낚시를 하던 모습을 묘사한 명대 화가 대진의 〈위빈수조도〉

던 인재라고 생각했다. 서백창은 여상을 '태왕이 바라던 인물', 즉 태공망(太公望)이라 불렀다. 여상의 성은 강 씨였다. 성과 이름을 붙이면 강태공망, 즉 강태공이 된다. 강태공이 낚시 애호가를 가리키는 말이 된 이유가 이제 밝혀졌다. 여상이 늘 강가에서 낚시를 했기 때문이다. 서백창과 만나는 순간에도 여상은 낚시를 하고 있었다.

서백창은 여러 제후들의 존경을 받았다. 그러니 상의 왕이 그를 좋아할 리 없었다. 이 무렵 상의 왕은 31대 주왕이었다. 상의 마지막 왕인 그는 아주 막돼먹은 폭군이었다. 술로 연못을 만들고 고깃덩이를 나무에 달았다. 이 숲을 주지육림(酒池肉林)이라 한다. 주지육림에서는 연일 질펀한 향락이 벌어졌다.

역사상 모든 폭군이 그랬듯이 주왕은 충직한 신하들을 아주 싫어했다. 목숨을 걸고 충언을 하는 신하들을 모두 죽였다. 주왕은 아주 잔혹한 방법만 골라서 형을 집행했다. 매끈한 쇠기둥을 가로로 뉜 후 밑에서 불을 붙였다. 발을 디딜 수 없을 정도로 뜨거운 그 기둥을 건너면 살려주겠노라고 했다. 하지만 그 기둥에는 기름이 발라져 있었다. 미끄럽고 뜨거운 불기둥을 건너는 사람은 거의 없었다.

보다 못한 서백창이 주왕에게 "올바른 통치를 하라"고 간언했다. 아버지의 심성을 그대로 물려받았나 보다. 다행히 서백창은 아버지처럼 죽지 않고 옥에 갇히기만 했다. 그러나 곧 처형될 운명. 서백창은 온갖 재물을 바친 후에야 간신히 풀려날 수 있었다. 서백창은 세상을 엎어야 한다고 생각했다. 그의 아들이 그 일을 시작했다.

서백창이 죽자 강태공은 대를 이어 서백창의 아들을 보필했다. 이 아들이 바로 주 무왕이다. 주 무왕은 아버지를 주 문왕으로 추증하고, 상을 정벌하기 위한 전쟁을 일으켰다. 이 전쟁에서 상이 무너졌다.

새로이 주의 시대가 열렸다. 강태공은 공로를 인정받아 제의 제후로 봉해졌다. 춘추 전국 시대에 강국의 위세를 누렸던 제의 시조가 바로 강태공이다.

강태공은 제에 부임할 때 유명한 일화를 남겼다. 제는 강태공의 고향이었다. 왕으로 부임할 때 한 늙은 여성이 눈에 띄었다. 강태공이 그녀를 불렀다. 비루한 차림의 그 여성은 깜짝 놀랐다. 무능하다며 자신이 버렸던 남편이 왕이 되어 돌아왔으니 그럴 수밖에 없을 것이다. 그녀는 다시 합치자고 말했다. 강태공은 빤히 그녀를 바라보다 물그릇을 내오라고 했다. 그릇을 엎자 바닥에 물이 쏟아졌다. 그가 말했다. "이 물을 다시 그릇에 채울 수 있겠소? 마찬가지로 지난 일도 돌이킬 수 없소이다."

누구에게나 언젠가 기회는 온다. 다만 그 기회를 스스로 걷어차거나 놓칠 뿐이다. 기회를 놓쳤다고 해서 포기하지는 말자. 기다림은 때로 도전을 위한 준비 기간이 될 수도 있다. 강태공이 천하태평으로 낚시만 했겠는가. 그의 낚시질은 도전을 위한 기다림이었다. 강태공은 낚시가 아니라 정치를 하고 있었던 것이다.

미키마우스는
월트 디즈니의 작품이 아니다
세상을 바꿔 놓은 생쥐의 탄생 스토리

친한 사이일수록 동업은 하지 말라는 말이 있다. 오랜 우정에 금이
갈 수 있기 때문이다. 철천지원수가 되기도 한다. 창업 당시의 순수했
던 동지애를 계속 간직한다면 더할 나위 없겠지만 현실은 복잡하다.
회사가 성장하면서 역할이나 기여도에 따라 지위와 보상에 차이가
생길 수밖에 없다. 세계적인 기업이라고 해서 별반 다르지 않다.

월트디즈니사를 모르는 사람은 거의 없을 것이다. 창업자인 월트
디즈니(1901~1966)의 이름을 그대로 땄다. 그에게는 회사의 성장에 결
정적 역할을 한 동갑내기 친구 어브 아이웍스(1901~1971)가 있었다.
하지만 회사 이름에서 그의 흔적을 찾을 수는 없다.

미국 동남부 플로리다주에 있는 디즈니월드는 4개의 테마파크로
구성되어 있다. 워낙 넓어서 오롯이 즐기려면 최소한 4일은 투자해야
한다. 이곳에서는 월트디즈니의 모든 캐릭터를 만날 수 있는데, 단연
원조 캐릭터인 미키마우스의 인기가 가장 높다. 디즈니는 세상을 떠

나기 얼마 전 "모든 것은 한 마리의 쥐로부터 시작되었다"라고 말했다. 미키마우스가 있었기에 오늘날의 월트디즈니사가 존재할 수 있었다는 뜻이다. 실제로 미키마우스가 인기를 끌면서 회사가 성장했으니 틀린 말은 아니다. 그런데 이 미키마우스 캐릭터를 디즈니가 만들었을까? 아니다. 미키마우스는 아이웍스의 작품이다.

디즈니와 아이웍스는 가난한 예술가 시절에 처음 만났다. 1920년 열아홉 살의 두 청춘은 의기투합해 '아이웍스-디즈니 커머셜 아티스츠(Iwerks-Disney Commercial Artists)'라는 회사를 만들었다. 하지만 일감이 들어오지 않았다. 두 사람은 회사를 청산하고 헤어졌다. 이후 디즈니는 애니메이션에 빠져들었다. 1923년에는 형과 함께 로스앤젤레스에서 '디즈니 브라더스 스튜디오'를 세웠다. 월트디즈니사의 시작이다. 아이웍스도 합류했다. 디즈니는 실사와 애니메이션을 합성한 〈앨리스의 이상한 나라(Alice's Wonderland)〉를 만들었다. 어렵게 만든 〈앨리스〉 시리즈가 인기를 끌면서 회사의 재정도 좋아졌다. 아이웍스는 캐릭터 개발과 애니메이션 제작에 깊숙이 관여했다.

1927년 대형 제작사인 유니버설 픽처스가 실사를 뺀, 100% 애니메이션을 만들어 보면 어떻겠느냐고 제안했다. 디즈니와 아이웍스는 머리를 맞댔다. 검은 토끼 캐릭터를 개발했고, 이 토끼를 앞세운 〈행운의 토끼 오즈월드(Oswald the Lucky Rabbit)〉를 만들었다. 드디어 터졌다! 오즈월드의 인기가 하늘을 찔렀다. 수십 편의 시리즈를 만들었다. 하지만 안타깝게도 딱 거기까지였다. 유니버설 픽처스가 오즈월드 캐릭터의 저작권을 주장했다. 디즈니사는 사실상 하청 업체였다. '갑'의 횡포에 손을 쓸 방법이 없었다. 오즈월드를 포기하고 새로운 캐릭터를 만들어야 했다.

디즈니사가 선보인 100% 애니메이션 작품 〈행운의 토끼 오즈월드〉. 큰 성공을 누렸지만, 제작사인 유니버설에게 판권을 빼앗기면서 디즈니사는 새로운 캐릭터를 만들어야 했다. 그렇게 탄생한 것이 미키마우스다. 실제로 오즈월드와 미키마우스가 많이 닮았다는 사실을 알 수 있다.

아이웍스는 개, 고양이, 암소, 말, 개구리 등 다양한 동물의 캐릭터를 스케치했다. 하지만 디즈니는 모두 고개를 저었다. 그러던 중 우연히 디즈니의 오래된 초상화에 그려진 쥐를 보았다. 이거다! 아이웍스는 오즈월드를 쥐로 바꾸는 작업에 돌입했다. 귀의 크기를 줄이고 동그란 모양으로 바꾸었다. 눈동자도 살짝 바꾸었다. 드디어 캐릭터가 완성되었다. 이것이 미키마우스였다. 디즈니가 먹이를 찾아다니는 생쥐에서 힌트를 얻어 미키마우스 캐릭터를 만든 게 아니냐고? 아니다. 그 스토리는 창업자를 돋보이려는 '이미지 조작'일 뿐이다. 미키마우스는 아이웍스의 작품이다.

미키마우스가 등장하는 테스트용 애니메이션을 만들었다. 반응이 좋았다. 정면승부! 1928년 11월 28일, 〈증기선 윌리(Steamboat Willie)〉를 극장에 내걸었다. 이 작품은 효과음과 배경 음악을 필름에 담은 최초의 유성 애니메이션이다. 대성공이었다. 사람들은 급한 성격에 좌충우돌하면서도 끝내 역경을 이겨 내는 미키마우스에 푹 빠졌고, 미키마우스는 슈퍼스타로 떠올랐다. 수만 통의 팬레터가 답지했다.

하지만 이 성공이 '오래된 우정'에는 좋지 않은 영향을 미쳤다. 미키마우스의 성격을 어떻게 설정할 것이냐를 놓고 두 사람은 충돌했다. 아이웍스는 미키마우스를 활발하고 자유분방하게 묘사하고 싶어

했다. 하지만 디즈니는 미키마우스를 좀
더 차분하고 사회 정의에 부합하는 캐
릭터로 묘사하라고 요구했다. 한때 창업
동지였던 두 사람은 이제 경영자와 직원
의 관계가 되어 있었다. 뭐, 디즈니의 지
시도 어느 정도 이해가 간다. 당시 "미키
마우스가 지나치게 폭력적이어서 내 아
이가 따라할까 두렵다"는 항의를 꽤나
받았으니까 말이다.

어브 아이웍스가 '신드바드의 모험'을 재해석해 만든 애니
메이션

　두 사람은 갈등을 극복하지 못했다.
1930년 아이웍스는 디즈니로부터 독립해
'아이웍스 스튜디오'를 세웠고, 여러 작품을 내놓았다. 대표적인 것이
'코미컬러 카툰(ComiColor Cartoon)' 시리즈다. 명작 동화를 애니메이
션으로 만든 것으로 총 25편이 제작되었다. 평론가들은 아이웍스가
널리 알려진 이야기를 창의적으로 재해석했다고 평했다. 하지만 대중
의 반응은 시들했다. 결국 회사 문을 닫아야 했다.

　1930년대 이후 월트디즈니사는 폭풍 성장했다. 잇달아 새로운 캐릭
터를 선보였고, 캐릭터 상품 시장 등으로 사업 영역을 넓혔다. 월트디
즈니사는 '아이들에게 꿈과 희망을 주는 왕국'으로 여겨졌다. 하지만
직원들에게는 전근대적 왕국이었다. 디즈니가 강압적인 스타일의 경
영주였기 때문이다. 예술가들은 단순 기능공 대우를 받았다. 직원들
은 노동조합을 만들어 파업에 돌입했다. 미국인들은 깜짝 놀랐다. 꿈
과 환상을 심어 주던 회사가 아닌가.

　디즈니사의 파업 소식은 큰 이슈가 되었다. 디즈니는 파업을 해결

© Sergei Babenko

하려는 의지를 보이지 않았다. 은밀하게 마피아와 손잡고 노조 지도자를 공격했다. 미국 정부가 중재에 나선 후에야 디즈니는 노조와의 협상에 나섰다. 하지만 이후에도 디즈니는 직원들을 신뢰하지 않았다. 그 대신 정부와 한층 더 밀착했다. FBI는 사회주의가 퍼질까 봐 예술가들을 감시했다. 디즈니는 FBI를 적극 도왔다. 더 이상 그에게서는 예술 정신을 찾을 수 없었다. 반발하는 예술가와 애니메이터, 직원들은 모두 해고했다.

아이웍스는 1940년 디즈니사로 돌아갔다. 하지만 더 이상 캐릭터 개발과 애니메이션 분야에서 일하지 않았고 특수 효과를 담당했다. 그가 원한 것인지, 새로운 분야라서 디즈니가 중책을 맡긴 것인지는 확실하지 않다.

미키마우스 탄생 100주년이 다가온다. 전 세계에서 가장 돈을 많이 버는 생쥐. 그 생쥐로 인해 많은 사람이 희로애락을 경험했다. 그런 사실을 알 리 없는 미키마우스는 오늘도 천진난만하게 웃고 있다.

가장 널리 알려진 사람이 가장 위대한 사람은 아니다.

인쇄 혁명 이끈 구텐베르크는
한 푼도 벌지 못했다

돈을 추구하다가 역사를 다시 쓰게 된 아이러니 사건

한때 인쇄업은 꽤 괜찮은 사업이었다. 책, 신문, 광고 전단지 등 인쇄 수요가 넘쳤다. 그러나 요즘 인쇄업은 사양 산업의 길을 걷고 있다. 똑같은 언론이라도 방송은 살아남지만 신문은 살아남지 못할 것이란 예측도 나온다. 책만 해도 그렇다. 과거에는 10만 부는 팔아야 베스트셀러 소리를 들었다. 요즘에는 1만 부 팔기도 어렵다. 초판 2,000부를 채우지 못하고 사라지는 책이 대부분이다. 인쇄와 관련된 모든 것이 이처럼 푸대접을 받지만 처음에 인쇄술이 등장했을 때는 혁명으로 여겨졌다. 인쇄술은 떼돈을 버는 기술이었다. 돈을 추구하던 한 인쇄업자가 있었다. 지금으로부터 500년도 더 이전에 독일 마인츠에서 태어난 요하네스 구텐베르크(1397~1468)다. 그는 평생을 "돈, 돈, 돈." 하면서 살았다. 돈에 대한 의지가 삶의 원동력이었다고나 할까. 그 의지가 결국에는 그를 역사적 인물로 만들어 놓았다.

구텐베르크는 14세기 말, 유복한 집에서 태어났다. 부족함 없이 자

랐다. 돈 아까운 줄도, 돈 귀한 줄
도 몰랐다. 일찍부터 도박에 빠져
들었다. 잘만 하면 손쉽게 대박을
터뜨릴 수 있으니까. 하지만 도박
으로 성공했다는 인간을 본 적
은 없다. 구텐베르크가 신의 손
을 가졌다면 몰라도, 그렇지 않
은 이상 결말은 빤하다. 모든 재
산을 도박으로 탕진했다. 졸지에
무일푼이 되어 버렸다. 이제 밑바
닥 인생으로 추락하는 일만 남았
다. 흥미로운 점은, 그때 구텐베르

필경사가 작업하는 모습을 묘사한 그림

크가 보인 태도였다. 그는 절망하지 않았다. 도박 중독은 치료가 쉽지
않다. 영화에 나오는 도박 중독자를 떠올려 보라. 탈탈 털리면 가족
을 팔아서라도 도박 자금을 마련한다. 구텐베르크는 다른 식으로 와
신상담했다. "이제부터라도 돈을 더 벌어야겠다"고 결심했다.

　사업가적 안목이 꽤나 훌륭했던 것 같다. 구텐베르크는 인쇄 사업
에 뛰어들었다. 그는 인쇄 분야의 잠재력이 무한하다고 생각했다. 당
시에도 목판 인쇄를 하기는 했다. 하지만 대중적이지는 않았다. 책은
대체로 필경사가 글자를 일일이 옮겨 적은 필사 형태로 만들어졌다.
그러니 책 한 권을 만드는 데 아무리 속도를 내도 1~2개월이 걸렸다.
두툼한 책은 몇 달, 아니 1년 이상이 걸리기도 했다. 만약 책을 대량
으로 인쇄할 수 있다면? 그야말로 대박이다. 구텐베르크는 금속 활자
를 사용해 대량으로 인쇄할 수 있는 기술을 개발하는 데 성공했다.

면벌부(면죄부)를 판매하고 있는 가톨릭 성직자들을 묘사한 그림

이제 1~2주일이면 책 한 권을 뚝딱 만들 수 있게 되었다.

1448년 구텐베르크는 고향 마인츠에 인쇄소를 세웠다. 가장 먼저 라틴어로 된 대학 교재를 인쇄했다. 대학 교재도 마찬가지로 대부분이 필사본이었다. 그러니 대량으로 인쇄된 구텐베르크의 교재는 가격 면에서 압도적인 경쟁력을 자랑했다. 교재 인쇄 사업은 성공적이었다.

아무래도 대학생만 상대하는 장사는 성장에 한계가 있다. 한 걸음 더! 구텐베르크는 더 돈을 벌 수 있는 아이템을 물색했다. 모든 사람을 대상으로 언제든지 팔 수 있는 아이템이 뭐 없을까……. 마침 그런 아이템이 있었다. 바로 면죄부였다. 면죄부는 교회가 발행하는, 일종의 벌을 깎아 주는 보증 수표였다. 죄가 아니라 벌을 면해 준다는 문서이기 때문에 정식 명칭은 면벌부다. 교회는 "면죄부를 사면 죄를 범했어도 죽어서 연옥에 갔을 때 용서받을 수 있다"라고 선전했다. 쉽게 말해 면죄부를 사면 천국에 갈 수 있다는 뜻이다. 사기도 이런 사기가 없다.

교회는 면죄부 장사로 많은 돈을 벌었다. 만약 이 면죄부를 한 장한 장 손으로 만든다면 원가가 높아진다. 그러면 가난한 민중에게는 팔 수 없다. 하지만 대량으로 인쇄할 수 있다면? 유럽의 가톨릭교도 모두에게 면죄부를 팔 수 있게 된다.

교회의 요구와 구텐베르크의 장사 수완이 절묘하게 맞아떨어졌다. 구텐베르크는 연일 면죄부를 찍어 댔다. 많은 돈을 벌었음은 두말할 필요가 없다. 당시 많은 종교 개혁가들이 교회의 타락을 비판했다. 구텐베르크는 그런 비판에 눈과 귀를 닫았다. 면죄부 판매가 큰돈을 안겨 줄 테니까 말이다. 어쩌면 '나는 사업가일 뿐이다'라며 스스로 최면을 걸었을지도 모른다.

사업이 궤도에 올랐다. 구텐베르크는 더 큰 프로젝트에 도전했다. 1450년경 처음으로 성서를 대량 인쇄했다. 바로 『구텐베르크 성서』다. 처음에는 고딕 활자를 사용했고, 한쪽이 36행으로 되어 있었다. 그래서 이 성서를 '36행 성서'라고도 한다. 구텐베르크는 여기에서 만족하지 않았다. 활자 개선 작업에 착수했고, 보다 작고 아름다운 활자를 만들어 냈다.

1453년, 구텐베르크는 새로운 활자로 성서를 다시 인쇄했다. 이번에는 한쪽을 42행으로 만들었다. 그래서 '42행 성서'라고 한다. 성서는 2권으로 구성되어 있었다. 각기 1,282쪽. 그야말로 초대형 인쇄물이다. 구텐베르크는 1년 넘게 성서를 찍었다. 총 180질을 찍은 것으로 알려져 있다. 현재 이 가운데 48질 정도가 남아 있다.

이 성서 인쇄 사업은 회사의 명운을 걸고 추진한 프로젝트였다. 하지만 성서는 기대했던 것만큼 팔리지 않았다. 자금난이 시작되었다. 게다가 그의 인쇄 기술이 널리 알려지면서 경쟁사들이 우후죽순으로 생겨났다. 결국 인쇄기를 팔아야 했다. 구텐베르크는 파산하고 말았

활판 인쇄 작업을 감독하고 있는 구텐베르크를 묘사한 그림

다. 평생을 돈 버는 데 바쳤지만 결국에는 무일푼으로 생을 마감했다.

그가 사망하고 50여 년이 지난 1517년, 아우구스티누스 수도회 소속 신학자 마르틴 루터가 비텐베르크 교회 정문에 95개조 반박문을 게시했다. 면죄부를 팔아 잇속을 챙기는 교회의 타락을 비판하는 내용이었다. 이 반박문은 곧 대량으로 인쇄돼 독일 전역으로 퍼져 나갔다. 이 반박문에 공감한 많은 사람들이 저항에 동참했다. 그 결과 독일에서 종교 개혁이 시작되었다. 구텐베르크의 활판 인쇄술이 없었다면 마르틴 루터의 저항은 '한 사람의 저항'으로 끝났을지도 모른다. 그러니 종교 개혁의 일등 공신은 구텐베르크라고 할 수 있다. 아이러니한 일은 구텐베르크가 대량 인쇄 기술을 개발해 초기에 돈을 번 아이템이 면죄부였다는 점이다. 만약 대량 인쇄술이 없었다면 면죄부 판매가 부진했을 수도 있다. 그러니 면죄부 판매의 일등 공신 또한 구텐베르크다.

그저 돈을 벌려고 했을 뿐인데, 그는 역사의 한복판에 섰다. 그의 활판 인쇄술이 역사에 미친 영향은 상당히 크다. 책값을 낮춰 일반 대중도 책을 사서 볼 수 있게 되었다. 성직자와 귀족이 독점했던 정보와 지식을 일반 대중도 누릴 수 있게 된 것이다. 이게 정보 민주화가 아니겠는가. 뿐만 아니라 그는 지식 산업의 선구자다. 그의 인쇄술이 있었기에 그동안 인류가 쌓아 온 유산을 책으로 만들 수 있게 되었다. 그 책들은 지식과 문화 산업이 성장하는 토양이 되었다. 바로 이런 점 때문에 구텐베르크의 활판 인쇄술 개발이 큰 의미를 갖는 것이다. 인쇄 혁명이라는 찬사가 아깝지 않은 이유다. 그가 돈을 버는 데 혈안이 된 사업가였다 할지라도 말이다.

BMW 최대 주주의
나치 부역과 사죄

독일 콴트 가문이 감추고 싶었던 이야기

2018년 대한민국의 여름은 그야말로 '슈퍼 폭염'이라 부를 만했다. 사람뿐만 아니라 자동차도 폭염의 피해를 입었다. 연일 승용차 화재 사고가 뉴스를 장식했다. 여러 브랜드의 자동차가 거론되었지만, 그중에서도 유독 화재 사고가 많았던 차량은 독일의 BMW였다.

BMW는 메르세데스 벤츠, 아우디와 더불어 독일을 대표하는 자동차 브랜드다. 1916년 오스트리아 출신 프란츠 요제프 포프(1886~1954)가 독일 바이에른에서 세웠다. BMW의 B는 바이에른을 뜻한다. BMW는 원래 자동차 회사가 아니었다. 설립 당시에는 항공기 엔진을 생산했다. 당시 유럽은 제1차 세계 대전의 소용돌이 속에 있었다. BMW는 전투기 엔진을 납품하면서 성장했다.

1918년 전쟁을 일으킨 독일이 항복하면서 제1차 세계 대전은 종결되었다. 패전국 독일은 연합국과 베르사유 조약을 체결했다. 조약에 따라 독일은 항공기를 보유할 수 없게 되었다. 항공기 엔진을 생산하던 BMW로서는 업종을 전환할 수밖에 없었다. 1920년대 들어 모터 사이클과 자동차를 잇달아 생산하면서 자동차 기업으로 새롭게 출발했다.

1930년대에 아돌프 히틀러가 권력을 장악했다. 1939년 독일이 폴란드를 침공하면서 제2차 세계 대전이 시작되었다. 히틀러는 독일을 전시 체제로 전환했다. BMW는 또 다시 전투기와 로켓을 만들어 나치당에 납품했다. 1945년 제2차 세계 대전이 끝난 뒤 BMW는 과거와 같은 길을 다시 밟아야 했다. 연합국은 BMW를 나치에 협력한 전범 기업으로 규정해 3년 동안 영업 정치 처분을 내렸다. 전범 기업에 대한 역사적 심판은 반드시 있어야 한다. BMW는 어땠을까? 존속이 어려울 정도로 큰 타격을 입었다.

1951년 BMW는 자동차 생산을 재개했다. 하지만 좀처럼 상황이 나아지지 않았다. 급기야 재정 위기가 심각해졌고, 1955년 이사회는 회사를 다임러 벤츠에 매각해야 한다는 결정을 내렸다. 이 결정이 받아들여지면 BMW는 다임러 벤츠의 하청 기업으로 전락하게 된다. 이때 구원 투수가 등판했다. 헤르베르트 콴트(1910~1982)였다. 그는 이복동생 하랄트 콴트와 함께 사재를 털어 BMW의 지분 50%를 사들여 최대 주주가 되었다. 이로써 BMW는 매각 위기에서 벗어날 수 있었다. 콴트 가문은 현재까지도 BMW의 최대 주주로 있다.

헤르베르트 콴트가 BMW 지분을 사들인 까닭에 대해서는 여러 가지 설이 있다. 당시 BMW를 살려 내려는 소액 주주들의 열정에 감동했다는 이야기가 있지만, 그보다는 자동차 산업의 미래가 밝다고 여겼고 BMW의 기술에 성장 가능성이 있다고 판단했기 때문이라는 추측이 보다 합리적인 듯하다. 이후 BMW는 다양한 제품 라인을 선보이고 불필요한 사업을 정리하는 등 각고의 노력 끝에 자동차 메이저 제조 업체로 도약했다. 콴트 가문은 독일 최고의 부자 가문이 되었다.

　BMW는 1980년대부터 나치에 부역했던 사실을 인정하고 사과했다. 이제 BMW의 성장에 더 이상의 걸림돌이 없을 것 같았다. 하지만 2007년 독일의 한 공영 방송이 〈콴트 가문의 침묵〉이라는 다큐멘터리를 방영하면서 또 다시 나치 부역 논란에 휩싸이게 되었다. 이 다큐멘터리의 '주인공'은 귄터 콴트(1881~1954)다. 귄터 콴트는 헤르베르트 콴트의 아버지이자 콴트 가문을 명문 가문으로 만든 주역이다. 그는 아버지의 밧줄 섬유 제조 업체를 이어받아 사업을 시작했다. 사업 수완이 대단했다. 수십 차례의 인수 합병(M&A)을 통해 회사의 덩치를 키웠다. 나치당에도 군수품을 납품했다. 히틀러와 나치당의 신뢰만 얻으면 다른 걸림돌이 어디 있겠는가. 황금 알을 낳는 사업이 따로 없었다.

　1933년 콴트는 나치당에 가입했다. 히틀러는 그에게 '전시 경제의 지도자'라는 타이틀을 하사했다. 전쟁이 터지자 콴트는 탄약과 소총, 대포와 배터리를 나치에 공급했다. 최소한 3개의 공장을 가동하며 1,500여 명의 집단 수용소 재소자들을 동원해 인부로 썼다. 매달 80여 명의 노동자가 비참하게 죽었다. 심지어 공장 한쪽에는 처형장까지 마련되어 있었다. 제2차 세계 대전이 끝나고 뉘른베르크에서 전범 재판이 열렸다. 재판부는 콴트의 죄를 입증할 서류를 찾지 못했다. 그는 단순 가담자로 분류되었고, 결국 석방되었다. 그의 나치 부역 사실은 잊혔다. 하지만 2007년의 다큐멘터리를 통해 진실이 공개되었다. 취재팀이 콴트의 부역 사실을 입증할 서류를 국립문서보관소에서 찾아낸 것이다.

사실 콴트 가문은 이전부터 나치 전력을 의심받아 왔다. 귄터 콴트의 두 번째 부인 마그다 리첼(1901~1945) 때문이다. 그녀는 20세 때 마흔에 가까운 콴트와 결혼했다. 하지만 아들 한 명을 낳고는 이혼했다. 이어 1930년 히틀러의 심복인 요제프 괴벨스와 결혼했다. 그래서 마그다 리첼보다는 마그다 괴벨스란 이름으로 더 많이 알려져 있다. 그녀는 히틀러를 광적으로 추종했다. 비록 나치당 선전 장관인 괴벨스와 결혼했지만 죽을 때까지 히틀러를 사모했다. 그녀의 집은 사실상 히틀러와 측근들의 밀실 노릇을 했다. 히틀러는 행사 때 그녀를 대동하기도 했다. 그래서 적잖은 학자들이 그녀를 '실질적인 영부인'이라 평하고 있다.

1945년 소련 군대가 베를린을 포위했다. 패배를 직감한 히틀러는 권총으로 자살했다. 바로 다음 날에는 요제프 괴벨스가 아이들과 아내를 죽인 후 자살했다. 그녀의 혈육이라고는 콴트와의 사이에 낳은 아들이 유일했다. 그녀는 재혼할 때 이 아이를 데리고 갔다. 하지만 그녀가 자살할 당시에는 리비아에 있는 영국의 포로 수용소에 갇혀 있어 목숨을 건질 수 있었다. 이 아이가 훗날 이복형 헤르베르트와 함께 BMW의 지분 매입에 참여한 하랄트 콴트다.

자, 다시 2007년으로 돌아와서…… 콴트 가문의 나치 전력이 알려지자 비판 여론이 거셌다. 콴트 가문은 자체 조사를 벌였다. 2011년 BMW와 콴트 가문은 1,200쪽에 이르는 보고서를 발간하고 "우리 가문이 오랫동안 진실을 외면하는 과오를 저질렀다"며 사과했다. 강제 노역자를 추모하는 기념관을 만들고 피해자들을 돕기 위해 기금도 조성했다. 깔끔한 마무리 아닌가. 하지만 논란은 끝나지 않았다. 나치에 부역해 막대한 재산을 모은 당사자들은 사망했지만 그 재산이 그

대로 후손들에게 넘어갔기 때문이다. 할아버지가 지은 죄를 손자에게 따지는 것도 옳지 않겠지만, 그렇다고 해서 그 재산을 그대로 인정하는 것도 타당치 않다는 지적이 나오는 것이다.

역사 문제의 해법은 이처럼 어렵다. 이런 생각이 든다. 대한민국은 전범 기업과 부역자에 대해 얼마나 규명하고 역사적 책임을 물었을까? 이 질문에 긍정적 대답을 할 수 있을까? BMW와 콴트 가문은 과오를 저질렀지만 사죄하고 용서를 구했다. 숨기고 침묵하는 것보다 훨씬 용기 있는 결정이었다.

신은 진실을 알지만 때를 기다린다...

250

251

『80일간의 세계 일주』를
재현한 사람들
필리어스 포그의 길을 따라간 두 여기자와 장 콕토

　　요즘 TV의 가장 핫한 프로그램은 둘 중 하나다. 먹는 것, 아니면
떠나는 것! 아예 둘을 합쳐서 해외의 이름난 식당을 찾아다니는 프
로그램도 있다. 프로그램에서 값싸고 맛있다고 소개한 동남아시아의
식당에는 한국인 관광객이 바글바글한단다.

　　예전에 〈주말의 명화〉라는 TV 프로그램이 있었다. 1980년대 후반
으로 기억하는데, 영국 신사가 전 세계를 여행하는 영화가 방영되었
다. 해외여행을 동경하게 만든 이 영화의 제목은 〈80일간의 세계 일
주〉. 동명의 애니메이션이 1980년대 초반 일본에서 만들어졌다. 동물
을 의인화해 등장시킨 것이 색다르다. 주인공인 영국 신사는 사자로
바뀌었다. 이 외에도 여러 나라에서 같은 이름의 영화가 만들어졌다.
이 모든 작품의 원작은 프랑스 작가 쥘 베른(1828~1905)이 1873년에
발표한 『80일간의 세계 일주』다.

　　이 소설은 부유한 영국 신사 필리어스 포그가 2만 파운드의 내

근래에 출간된 쥘 베른의 소설에 삽입된 일러스트. 쥘 베른의 상상력과 그의 소설이 다룬 소재를 집약적으로 보여 주고 있다.

기를 걸고 80일 동안 세계 일주를 한다는 내용이다. 포그는 프랑스인 하인 장 파스파르투와 함께 런던을 출발한다. 기차와 증기선을 타고 아프리카 대륙으로 향한다. 이집트 수에즈를 여행하고 인도로 향한다. 아프리카와 아라비아반도 사이의 홍해를 지나고 인도양을 거쳐 인도 서부의 봄베이에 상륙한다. 이어 인도를 여행한 뒤 동남아시아로 방향을 잡는다. 그 다음에는 홍콩과 일본을 거쳐 태평양을 항해한다. 몇날며칠을 항해한 끝에 미국 서부의 샌프란시스코에 도착한다. 기차를 타고 미국 내륙을 관통해 동부의 뉴욕을 찍은 뒤 런던으로 돌아온다.

여행 과정에서 생사를 넘나드는 모험을 한다. 배가 박살이 나고, 인디언이 습격하는 식이다. 덕분에 책 읽는 재미가 배가된다. 식상한 상상력이라고? 아니다. 이 책이 출판된 19세기 후반의 시점에서는 가히 파괴적이고 기발한 스토리였다. 실제로 쥘 베른은 이 소설로 베스트셀러 작가 반열에 올랐고, 대중 문학의 거장이란 평판을 얻었다.

세계 일주를 나서던 당시의 넬리 블라이

소설 속 여정을 살펴보자. 사실 오늘날에는 이 여정이 큰 의미가 없을 수도 있다. 비행기만 타면 하루도 안 걸려 대륙을 이동할 수 있는 시대가 아닌가. 아마 소설 속의 여정을 그대로 따라간다고 해도 20~30일이면 충분히 여행을 끝낼 수 있다. 소설이 나온 당시에는 어땠을까? 80일 이내에 세계를 여행하는 것이 가능했을까? 소설은 허구다. 80일 이내에 세계를 일주할 수 있을까 없을까 하는 문제는 중요하지 않을 수 있다. 하지만 인간의 호기심은 끝이 없다. 소설 속 상황이 실제로 가능한지, 또는 소설 속의 기록을 깰 수 있는지를 따지는 사람이 꼭 있다. 실제로 그랬다. 19세기 말 미국의 여기자 두 명이 세계 일주에 도전했다. 출발 도시가 런던이 아니라 뉴욕이었다는 것이 소설과 다른 점이라고나 할까.

1889년 11월 미국의 주요 신문 중 하나였던 〈뉴욕 월드〉가 이색 발표를 했다. "쥘 베른 소설의 주인공이 세계 여행을 한 80일 기록을 깨기 위해 기자를 파견한다!" 기자의 이름은 넬리 블라이(1864~1922). 본명은 엘리자베스 코크레인이었다. 당시 블라이는 탐사 저널리즘의 본보기를 보여 준 기자로 유명세를 떨치고 있었다. 뉴욕의 한 정신병원에서 환자들을 학대한다는 소문이 돌자 환자로 가장하고 잠입 취재를 했다. 실상은 충격적이었다. 상한 음식이 환자에게 제공되었고 위생은 엉망이었다. 직원들은 환자에게 폭력을 가했다. 병원에서 나온 뒤 블라이는 「정신병원에서의 10일」이라는 제목의 기사를 썼다. 대중은 분노했고, 보건 당국은 즉시 병원에 대한 조사에 돌입했다.

이 기사로 유명 인사가 된 블라이가 세계 일주에 도전했다. 대중의 관심이 쏠릴 수밖에 없다. 그 관심을 탐한 것일까? 신생 매체인 《코스모폴리탄》이 뜻밖의 반응을 보였다. 이 매체도 엘리자베스 비슬랜드 웨트모어(1861~1929)라는 여기자를 세계 일주에 투입한 것이다. 웨트모어는 남편의 성이다. 그래서 일반적으로는 그녀를 비슬랜드라 부른다.

출발 날짜는 그해 11월 14일. 두 여기자는 유럽으로 가는 증기선에 몸을 실었다. 이때부터 두 여기자의 세계 일주 경쟁은 신문 독자들이 가장 궁금해 하는 기사가 되었다. 사실 블라이가 비슬랜드보다 유리한 입장에 있었다. 그도 그럴 것이 〈뉴욕 월드〉는 최고의 일간지였다. 반면 《코스모폴리탄》은 신생 매체인 데다 월간지였다. 그러니 보도 횟수에서 비슬랜드가 밀릴 수밖에 없다. 블라이 또한 비슬랜드를 별로 의식하지 않았던 것 같다.

한 달이 흘렀을까. 두 사람은 홍콩에 도착했다. 블라이는 선박 회사의 한 관리로부터 청천벽력 같은 소식을 접했다. "비슬랜드가 이미 3일 전에 홍콩을 출발했소. 당신이 늦게 미국에 입성할 수도 있어요." 이 훈수가 없었다면 대중의 주목을 덜 받았던 비슬랜드가 먼저 세계 일주를 끝냈을지도 모른다. 하지만 결과는 블라이의 승리였다. 심지어 비슬랜드는 영국에서 쾌속 증기선을 놓쳐 완행선을 탈 수밖에 없었는데 그마저 교통편이 자주 지연되는 불운을 겪었다. 그동안에도 블라이는 미국을 향해 빠른 속도로 달려가고 있었다.

1890년 1월 25일 오후 3시 51분, 블라이가 미국 뉴저지에 도착했

스페인 비고 항구에 있는 쥘 베른의 동상. 거대한 문어를 깔고 앉아 있는 형상을 통해 그의 독특한 상상력을 드러내고 있다.

다. 세계 일주를 떠난 지 정확하게 72일 6시간 11분 만이었다. 『80일 간의 세계 일주』의 기록을 8일 정도 단축시킨 셈이다. 비슬랜드는 2월에야 뉴욕에 도착했다. 그녀의 여행 기록은 76일 하고도 한나절이었다.

새로움과 기록을 추구하던 19세기 말이었다. 그러니 두 여기자의 세계 일주 경쟁은 이처럼 큰 관심 속에 막을 내렸다. 80일 만에 세계 일주가 가능하다는 사실도 확인했으니, 다시는 80일 간의 세계 일주를 증명하겠다는 이는 나타나지 않을 것이다. 아니, 그렇게 생각했다.

정말로 인간의 호기심은 무한하다. 1930년대로 접어들어 80일 동안 세계 일주를 하겠다고 선언한 인물이 또 나타났다. 프랑스의 시인이자 극작가이며 영화감독이기도 한 장 콕토(1889~1963)다. 1936년 3월 29일, 당시 40대였던 콕토는 친구이자 동성 애인인 20대의 마르셀 킬과 함께 80일 간의 세계 일주를 떠났다. 콕토는 쥘 베른의 소설을 그대로 재현하기로 하고 가급적 소설 속의 여정을 그대로 따랐다. 심지어 두 사람의 역할까지 소설과 일치시켰다. 콕토는 필리어스 포그 역할을, 킬은 파스파르투 역할을 맡았다.

여행을 마친 후 콕토는 『다시 떠난 80일 간의 세계 일주』를 썼다. 이 책에서 콕토는 킬을 파스파르투라 부른다. 두 사람이 원작에 충실하려 했다는 사실을 알 수 있다. 장 콕토의 책이 주는 느낌은 원작과 많이 다르다. 평론가들은 이 책에 콕토의 허무와 탐미주의가 고스란히 담겨 있다고 말한다.

이런 생각을 해 본다. 내가 만약 『80일 간의 세계 일주』를 재현한다면, 나는 어떤 방식으로 재현하고 어떤 이야기를 담아낼까. 두 여기자와 장 콕토는 자기만의 세계 일주를 했을 것이다. 그런 여행을 평생에 한 번쯤은 해 보고 싶다. 내가 설계한, 나만의 여행을.

시대의 라이벌 혹은 도플갱어

그들은 분명 다른 시대에 살았다. 살았던 장소도 달랐다. 그런 두 사람의 삶이 어쩌면 이토록 흡사할 수 있을까? 역사 관련 서적을 읽다 보면 이런 경우를 더러 접한다. 아무런 관련이 없는 사람들이 판박이처럼 같은 삶을 살아갔다. 시공간을 초월한 도플갱어라고나 할까? 반면에 같은 시대, 같은 공간에 머무르면서도 너무나 다른 삶을 산 사람들도 있다. 때로는 경쟁자가 되고, 때로는 동지가 되었다. 혹은 적으로 만날 수도 있다. 이번 장에서는 역사 속의 라이벌과 도플갱어를 추적해 본다.

간호사들의 진정한 영웅,
나이팅게일 vs 메리 시콜

생명을 향한 사랑과 열정

우크라이나 남쪽에 크림반도가 있다. 이곳의 역사가 꽤 복잡하다. 오스만 제국이 유럽을 위협하던 18세기 이전까지는 오스만 제국의 지배하에 있었다. 러시아가 오스만 제국을 치면서 18세기에 러시아로 귀속되었다. 19세기 들어서는 크림 전쟁(1853~1856)이 터지면서 아수라장이 되었다. 소련이 탄생한 뒤에는 소련으로 넘어갔다. 1954년 소련은 우크라이나에 크림반도를 내주었다. 소련이 붕괴한 1991년 크림 자치 공화국이 출범했다. 이게 끝이 아니다. 크림 자치 공화국에서 가장 다수를 차지하는 민족은 러시아 계열이다. 러시아 계열은 러시아와의 합병을 원했다. 2014년 크림 자치 공화국은 독립을 선언하고 얼마 지나지 않아 러시아와의 합병 조약을 체결했다. 돌고 돌아 러시아로 돌아간 셈이다.

크림 전쟁을 조금 더 들여다보자. 이 전쟁과 관련한 두 명의 여성 때문이다. 한 명은 플로렌스 나이팅게일(1820~1910)이고, 또 한 명은 메리 시콜(1805~1881)이다. 나이팅게일은 알겠는데, 메리 시콜은 낯설다고? 그럴 수 있다. 역사의 스포트라이트가 나이팅게일에 집중되었으니까. 먼저 나이팅게일의 업적부터 살펴보자.

나이팅게일이라는 이름을 접하면 두 가지가 떠오른다. '백의의 천사'와 '나이팅게일 선서'다. 백의의 천사는 간호사를 지칭하는 표현으로 쓰이고, 나이팅게일 선서는 간호학도들이 처음 복무하면서 외는 선서다. 나이팅게일은 현대 간호학의 원조 내지는 대모다. 다만 그녀가 전쟁터에서 몸을 사리지 않고 병사를 치료했다는 이미지는 옳지 않다. 나이팅게일은 진료 현장에서의 공적보다는 간호 행정을 개혁한 업적이 더 크다. 알려진 이미지들은 가공되고 과장되었을 가능성이 크다. 그녀는 성격이 부드럽지 않았다. 마음먹은 것은 끝까지 관철시키는 의지의 소유자였다. 독불장군에 가까웠다.

사실 영국의 명문가에서 태어난 나이팅게일이 간호사가 된 것부터가 의외의 사건이었다. 19세기까지만 해도 간호사는 그다지 존경받는 직업이 아니었다. 부모가 뜯어말렸지만 그녀는 듣지 않았다. 전쟁 중에 죽어 가는 병사들이 너무 많다는 사실이 안타까웠다. 그들을 치료하는 것이야말로 하늘이 내린 소명이라고 생각했다. 자신이 원한 대로 간호사가 되었고, 크림 전쟁이 터지기 직전에는 런던의 한 병원에서 간호부장으로 일했다. 크림 전쟁이 터지자 38명의 수녀와 함께 크림반도로 향했다. 야전 병원의 실상은 참혹하기 그지없었다. 치료를 제대로 받지 못한 병사들은 방치되어 죽거나 전염병으로 목숨을 잃었다.

나이팅게일은 장교들을 설득해 병원의 위생 환경부터 개선했다. 약품과 비품을 꼼꼼하게 점검해서 낭비되는 일이 없도록 했다. 영국 정

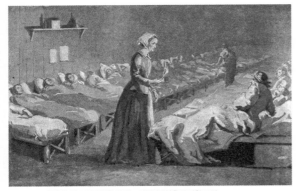
등불을 들고 환자들을 살피는 나이팅게일을 묘사한 그림

부에도 도움을 요청했다. 하나하나 상황이 개선되면서 병사들의 사망률은 42%에서 2%로 줄었다. 나이팅게일은 밤마다 등불을 들고 병실을 순회했다. 그 모습을 《타임스》가 보도하면서 '등불 든 여인(The Lady with the Lamp)'이라는 표현을 썼다. 이 때문에 서방 세계에서는 나이팅게일을 두고 '백의의 천사'보다는 '등불 든 여인'이라는 표현을 더 많이 사용한다.

크림 전쟁이 끝나고 영국으로 돌아간 뒤에도 나이팅게일은 정력적으로 활동했다. 빅토리아 여왕에게 병원을 개혁해야 한다는 건의서를 보냈다. 1860년에는 자신의 이름을 딴 나이팅게일 간호학교를 세웠다. 또한 오늘날까지도 간호학의 성경처럼 여겨지는 전문 서적을 출간했다. 그녀가 있었기에 간호사가 전문직으로 대우받을 수 있게 된 것이다.

메리 시콜은 '검은 나이팅게일'이라고 불린다. 하지만 그녀는 흑인이 아니다. 영국 식민지였던 자메이카에서 스코틀랜드 백인 남성과 자메이카 흑인 여성 사이에서 태어났다. 이런 혼혈을 '물라토'라고 한다. 그녀는 나이팅게일처럼 정식으로 간호 교육을 받지 못했다. 어머니로부터 생약 치료법을 배운 것이 전부였다. 크림 전쟁이 터지자 영국 정부는 현장에 파견할 간호사를 구하는 공고를 냈다. 시콜은 당장 영국으로 달려갔다. 하지만 식민지 주민은 배제되었다. 모든 면접에서 떨어졌다. 그녀는 가진 것을 처분해 크림반도로 향했다. 나이팅게일이 이끄는 간호단에 면접을 봤지만 또 떨어졌다.

시콜은 사명감이 강했다. 어떻게든 병사들을 치료해 주고 싶었다. 사비로 최전방에 진료소를 차렸다. 나이팅게일은 비교적 후방의 병원에서 근무했다. 이와 달리 시콜은 최전방을 선택했던 것이다. 그녀의 진료소에는 다친 병사들이 차고 넘쳤다. 최전방이었으니 안전도 보

말년의 메리 시콜

장되지 않았다. 영국, 프랑스, 오스만 제국 병사들이 모두 그녀를 '어머니'라고 부르며 따랐다. 그녀는 묵묵히 헌신했다. 병사들의 입을 통해 그녀의 이야기가 퍼졌다. 그녀는 영국, 프랑스, 터키 세 나라로부터 훈장을 받았다. 명예는 남았지만 재산은 없었다. 병사들을 치료하는 데 다 쏟아부었기 때문이다. 크림 전쟁이 끝난 뒤 시콜은 홀로 살다가 임종을 맞았다. 이후 그녀를 기억하는 이는 많지 않았다. 시콜은 나이팅게일처럼 명문가 출신도 아니었고 뛰어난 행정가도 아니었으며 백인도 아니었다. 그래서 잊혀졌다.

2005년 영국 런던의 한 액자 가게에서 초상화 한 점이 발견되었다. 그 초상화는 액자에 보관된 것이 아니라, 액자의 그림을 보호하기 위해 뒷면에 덧댄 종이에 그려진 것이었다. 그 초상화 속 주인공이 바로

액자에서 발견된 메리 시콜의 초상화

메리 시콜이었다. 그제야 시콜의 삶이 재조명되었다. 사후 100년이 훨씬 지나 있었다.

시콜의 헌신적인 봉사와 비교했을 때 나이팅게일의 업적이 과장되었다고 말하는 사람들이 더러 있다. 실제로 나이팅게일은 최전방이 아닌 후방의 병원에서 일했다. 또 다친 병사를 치료하기보다는 병원 위생 시스템을 확립하는 데 주력했다. 게다가 간호사를 의사의 치료를 돕는 '보조 의료진' 정도로 인식하고 있었다는 점도 비판의 대상이 되었다. 하지만 이런 점 때문에 나이팅게일을 폄하하는 것은 옳지 않다. 나이팅게일이 있었기에 보건 위생은 비약적으로 개선되었다. 이후로도 유럽 병원을 돌아다니며 개혁을 촉구했다. 그러니 간호학도들이 나이팅게일 선서를 하는 것이 이상하지 않다. 아참, 나이팅게일 선서는 나이팅게일이 만든 것이 아니라 미국의 간호학교에서 그녀를 기리기 위해 만든 것이다.

메리 시콜과 나이팅게일, 두 사람 다 자신이 최선의 능력을 발휘할 수 있는 영역에서 헌신했다. 두 사람 모두 숭고한 삶을 살았다. 상대적으로 열악한 환경에서 일했고 오랜 시간 묻혀 있었다고 해서 메리 시콜을 나이팅게일보다 높일 필요는 없다. 사람을, 생명을 최고의 가치로 여겼던 그들이기에 시공간을 뛰어넘어 존경받아 마땅하다.

플로렌스 나이팅게일

메리 시콜

인류의 문명과 역사는
기록되지 않고 알려지지 않은 숱한 영웅들에게 빚지고 있다

로빈 후드 vs 송강 vs 홍길동, 그들은 정말 의적들이 맞을까?

의로운 도적이 탄생한 이유

상상 속 이야기가 현실이 될 때가 가끔 있다. 전설 속의 나라로만 여겨지던 중국의 은(殷)은 유적지가 발굴되면서 역사가 되었다. 트로이 전쟁 또한 사실로 밝혀졌다. 트로이 목마 역시 신화로만 볼 수는 없게 되었다. 민담이나 설화 속 주인공이 실존 인물로 밝혀지는 경우도 있다. 중세 유럽의 귀족들을 벌벌 떨게 했던 의적 로빈 후드는 어떨까? 2009년 흥미로운 외신 뉴스가 떴다. 영국의 한 고고학자가 귀족들을 피해 로빈 후드가 달아났던 탈주로를 발견했다는 기사였다. 이게 사실이라면 설화 속 주인공을 역사로 불러내게 된다. 정말 로빈 후드가 실존했을까?

앞서 언급한 고고학자는 노팅엄셔의 박물관에서 감독관으로 일하고 있었다. 중세 시절의 저장 창고를 탐색하던 중에 바닥의 구멍을 발견했다. 그 구멍은 땅 속 통로로 연결되어 있었다. 통로를 따라가니 세인트메리 성당이 나왔다. 종합하자면 성당 지하에서 출발해 박물관

영국 노팅엄셔주의 노팅엄에 있는 로빈 후드 동상

지하를 거쳐 외곽의 강에 이르는, 총 5킬로미터 길이에 너비 1.2미터 짜리 땅굴이 발견되었다는 이야기다. 그저 땅굴 하나 발견한 것뿐인데, 사람들은 열광했다. 그럴 만한 이유가 있었다. 전해져 오는 이야기에 의하면 로빈 후드가 세인트메리 성당에 숨어 있다 관리들이 습격하자 감쪽같이 사라진 일이 있었다. 땅굴을 발견한 고고학자는 "로빈 후드는 이 지하 통로를 이용해 탈출했다. 그러니 로빈 후드는 실존했던 인물이다"라고 주장했다. 이 지하 통로가 로빈 후드의 실존을 뒷받침하는 직접적인 증거는 될 수 없다. 하지만 간접적인 증거는 될 수 있다. 만약 그가 실존했다면, 학자들은 대체로 12~13세기에 활동했을 것이라고 입을 모은다. 이런 추정을 믿는다는 가정 아래 로빈 후드(1160~1247, 추정)의 이야기를 해 보자.

로빈 후드는 아직까지는 설화와 민담 속의 인물로 인식되고 있다. 여러 설이 있지만 대체로 노팅엄셔의 셔우드 숲에서 수십 명의 동지들과 함께 은둔 생활을 하면서 못된 귀족들과 성직자들의 재산을 훔쳐 가난한 사람들에게 나누어 준 의적으로 알려져 있다. 이는 개략적인 평가일 뿐이다. 로빈 후드에 대한 평가는 시대에 따라 조금씩 달랐다. 로빈 후드가 '도적'을 지칭하는 용어라는 주장도 있다. 이를테면 15세기 무렵에 쓰인 수도사의 글에는 로빈 후드가 강도질로 영국을 어지럽히는 무법자로 묘사되어 있다. 비슷한 시기에 영국 의회에는 숲에 매복해 있던 로빈 후드 일당이 행인들을 약탈한다는 탄원까지 올라왔다. 17세기의 한 학자는 로빈 후드가 신분을 감춘 헌팅턴의 귀족이며 80대에 사망했다고 주장하기도 했다.

전승으로만 전해지던 로빈 후드의 이야기는 15세기경에 책으로 처음 만들어졌다. 첫 책은 로빈 후드가 지방 총독과 대결하는 스토리를 담고 있었다. 이후 여러 편의 시리즈가 만들어졌고, 그 과정에서 로빈 후드의 이야기는 더욱 다양해졌다. 나중에는 로맨스의 주인공으로 포장되기도 했다.

로빈 후드와 비슷한 사례를 중국에서도 찾을 수 있다. 12세기 초 송나라에서도 의적이 활약했다. 의적의 이름은 송강. 출생과 사망 연도조차 알 수 없는 송강은 소설 『수호전』의 주인공이기도 하다. 『수호전』에서는 송강을 비롯한 108명의 호걸이 산둥 양산박에 산채를 짓고 은둔 생활을 한다. 정체성이 로빈 후드의 무리와 비슷해 보인다. 부패한 세상에 신물이 난 그들은 세상을 등지고 양산박 산채로 몰려들었다. 그 다음은? 탐관오리들을 박살낸다. 이 반란을 '송강의 난'이라고 한다. 송강이 지휘자였기 때문이다.

송강을 소설 속 인물이라고 생각하기 쉽지만, 그는 실존 인물이다. 역사서인 『송사』에 그 이름이 버젓이 올라 있다. 이 기록에 따르면 송강은 1121년에 반란을 일으켰다. 10개의 군을 공략할 정도로 세력이 컸다. 두려움을 느낀 조정은 그에게 장군의 직위를 주어 포섭하려고 했다. 송강은 36명의 측근을 이끌고 반란을 일으켰으며 수만 명이 덤벼들어도 당해 낼 수 없을 만큼 신출귀몰했다는 평가도 곁들여져 있다.

『수호전』은 송 이후의 왕조인 명대에 완성되었다. 실제로 있었던 송강의 난을 모티브로 창작되었을 가능성이 크다. 그러다 보니 송강의 난과 『수호전』의 결말이 비슷하다. 영웅들은 세상을 바꾸려던 꿈을 이루지 못한 채 죽음을 맞거나 안개 속으로 사라진다.

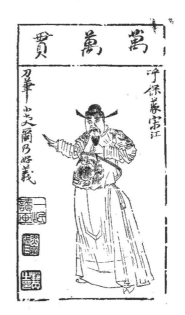

『수호전』에 나오는 송강

우리나라에도 어김없이 의적이 등장한다. 홍길동이다. 홍길동을 허균의 소설 『홍길동전』의 주인공으로만 생각해서는 안 된다. 홍길동은 1500년 무렵 실존했던 인물이다. 조선왕조실록에 그 증거가 그대로 남아 있다.

실록을 보면 이상하다는 생각을 지울 수가 없다. 실록 속의 홍길동은 우리가 알고 있는 의적이 아니다. 『연산군일기』 1500년 10월 22일자 기사를 보자. '강도 홍길동을 잡았다 하니 기쁨을 견딜 수 없습니다. 백성을 위해 해독을 제거하는 일이 이보다 큰 것이 없으니 청컨대 이때에 그 무리들을 다 잡도록 하시옵소서.' 이어 12월 29일 기사다. '강도 홍길동이 첨지라 자칭하며 대낮에 떼를 지어 무기를 들고 관부

『홍길동전』을 지은 허균 초상

에 드나들며 기탄없는 행동을 자행했다.'

홍길동이 강도라니! 하지만 사실이었다. 역사 속의 홍길동은 충청도를 중심으로 활동하던 도적이었다. 관복을 입고 관리 흉내를 내면서 제 집 드나들듯 지방 관아를 들락거렸다. 의금부가 조사해 보니 정3품 당상관 엄귀손이 뒤를 봐주었다. 엄귀손을 비롯해 홍길동을 고발하지 않은 관리들은 모두 변방으로 유배되었다. 엄귀손은 곤장 100대를 맞고 유배되었다가 죽음을 맞았다.

기록에 의하면 실존 인물 홍길동은 상당히 악랄한 도적이었고 죄질이 극악무도했다. 옥에서 생을 마감한 것으로 보인다. 조선왕조실록에 홍길동의 죽음에 대한 직접적인 언급은 없지만 '옥사'했다는 표현이 나온다. 어쨌든 홍길동은 일반 백성들로서도 피하고 싶은 이름이었다. 홍길동이 옥에서 죽고 80년이 더 지난 1588년 1월 5일자 『선조실록』 기사가 그 증거다. '항간에서 욕을 할 때는 으레 홍길동을 입에 올렸다. 그 결과 홍길동이란 이름이 없어졌다.'

로빈 후드가 실존했든 아니든 법질서를 지키고자 하는 입장에서 보자면 그는 분명 범법자였다. 실존 인물 홍길동에 대한 실록의 기사들이 귀족 중심의 질서를 지키고자 한 사람들의 관점에서 쓰이고 평가되었다는 '혐의'가 있기는 하지만 그 역시 도둑의 범주에서 벗어나지 못한다. 송강 또한 같은 부류였다. 그런데도 그들이 의적으로 기억 되는 것은 왜일까? 지배층에 대한 대중의 분노 때문이었다. 고위 공 무원을 사칭하며 지배층을 농락한 스토리가 입에서 입으로 전해지다 가 영웅담으로 둔갑한 것이다. 『홍길동전』을 쓴 허균(1569~1618) 또한 반란 혐의로 처형되었다.

지금 이 시대에는 부당한 질서에 도전하고 지배층을 농락하는 의 적이 설 땅은 없다. 하지만 아름다운 세상을 만들어 가는 의인들이 있다. 타인을 위해 목숨을 버리고 평생 모은 재산을 기부하는 가난 한 사람들……. 우리가 기억해야 할 것은 스펙터클한 무용담이 아니 라 조금이라도 타인과 세상을 생각하는 작지만 아름다운 마음이 아 닐까?

국부에서 반역자로!
괴뢰 정부의 수반, 페탱 VS 푸이
어떤 국가 지도자의 부끄러운 자화상

　조국이 위태로울 때 적과 타협하지 않고 투쟁한 지도자는 나중에 국가 영웅으로 추앙받는다. 반면 적과 손을 잡은 지도자는 비난의 대상이 된다. 나름 이유가 있었을 테지만, 적과 타협을 하는 것 외에 다른 방법이 없었을까? 역사 속에는 이런 지도자가 적지 않다. 대표적인 두 사람을 들어 보자. 프랑스의 앙리 필리프 페탱(1856~1951)과 중국의 푸이(1906~1967)다. 둘은 비슷한 시기에 전체주의 국가들의 괴뢰 정부 수반을 지냈다. 쓸쓸하고 비참한 말년을 보냈다는 점도 같다.

　페탱은 프랑스 육군 사관 학교 출신이다. 제1차 세계 대전 때 지휘관으로 여러 전투에 참전했다. 특히 1916년의 베르됭 전투가 인상적이었다. 페탱이 베르됭 전투에서 승리함으로써 승승장구하던 독일의 기세가 꺾였다. 페탱은 프랑스의 구세주로 떠올랐다. 1918년 11월 제1차 세계 대전이 끝났다. 페탱은 프랑스 공화국군의 원수로 추대되고 국부(國父) 대우를 받았다. 대통령 자리를 노릴 수 있을 만큼 정치적 영향력이 커졌다. 특히 군사 분야에서 발언권이 상당히 강했다.

1939년 제2차 세계 대전이 터졌다. 1940년 독일은 마지노선을 뚫고 프랑스로 진격했다. 프랑스의 패색이 짙었다. 어떻게 대처할까? 부총리였던 페탱은 보수 성향이 강했다. 나치즘에 굴복하지 않는 좌파 성향의 총리와는 가치관이 달랐다. 페탱은 "현실을 직시하자. 항복하는 게 현명하다"고 주장했다. 총리는 사퇴했

1941년 비시 정부의 수반으로 있던 당시의 필리프 페탱

다. 페탱이 총리에 올랐다. 그리고 항복을 선언했다. 이어 독일과 휴전 협정을 체결해 프랑스 북부를 내주고 대신 중부 이남을 얻었다. 페탱은 비시라는 도시에 정부를 꾸리고 강력한 프랑스를 만들겠다고 선언했다. 이것이 비시 정부(1940~1944)다. 페탱은 비시 정부의 수반이 되었다. 그는 비시 정부가 프랑스의 유일한 합법 정부라고 주장하며 저항 세력이 꾸린 망명 정부를 인정하지 않았다. 이후 충분히 예측 가능한 일들이 이어졌다. 비시 정부는 독일에 저항하는 프랑스 레지스탕스 대원들을 체포해 넘기거나 처형했다. 히틀러가 '바퀴벌레'라며 끔찍이 싫어했던 유대인들을 붙잡아 수용소로 보냈다. 독일이 노동자와 병사, 군수품을 요청하면 즉각 응했다.

독일의 기세가 꺾이자 1942년 11월 8일 영국과 미국 연합군이 북아프리카에 상륙했다. '햇불 작전'이다. 이 지역은 프랑스 식민지였다. 위기감을 느낀 히틀러는 곧바로 비시 정부를 점령하는 '안톤 작전'을

전개했다. 단 하루 만에 작전은 종결되었다. 모든 권력은 독일 사령관에게 넘어갔고 페탱은 '완벽한' 허수아비가 되었다.

1945년 8월 25일 프랑스 파리가 해방되었다. 망명 정부인 '자유 프랑스'를 이끌었던 드골이 임시 정부 수반을 맡았다. 9월 7일 페탱이 독일로 도피하면서 비시 정부는 무너졌다. 프랑스는 전범자와 부역자를 엄하게 처벌했다. 정식 재판이 진행되기 전부터 비공식적인 처형이 이루어졌다. 12만 명이 넘는 부역 혐의자가 재판에 회부되었고, 4만여 명이 유죄를 선고받았다. 비시 정부의 핵심 인물들은 대부분 총살되었다. 페탱도 사형을 선고받았다가 얼마 뒤 무기징역으로 감형되었고, 1945년 11월 대서양의 한 감옥으로 이송되었다. 페탱은 이곳에서 복역하던 중 5년 5개월 만인 1951년에 세상을 떠났다.

중국의 괴뢰 국가 만주국(1932~1945)은 비시 정부보다 8년 앞서 탄생했다. 1931년 9월 일본은 만주사변을 일으켜 중국 동북 지방을 차지했다. 이어 그곳에 만주국을 세웠다. 일본은 청의 마지막 황제였던 선통제를 만주국의 수반인 집정에 임명했다. 이 인물이 바로 푸이다. 중화민국 정부는 반발했다. 국제 연맹도 만주국을 국가로 인정하지 않았다. 일본은 국제 연맹을 탈퇴했다. 얼마 후 만주국은 제정으로 정치 체제를 바꾸었다. 푸이는 만주국 황제로 '승진'했다. 하지만 비시 정부가 그랬듯 만주국 황제도 별 권한이 없었다. 실권은 일본 관동군 사령관이 쥐고 있었다. 만주국은 한국과 중국의 독립운동가들을 붙잡아 일본에 넘겼고, 일본 관동군을 등에 업은 일본 깡패들이 활개 치도록 내버려 두었다. 한국인들이 테러를 당해도 만주국은 외면했다. 한국 독립군은 민중의 희생을 막기 위해 중국 본토로 근거지를 옮길 수밖에 없었다.

만주국과 비시 정부는 몰락 과정도 판박이다. 1945년 8월 15일 일본은 연합국에 항복을 선언했다. 소련이 만주로 진입하고 중화민국은 영토 회복을 선언했다. 부랴부랴 일본 망명 길에 오른 푸이는 공항에서 소련군에 붙잡혔다. 그는 하바롭스크 강제 수용소에 수감되었다. 이로써 만주국은 멸망했다.

만주국 제복을 입고 사진을 찍은 푸이

따지고 보면 푸이만큼 격동의 삶을 산 인물도 많지 않다. 3세의 어린 나이에 황제에 올랐다. 1911년 신해혁명이 일어나 중화민국 임시 정부가 탄생했다. 정치적 격변기였다. 어린 아이가 뭘 알겠는가. 황실 어른이 황제를 대신해 위안스카이에게 중화민국 임시 정부를 진압하라고 명했다. 그러나 위안스카이는 임시 정부의 쑨원과 협상을 맺어 임시 총통 자리를 물려받기로 하고 총부리를 황실로 겨누었다. 1912년 결국 청은 멸망했다. 얼마 뒤 위안스카이가 사망했다. 이후 중국은 각지의 군벌들이 날뛰는 무법천지가 되었다. 이 와중에 푸이는 타의에 의해 황제에 복위했다가 다시 퇴위하는 등 희생양이 되었다. 결국에는 자금성에서 쫓겨났다. 군벌을 피하기 위해 일본 공사관에 보호를 요청했다. 이후 푸이는 일본에 전적으로 의존하면서 황제로 복귀할 수 있게 해 달라고 간청했다. 푸이가 만주국 집정 자리에 오른 것이 이상할 게 없다.

1949년 중국이 공산화되었다. 새로 정권을 잡은 공산당 정부는

청의 마지막 황제 선통제 시절의 푸이

1950년 푸이를 중국으로 소환했다. 이때부터 전범 관리소에서 옥살이를 했다. 페탱과 똑같은 결말이다. 그나마 다행이라면 푸이는 옥에서 죽음을 맞지 않았다는 점이다. 1959년 마오쩌둥의 특별 사면으로 풀려나 베이징 식물원에서 정원사로 일했다. 푸이는 전범 관리소에서 자신의 죄를 고백하는 글을 썼고, 이 내용을 묶어 1964년 『나의 전반생』이라는 자서전을 펴냈다. 이탈리아 영화감독 베르나르도 베르톨루치가 만들어 전 세계적으로 흥행한 영화 〈마지막 황제〉의 원작이 바로 이 책이다. 이후 푸이는 한동안 만주족을 대표하는 의원으로 활동했다. 중국 공산당이 배려해 준 것이다. 그러던 중 암에 걸려 병원에 입원했고, 그곳에서 61세를 일기로 눈을 감았다. 행복한 죽음이라 할 수는 없지만, 그래도 페탱에 비하면 평화로운 죽음이었다.

두 사람에 대한 후세의 평가는 대체로 박하다. 다만 페탱에 대한 평가는 논쟁이 되고 있다. 페탱을 옹호하는 사람들은 "페탱이 있었기에 프랑스가 초토화되지 않았다"고 주장한다. 페탱이 히틀러의 참전 요구를 끝까지 거절하면서 중립국의 지위를 지키려 했다는 것이다. 수많은 유대인과 노동자가 희생되었지만 그나마 페탱이 저지했기에 희생자 수를 줄일 수 있었다는 주장도 나온다. 페탱 자신도 전범 재판에서 "나는 프랑스의 시체를 보고 싶지 않았다"라며 비슷한 주장을 했다. 흠, 잠시 생각에 잠겨 본다. 그러나 역시 고개를 젓게 된다. 이런 말을 해 주고 싶다. "그건 궤변입니다!"

반역자들, 그 입을 다물라

최고의 '냉혈 재상'은 누구일까, 공손앙 vs 비스마르크

따뜻한 애국주의자를 위한 반면교사

시장 남문 입구에 화분이 하나 있다. 그 옆에 안내문이 있다. '이 화분을 시장 북문 옆에 갖다 놓으면 황금 20냥을 주겠습니다.' 여러분은 어떻게 할 텐가? 2,300년도 더 지난 고대 중국에서 있었던 일이다. 사람들은 황금을 준다는 '약속'을 믿지 않았다. 상금이 황금 50냥으로 올랐다. 별반 달라지지 않았다. 그러던 중 누군가 별 생각 없이 화분을 북문으로 옮겼다. 즉석에서 황금 50냥이 상금으로 주어졌다. 그제야 사람들은 무릎을 쳤다. "아, 정말로 황금을 주네? 이럴 줄 알았으면 내가 옮길 걸."

전국 시대 말기 진의 재상을 지낸 공손앙(기원전 395?~기원전 338)에 얽힌 일화다. 법을 지킬 때 얻는 이익이 크다는 사실을 백성들이 깨달아야 법을 지킨다며 이 같은 지시를 내린 것이었다. 이처럼 공손앙은 엄격한 법의 통치를 강조했다. 문제는 사소한 위반에도 엄벌을 내렸다는 점이다. 공손앙은 고대 중국 역사에서 둘째가라면 서러운 냉혈한이었다.

친구와 사냥하러 숲에 갔다. 아뿔싸, 나뭇잎으로 가려진 늪에 빠지고 말았다. 점점 몸이 잠겼다. 친구에게 도와 달라고 소리쳤다. 그런데 그 친구가 총으로 자신을 겨누었다. 친구는 "네 죽음을 볼 수가 없다. 미안하다"라고 말했다. 혼비백산! 총구를 피하기 위해 몸을 이리저리 비틀었다. 그러다 보니 늪을 빠져나올 수 있었다. 이 이야기는 150여 년 전의 실화다. 총을 겨눈 친구는 독일의 재상이었던 오토 폰 비스마르크(1815~1898)다. 손을 내밀었다가는 둘 다 죽을 수 있으니 일부러 냉정하게 굴었다고 한다.

공손앙은 위 출신이지만 진에서 재상을 지냈다. 진왕 효공은 공손앙을 재상으로 임명하고 개혁의 전권을 주었다. 법가 철학자답게 그는 법부터 뜯어고쳤다. 이를 '변법'이라 한다. 공손앙의 변법에는 파격적인 내용이 꽤 많았다. 노예제 폐지를 주장한 것은 당시로서는 상당히 진보적이었다. 하지만 다섯 집을 하나로 묶어 납세와 징병의 의무를 물리는 오가작통법은 꽤 곤혹스러운 제도였다. 이웃이 죄를 지었는데 우리 집 식구가 처형된다면 기분이 어떻겠는가? 반발이 컸다. 그러나 공손앙은 "변법을 어기는 사람은 지위 고하를 막론하고 똑같이 처벌하겠다"며 밀어붙였다. 원칙대로 처리하겠다는 것이다. 가능한 일일까? 왕이나 왕세자가 범죄를 저질러도 똑같이 법대로 할 수 있을까? 공손앙은 그랬다. 왕세자가 법을 어기자 왕세자 스승의 코를 베었다. 왕세자의 코를 벨 수 없으니 잘못 가르친 책임을 물어 스승을 처벌한 것이다. 혁명적이라 할 만한 변화가 일어났다. 작은 나라 진이 강대국으로 성장했다. 만약 공손앙이 없었다면 훗날 진이 중국을 통일하지는 못했을 것이다. 공손앙은 화폐와 도량형을 통일하는 작업도 추진했다. 중국 통일의 기반을 공손앙이 다진 것이다.

공손앙을 상군 또는 상앙이라고 부르기도 한다. 공손앙의 지략으로 위를 대파하자 진왕 효공이 상의 영토를 주었기 때문이다. 하지만 효공에 이어 왕에 오른 혜왕은 공손앙을 싫어했다. 왕세자 시절 당한 일이 영향을 미쳤으리라. 마침 공손앙이 역모를 꾸민다는 상소가 올라왔다. 혜왕은 즉각 체포 명령을 내렸

공손앙 조각상

다. 공손앙은 급히 변방으로 달아났고, 곧 한 여관에 도착했다. 여관 주인은 여행증이 없는 사람을 받았다가는 처벌받는다며 그를 내쳤다. 공손앙으로서는 자기가 만든 법에 자기가 당한 셈이다. 결국 여기저기 떠돌다가 붙잡혀 거열형(죄인의 다리를 수레에 한쪽씩 묶어 두 갈래로 찢어 죽이는 형벌)에 처해졌다.

다시 비스마르크의 삶을 좇아가 보자. 그는 1862년 프로이센의 재상에 올랐다. 그 무렵 프로이센은 격동기를 맞고 있었다. 게르만족 통일 국가 건설을 놓고 오스트리아와 대립했다. 원래 게르만족의 리더는 오스트리아였다. 프로이센은 18세기부터 두각을 나타냈다. 군대를 육성하고 첨단 무기를 도입했다. 프로이센은 어떤 나라든 이길 수 있다고 믿었다. 하지만 오산이었다. 1806년 나폴레옹의 군대에 대패했다. 프로이센은 우물 안 개구리였음을 인정해야 했다. 개혁에 박차를

가했다. 1834년 프로이센은 39
개 게르만족 국가들과 함께 경
제 블록인 관세동맹을 조직했다.
오스트리아는 이 동맹에 포함되
지 않았다. 이때부터 오스트리아
와 프로이센은 엇갈린 길을 걷
기 시작했다.

1840년대에는 유럽 여러 나라
에서 혁명이 일어났다. 프로이센
도 예외가 아니었다. 하지만 대

처형장으로 향하는 공손앙을 묘사한 『신열국지』의 그림

부분의 나라에서 그랬듯 프로이센에서도 혁명은 성공하지 못했다. 왕
정 체제가 유지되었고, 1861년에는 빌헬름 1세(1861~1888)가 왕위에
올랐다. 빌헬름 1세는 이듬해에 비스마르크를 재상에 임명했다.

비스마르크는 쇠(철)와 피(혈)만이 프로이센을 강대국으로 이끌 수
있다고 주장했다. 이른바 철혈 정책이다. 쇠는 무기, 피는 군인의 희생
을 뜻한다. 쉽게 말해 군비 확장만이 해법이라는 주장이다. 의회는 반
대했다. 하지만 비스마르크는 그대로 밀어붙였다. 이어 본격적으로 통
일을 추진했다. 여러 민족이 뒤섞여 있는 오스트리아는 배제하기로
했다. 이런 통일 관점을 소독일주의라고 불렀다. 오스트리아를 포함시
켜야 한다는 대독일주의자들은 모두 배제했다. 1866년 비스마르크는
오스트리아를 쳤다. 프로이센의 대승이었다.

프로이센은 이어 프랑스까지 치기로 했다. 문제는 프로이센과 프랑
스 왕이 전쟁을 원하지 않는다는 것이었다. 비스마르크는 이간질 계
략을 펼쳤다. 그 결과 1870년 프랑스의 나폴레옹 3세가 전쟁을 선포

프랑스 베르사유 궁전 거울의 방에서 독일 제국의 건국을 선포하는 빌헬름 1세. 가운데 하얀 제복을 입은 이가 비스마르크다.

했다. 비스마르크가 노린 대로였다. 결국 프로이센은 프랑스까지 꺾었다. 비스마르크는 64년 전 나폴레옹 군대에 당했던 참패를 떠올렸다. 프랑스에 굴욕을 선사하고 싶었다. 1871년 비스마르크는 프랑스의 심장부인 베르사유 궁전에서 독일 제국 선포식을 가졌다. 빌헬름 1세가 황제에 올랐다.

독일을 통일하고 나서 비스마르크는 팽창 정책을 억제했다. '평화 재상'으로 탈바꿈했다. 강대국들을 설득해 세력 균형이 유지되도록 노력했다. 하지만 새 황제 빌헬름 2세는 비스마르크를 해임해 버렸다. 이후 독일은 다시 팽창 정책을 추진했고, 그 결과 제1차 세계 대전이 발발했다. 비스마르크가 계속 재상 직위에 있었다면 제1차 세계 대전을 막을 수 있었을지도 모른다.

비스마르크를 바라보는 후대의 시선이 엇갈린다. 그만큼 그는 옳기도 했고 그르기도 했다. 그래도 최초로 건강보험 제도를 도입하는 등 각종 사회보장 정책을 내놓은 것 또한 그의 큰 업적이다. 이런 정책을 도입한 동기가 어떻든 평화 재상이 되기 위한 노력은 돋보인다.

　법과 정책이라는 것이 무엇인가? 법과 정책이 사람 위에 있다면 그것은 공포 정치의 수단일 뿐이다. 사람이 법 위에, 국민이 정책 위에 서야 한다. 그래야 법과 정책이 가치를 획득하고 이롭게 작용할 수 있다. 공손앙의 강압적 법치주의와 비스마르크의 철혈 정책이 진과 프로이센을 부강하게 만들었지만 오래지 않아 두 나라는 패망했다. 사람이든 나라든 순리를 거스를 때는 비극적인 결과를 맞을 수밖에 없다는 사실을 두 사례가 보여 주고 있다.

알렉산드로스 3세 vs 칭기즈칸, 누가 최고의 정복자일까?

두 정복자가 만든 새로운 역사의 물줄기

만약 시대와 지역을 초월하여 역사상 최고의 정복자를 가린다면 누가 꼭대기에 오를까? 칭기즈칸(재위 1206~1227)과 알렉산드로스 3세(재위 기원전 336~기원전 323)를 유력한 후보로 올리는 데 이견을 달 사람은 많지 않을 것이다. 두 정복자는 여러 가지 면에서 닮았다. 패권을 차지하는 과정에서 숱한 전쟁과 암투를 거쳤다는 점에서도 유사하다.

알렉산드로스 3세의 아버지는 마케도니아의 왕 필립포스 2세였다. 그는 알렉산드로스 3세가 태어날 무렵 그리스 전역을 평정하느라 정신이 없었다. 당시 그리스의 폴리스들은 아테네를 중심으로 연합군을 구성해 마케도니아에 맞섰다. 하지만 마케도니아 군대는 강했다. 대부분의 그리스 폴리스들이 항복했다. 이어 필립포스 2세는 페르시아를 정벌하겠다고 선언했다. 하지만 뜻을 이루기 전, 기원전 336년에 정적에게 암살당했다. 20세의 알렉산드로스 3세가 왕위에 올랐다. 그는 16세 때부터 군대를 지휘한 전쟁 영웅이었다.

알렉산드로스 3세가 부왕 암살에 관여했다는 의혹도 있다. 필립포스 2세는 새로 얻은 왕비의 아들에게 왕위를 넘기겠다는 뜻을 우회적으로 밝힌 바 있다. 알렉산드로스 3세와 그의 어머니는 해외로 망명할 수밖에 없었다. 알렉산드로스 2세는 필립포스 2세의 설득으로 마케도니아로 돌아왔다. 그 직후 왕이 갑작스럽게 죽음을 맞은 점이 석연찮다.

칭기즈칸이 왕위에 오른 과정은 더욱 드라마틱하다. 그의 어릴 적 이름은 테무친. 아버지 예수게이는 이웃 민족인 타타르족에게 독살되었다. 설상가상으로 반대파들까지 테무친을 제거하려고 했다. 테무친은 도피 생활을 했다. 아내를 또 다른 부족에게 빼앗기기도 했다. 복수와 재기, 이 지상 과제를 위해 아버지의 의형제였던 토그릴 칸을 찾았다. 어렸을 때부터 막역한 친구였던 자무카의 도움도 받았다. 덕분에 아내를 되찾고 복수에도 성공했다. 테무친은 세력을 키웠다. 권력은 비정하다. 한때 자신을 도왔던 토그릴 칸, 자무카와도 대결해야 했다. 모든 경쟁자를 제거한 1206년 테무친은 부족장 회의(쿠릴타이)를 열었다. 오논 강변에서 열린 쿠릴타이에서 테무친은 몽골족 전체의 칸, 즉 칭기즈칸에 올랐다.

알렉산드로스 3세와 칭기즈칸은 왕에 오르자마자 정복 전쟁을 벌였다. 두 사람은 당시 알려진 세계의 절반 이상을 정복했다. 그 경로를 따라가 보자.

기원전 334년 알렉산드로스 3세는 10만에 가까운 대군을 이끌고 페르시아로 진격했다. 이른바 동방 원정이다. 파죽지세! 오늘날의 터키를 지나 아프리카로 진격했다. 감히 맞서는 나라가 없었다. 이집트

그리스 테살로니카시에 있는 알렉산드로스 대왕 동상

에 무혈 입성했다. 이어 서아시아 티그리스강 유역의 가우가멜라에서 페르시아 왕 다리우스 3세와 격돌했다. 또 다시 큰 승리를 거두었다. 알렉산드로스 3세의 군대는 페르시아의 페르세폴리스를 점령했다. 페르시아 제국의 첫 왕조였던 아케메네스 왕조는 역사 속으로 사라졌다.

행군은 멈추지 않았다. 이란 고원을 넘어 인도의 인더스강에 이르렀다. 당시 그리스인들은 인도의 갠지스강이 동쪽 세계의 끝이라 여겼다. 알렉산드로스 3세는 그 경계 너머가 궁금했다. 하지만 진군을 멈추어야 했다. 오랜 전쟁에 시달린 병사들의 반발이 심했기 때문이다. 알렉산드로스 3세는 이를 악물고 퇴각 명령을 내려야 했다. 동방 원정은 그렇게 끝났다.

칭기즈칸은 몽골 제국을 세운 후 주변 국가부터 정리했다. 먼저 서하를 쳤다. 서하는 2년 만에 항복했다. 이어 몽골족을 지배했던 금을 쳤고 수도인 베이징을 함락했다. 칭기즈칸은 두 나라를 멸망시키지는 않았다. 겁을 주고 재물을 약탈했다. 금은 20여 년 후 멸망했다. 이어 '서방 원정'이 본격적으로 시작되었다. 1218년 서요를 정복했다. 1219년에는 중앙아시아의 강대국 호라즘을 쳤다. 호라즘의 주요 도시 부하라와 사마르칸트를 1년 만에 함락했다. 이어 카스피해에 이르렀다. 카프카스산맥을 넘어 러시아로 진격했다. 또 다시 대승. 러시아 남부와 크림반도가 오롯이 몽골군의 수중에 떨어졌다. 이로써 칭기즈칸은 유럽 어귀까지 정복하는 위업을 달성하고 귀국했다.

알렉산드로스 3세와 칭기즈칸의 세 번째 닮은 점은 정복 전쟁을 벌이면서 당시로서는 상상하기 힘든 대형 전쟁을 치렀다는 사실이다. 그리고 이들의 정복 전쟁은 세계사에 엄청난 영향을 미쳤다.

알렉산드로스 3세는 애초에 과학자, 건축가, 관리를 원정대에 포함시켰다. 정복지마다 새로운 도시를 건설하기 위해서였다. 실제로 그는 정복지마다 알렉산드리아라는 도시를 건설해 그리스 문화를 전파시켰다. 동방 원정을 끝내고 돌아가면서 그리스인과 페르시아인의 합동 결혼식을 거행하기도 했다. 그 자신도 페르시아 공주를 부인으로 맞았다. 이런 식으로 동서 문화를 융합하려는 노력을 했다. 실제로 이 정복 전쟁의 결과 그리스 문화와 오리엔트 문화가 결합된 헬레니즘 문화가 탄생했다.

칭기즈칸은 세계 제국을 건설함으로써 국제 무역을 발전시켰다. 이전까지만 해도 동서 무역이 원활하지 못했다. 하지만 비단길과 초원길 같은 무역 통로를 몽골족이 장악함으로써 국제 무역의 장애 요인이 사라졌다. 몽골이 지배하던 시기에 세계는 한동안 평화기를 보내는데, 이를 몽골에 의한 평화, 즉 '팍스 몽골리카'라고 한다.

베이징에 입성하는 칭기즈칸을 묘사한 그림

이제 그들의 결말을 보자. 두 사람 다 야전에서 사망했다. 정복자다운 결말이다. 알렉산드로스 3세는 기원전 323년 열병으로 사망했다. 독살설이 제기되기도 한다. 만약 그가 부하들의 반발을 무시하고 동쪽으로 계속 진격했다면, 인도와 중앙아시아를 넘어 중국에 당도했을지도 모른다. 그 무렵 중국은 춘추 전국 시대의 막바지였다. 혼란스러운 상황에서 알렉산드로스 3세의 군대가 중국을 정복하지 않았을까?

칭기즈칸은 1227년 서하 정벌 도중 사망했다. 호라즘을 정벌할 때 서하가 그쪽을 도운 것에 분개한 칭기즈칸은 직접 원정에 나섰다가 낙마 사고로 열병을 앓다가 숨졌다. 그의 자식들은 여러 곳에 제후국을 세웠다. 1236년 그의 손자인 바투가 러시아의 여러 공국을 정복하고 폴란드와 헝가리까지 진출했다. 1241년 유럽 한복판으로 진격하려던 찰나 본국에서 오고타이 칸(칭기즈칸의 뒤를 이은 몽골의 황제)이 사망했다는 소식이 들려왔다. 이때 바투가 귀국하지 않고 유럽을 쳤다면 오늘날 세계 지도가 바뀌었을지도 모른다.

영웅담은 언제 접해도 흥미롭다. 난세에 영웅이 난다 했던가. 영웅이 필요하다는 건 그만큼 국가와 사회가 어수선하다는 뜻이다. 영웅이 출현할 필요가 없는, 그런 나라를 꿈꾸어 본다.

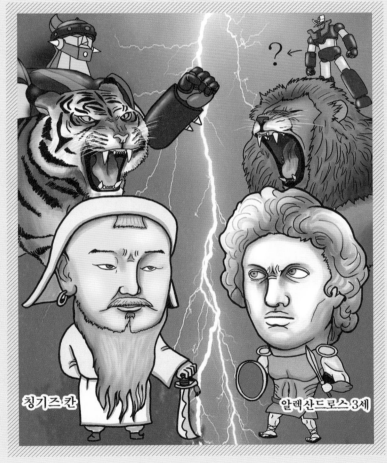

싸우려거든 1:1로!

애먼 병사들 희생시키지 말고!

천하를 얻기 직전 패배한 불운의 영웅, 한니발 vs 항우

당대 최고의 장수가 패배할 수밖에 없었던 이유

야구 경기에서 잘 던지고도 패전 투수가 되는 선수들이 종종 있다. 완벽한 투구를 선보였는데도 결과가 좋지 않다. 그런 선수가 등판하면 팬들은 응원하면서도 한편으로는 걱정을 한다. 또 지면 어떡하지……. 각종 대회에서 좋은 성적을 내고도 만년 2인자로 기억되는 선수도 있다. 대표적인 선수가 일본의 피겨 선수 아사다 마오다. 세계 선수권 대회를 비롯해 각종 대회에서 우승을 차지했다. 하지만 언제나 최고로 평가받는 선수는 김연아였다. 김연아는 전설이 되었고, 아사다 마오는 2인자로 은퇴했다. 이런 선수들을 사람들은 '불운의 아이콘'이라고 부른다. 역사 속에서도 불운의 아이콘이 적지 않게 발견된다. 천하를 쥐기 직전에 통한의 패배를 당해야 했던 동서양의 두 영웅도 그랬다. 공교롭게도 둘은 비슷하게 기원전 3세기에 활약했고 비슷한 삶을 살다 갔다. 한니발 바르카(기원전 247~기원전 183)와 항우(기원전 232~기원전 202)다.

기원전 270년 로마는 이탈리아반도를 통일했다. 그리고 지중해 패권을 차지하기 위해 북아프리카 해상 강국 카르타고와의 전쟁에 돌입했다. 포에니 전쟁(기원전 264~기원전 146)이다. 1차전은 로마의 승리. 카르타고는 여러 지역을 빼앗겼고 막대한 전쟁 배상금을 물어야 했다. 한니발은 카르타고 백성이었다. 어

알프스산맥을 넘고 있는 한니발의 군대

린 한니발은 로마에 대한 복수를 다짐했다.

한니발은 카르타고의 속주인 스페인(카르타고노바)으로 이주했고 자라서 총독이 되었다. 기원전 218년, 29세의 한니발은 코끼리 부대와 대군을 이끌고 로마 원정에 나섰다. 혹독한 겨울, 그의 군대는 피레네 산맥과 알프스산맥을 넘었다. 이탈리아 북부에 도착한 한니발은 잇달아 로마 군대를 격퇴했다. 이탈리아 중부를 거쳐 남부까지 진격했다. 칸나에 전투에서는 로마 병사 7만 명을 죽이고 1만 명을 사로잡았다.

한니발은 10년 넘게 이탈리아 전역을 누볐다. 이탈리아인들은 '한니발'이라는 이름만 들어도 벌벌 떨었다. 로마와 동맹을 맺은 도시들이 속속 투항했다. 심지어 이탈리아 중부 최대의 도시 카푸아까지 로마에 등을 돌렸다. 로마가 있는 중부의 일부 지역을 제외한 이탈리아반도 전체가 한니발의 영역이 되었다. 하지만 궁지에 몰린 로마는 침착하게 대응했다. 한니발의 본거지인 스페인을 쳤다. 한니발과의 싸움

튀니지의 지폐에 새겨져 있는 한니발의 초상

을 피해 다른 장수들이 이끄는 카르타고 군대를 공략했다. 한니발을 제외한 모든 카르타고 장수들을 격파했다. 이어 기원전 204년 카르타고 본국을 쳤다. 본국이 위기에 처하자 한니발은 이탈리아에서 철수할 수밖에 없었다. 로마의 전략이 적중했다.

카르타고의 자마평원에서 한니발과 로마의 군대가 격돌했다. 로마의 사령관 스키피오 아프리카누스는 한니발의 전략을 꿰뚫고 있었다. 결과는 한니발의 패배. 2차전도 로마의 승리로 끝났다. 한니발은 일단 물러나 복수의 기회를 노렸다. 하지만 배신자가 그를 밀고했고, 로마군이 그를 추격했다. 시리아, 소아시아 등 여러 곳으로 도망 다니던 한니발은 기원전 183년 스스로 목숨을 끊었다.

진이 중국을 통일한 시점은 기원전 221년이다. 로마가 이탈리아반도를 통일한 시점과 비슷하다. 진이 중국을 통일하기 전, 중국 남쪽에는 초나라가 있었다. 항우는 이 초의 명장 가문 출신이다. 항우의 진을 향한 적개심은 로마에 대한 한니발의 적개심 못지않았다. 진은 진시황의 폭정과, 그 뒤를 이은 왕의 무능함, 국정을 농단한 간신들로 인해 통일 대업을 이룬 지 20년도 채우지 못하고 멸망했다. 기원전 209년 일어난 진승과 오광의 난을 신호탄으로 영웅들이 들고 일어났다. 항우 또한 숙부와 함께 그 대열에 합류했다.

항우는 대적할 자 없는 장수였다. 8척 장신에 힘은 장사였다. 그런

자가 8,000여 명의 정예병을 이끌고 휘몰아치니 진의 군대는 추풍낙엽처럼 쓰러져 갔다. 반란군의 모든 장수 가운데 그의 활약이 단연 돋보였다. 하지만 최고가 되기 위해선 가장 먼저 진의 수도 함양(셴양)을 점령해야 했다. 그래야 진을 멸망시키고 자신이 새 왕조를 열 게 아닌가. 결과는 뜻밖이었다. 100여 명의 병사들로 거병했던 유방이 함양을 점령하고 진왕의 항복을 받아 낸 것이다. 화가 난 항우는 유방을 치려고 했다. 전력에서 열세인 유방은 물러설 수밖에 없었다. 항우의 책사인 범증은 이 기회에 유방을 제거해야 한다고 주장했다. 하지만 항우는 "소인배에 불과한 인물에 뭘 그리 긴장하는가?"라며 무시했다. 덕분에 유방은 목숨을 건졌다.

항우는 함양에 입성한 뒤 진왕을 죽이고, 황궁(아방궁)에 불을 질렀다. 스스로를 서초패왕이라 불렀다. 반란군 연합이 황제로 추대한 초나라의 의제를 죽이고 황제 행세를 시작했다. 이 모든 일이 기원전 206년에 일어났다. 유방은 "반역자를 처단하자!"라며 연합군을 구성했다. 하지만 항우는 너무 강했다. 한번은 연합군이 팽성이란 곳에서 항우의 군대와 전투를 벌였다. 연합군의 병력이 압도적으로 많았지만 항우에게 대패했다. 유방은 꽁지가 빠져라 달아날 수밖에 없었다. 결정적인 장면은 기원전 202년에 만들어졌다. 해하란 곳에서 전투가 벌어졌다. 유방의 명장 한신의 활약으로 항우는 성에 갇혔다. 항우는 이때도 강남으로 일단 피하자는 부하 장수들의 말을 무시했다. 독단과 오만은 늘 화를 부르는 법이다. 전열을 정비할 여유도 없이 사방에서 초의 노래가 들려왔다. 초 병사의 향수병을 유발하려는 한신의 작전이었다. 초 병사들은 구슬픈 고향 노래에 전투 의욕을 상실했다. 병사들이 하나둘 투항하기 시작했다. 이것이 사면초가(四面楚歌)의 유래

항우와 우미인의 이야기를 다룬 중국의 경극 〈패왕별희〉의 한 장면 © Hung Chung Chih

다. 항우는 탈출을 감행했다. 유방의 기병 5,000여 명이 추격했지만 항우를 체포할 수 없었다. 항우는 혼자 적진으로 뛰어들어 수백 명을 죽였다. 하지만 강남으로 흐르는 강물 앞에 이르러 모든 것을 내려놓았다. 운명을 한탄하며 스스로 목숨을 끊었다. 2인자 영웅의 비통한 최후였다.

카르타고는 제3차 포에니 전쟁에서 패해 기원전 146년 역사 속으로 사라졌다. 중국은 어땠을까? 유방이 전국을 통일하는 대업을 달성했다. 유방은 한 왕조(기원전 202~서기 220)를 세웠다. 결국 불운한 영웅의 나라들은 멸망의 길을 걸어야 했다. 항우는 산을 뽑고 기운이 세상을 덮는 '역발산기개세(力拔山氣蓋世)'의 장수다. 한니발은 전쟁 도중에 눈병에 걸려 한쪽 눈을 잃고도 전투를 수행한 전사다. 동서고금을 막론하고 이런 장수는 흔치 않다. 특히 병법 공부를 싫어한 항우와 달리 한니발은 전략의 귀재라는 평가도 받는다. 겨울철에 산맥을 넘는다는 발상은 그 누구도 상상하지 못했던 일이었다.

 이런 인물들이 천하를 차지하지 못했다. 실패에는 이유가 있는 법. 항우는 참모와 부하를 신뢰하지 않고 의심했다. 적의 이간질에 넘어가 책사인 범증을 내쳤다. 한니발 또한 독불장군이었다. 혼자 잘 싸우면 뭐하나? 다른 동료들은 로마 군대에게 박살나고 있는데……. 해답은 소통에 있다. 소통은 이처럼 한 영웅을 넘어 나라 전체의 운명을 좌우한다. 우리는, 우리의 지도자들은 지금 소통하고 있는가? 스스로에게 물어 보자.

묘호까지 똑같은 판박이 삶,
당 태종 vs 조선 태종
다혈질 왕자의 반란과 치세

역사는 반복된다. 그렇다 하더라도 800여 년의 시간차를 두고 두 군주의 삶이 판박이처럼 비슷한 사례는 드물다. 그러나 당 태종과 조선 태종의 삶은 닮아도 너무 닮았다. 묘호도 태종으로 같고, 반란을 통해 권력을 장악한 점이나 통치 체제를 정비한 점도 비슷하다. 심지어 50대에 사망한 것도. 그들의 삶을 따라가 보자. 먼저 당 태종부터!

수 왕조(581~618)는 380여 년의 혼란기인 위진 남북조 시대를 끝내고 중국 전역을 다시 통일했다. 하지만 수는 50년을 채우지 못하고 휘청거렸다. 반란이 속출했다. 지방 호족이었던 이연은 수를 무너뜨리고 새 왕조를 세웠다. 바로 당(618~907)이다.

이연, 즉 당 고조(재위 618~626)에게는 4명의 적통 왕자가 있었다. 삼남은 전쟁 도중 사망했다. 고조는 장남인 건성을 황태자로 삼았다. 서열로 따지면 당연한 결정이었다. 하지만 차남인 세민은 받아들일 수 없었다. 전쟁에서 가장 큰 공을 세운 왕자도, 당을 세운 뒤 난립한

수의 잔당을 제압한 왕자도 세민이었
다. 황태자는 세민이 자신을 제거할지
도 모른다고 생각했다. 막내 동생인 원
길과 연대했다. 두 사람은 입을 맞추
어 고조에게 "세민이 반란을 일으키
려 한다"고 음해했다. 고조는 진실을
밝히겠다며 세 왕자를 입궐하게 했다.
황명에 따라 황태자와 원길이 입궐을
서둘렀다. 황궁에 가려면 현무문이란
문을 반드시 거치게 되어 있었다. 두
사람은 이 문을 통과하지 못했다. 세
민 일당이 매복해 있다가 두 사람을

당 태종 이세민

제거했다. 626년에 일어난 이 사건을 '현무문의 변'이라고 한다. 세민
은 조카들도 모두 죽였다. 고조도 두 달 만에 황제 자리를 내놓아야
했다. 세민이 황제에 올랐다. 바로 당 태종(재위 626~649)이다.

800여 년이 지나 조선에서도 흡사한 사건이 일어났다. 조선을 건국
한 태조 이성계는 2명의 부인으로부터 8명의 왕자를 얻었다. 조선 건
국에 공이 가장 큰 왕자는 첫째 부인의 5번째 아들 방원이었다. 하지
만 태조는 둘째 부인의 막내아들 방석을 세자로 책봉했다. 방원은 참
을 수 없었다. 난을 일으켜 방석과, 방석을 지지한 개국 공신 정도전
과 남은을 제거했다. '현무문의 변'과 같은 모양새다. 1398년 일어난
이 사건을 '1차 왕자의 난'이라고 한다.

태조는 왕위에서 물러났다. 방원의 형인 방과가 2대 정종에 올랐
다. 정종은 방원이 무서웠다. 그런 차에 방원의 또 다른 형 방간이 방

원에 도전장을 던졌다. 방원은 즉각 방간을 제압했다. 정종은 미련 없이 왕위를 버렸다. 1400년 일어난 이 사건이 '2차 왕자의 난'이다. 방원은 조선의 3대 왕 태종(재위 1400~1418)에 올랐다.

권력 앞에서는 혈육도 없음을 두 태종은 어김없이 보여 주었다. 잔인하기로 치자면 당 태종이 앞선다. 그는 형제는 물론 조카들까지 모조리 죽였다. 조선 태종은 이복동생은 죽였지만 친형은 죽이지 않았다. 군주가 된 이후 두 사람이 보인 행보도 비슷하다. 건국 초기여서 왕권이 약할 수밖에 없었다. 많은 공신들이 감 나라 배 나라 했다. 두 태종은 강력한 왕권을 구축하고 제도를 정비하는 데 심혈을 기울였다. 그 결과 건국 초기의 혼란을 줄이고 새 나라의 기틀을 다질 수 있었다.

두 태종의 업적을 비교해 보는 것도 흥미롭다. 당 태종은 통치 체제를 정비해 3성 6부를 확립했다. 3성은 중서성, 문하성, 상서성을 말한다. 이·호·예·병·형·공부, 6부는 정책을 집행한다. 현재 대한민국 정치 체제에 빗대 말하자면 3성은 국무회의, 6부는 행정부처가 된다. 당 태종은 세금 제도도 개혁했다. 수 왕조 때 부분적으로 시행되었던 조용조(租庸調) 세법을 전격 시행했다. 토지, 사람, 부역(노동)에 각각 세금을 부과하는 방식인데, 이후 동아시아 세금 제도의 기본 골격이 되었다. 당 태종은 이와 함께 과거 시험도 공식화했다. 이 제도 또한 수 왕조 때 부분적으로 시행되던 것을 정착시킨 것이며 이후 우리나라에 전파되었다.

이처럼 당 태종이 시행한 여러 제도가 훗날 동아시아로 확산되었다. 조선 내부로만 국한한다면 조선 태종의 업적도 그에 못지않다. 조선 태종도 통치 체제를 정비했다. 이 정비 사업은 정종 때인 1400년 시작했지만 실제 지휘자는 태종이었다. 태종은 3정승이 중심이 되는 정치 체제인 의정부를 출범시켰다. 그 밑으로는 당 태종 때 시작된 6부를 두어 정책을 집행했다. 호패법도 시행했는데, 호패는 오늘날의 주민등록증과 흡사하다.

당 태종은 중국 역사 전체를 통틀어 백성을 위한 통치를 한 황제 중의 한 명으로 꼽힌다. 그는 '정관'이라는 연호를 사용했다. 그래서 그가 통치한 태평성대를 일컬어 '정관지치(貞觀之治)'라고 한다. 당 태종의 통치에 대해 쓴 『정관정요』라는 책이 있다. 조선 왕들이 일종의 통치 전범으로 삼은 책이다. 이 책에 당 태종의 애민 정신을 엿볼 수 있는 일화가 있다.

때는 628년, 전국에 가뭄과 메뚜기 떼가 창궐했다. 메뚜기 떼가 지나가면 들판의 곡식이 깡그리 사라졌다. 태종은 근심에 찬 얼굴로 "백성에게 해를 가하지 말고 차라리 내 심장을 갉아 먹어라!"라고 소리쳤다. 그러더니 메뚜기를 잡아 삼켰다. 믿거나 말거나. 이후로 메뚜기 떼로 인한 피해가 줄었다고 한다.

조선 태종은 애민 군주보다는 냉혹한 군주로 알려져 있다. 억울한 백성을 위해 신문고 제도를 만들기는 했지만 북이 울린 적이 없으니 업적이라고 하기에는 부끄럽다. 하지만 태종이 백성을 외면한 것은 아니었다. 『태종실록』의 기록에 따르면 1403년 5월 5일 경상도를 출발한 조운선(물건이나 세금 등을 실어 나르는 배) 34척이 바다에 침몰한 일이 있었다. 이 사고로 만 석의 쌀이 바다에 가라앉았고 1,000여 명의 인부가 목숨을 잃었다. 태종은 "내게 책임이 있다. 바람이 심한데 배를 출발시켰으니 백성을 사지로 내몬 게 아닌가"라며 자책했다. 이어 "쌀을 많이 잃었다 해도 아까울 것이 없지만 사람이 죽은 것은 대단

헌릉의 정자각. 헌릉은 조선 태종과 원경왕후가 묻혀 있는 무덤이다.

히 불쌍하다. 부모와 처자의 마음이 어떠하겠는가"라며 대책을 마련
토록 했다. 이후 조정에서는 쌀을 육로로 운반하는 방법을 대안으로
내놓고 논의했다. 사고가 발생하고 25일이 지난 5월 30일, 태종은 쌀
을 육로로 운반하라는 결정을 최종적으로 내리면서 이유를 밝혔다.
"육로 운반은 어렵지만 인명은 상하지 않는다"

　　역사는 반복된다. 두 사람의 인품이나 성격이야 달랐겠지만, 역사
의 기록은 두 사람이 동일인인 것처럼 느끼게 한다. 권력과 목표를 향
한 신념과 비정함이 닮았고, 이후의 치세와 통치 방식도 닮았다. 한
가지 다행인 점은 그나마 백성을 사랑하는 마음이 있었다는 것. 그래
서 후대에 기억되고 있는 것이다.

역사에 남을 위대한 왕 vs 효심 깊고 정 많은 아들이자 형제...

당신은 어떤 길을 가겠습니까?

젊은 영웅의 비극적인 결말,
악비 vs 남이
공이 커질수록 고개를 숙여야 하는 이유

중국 역사를 통틀어 가장 용맹한 장수를 고르라면 아마도 관우가 상위에 랭크되지 않을까 싶다. 관우는 중국인들이 신격화하여 추앙하는 인물이다. 명의 '강요'로 조선에도 관우 사당이 많이 만들어졌고, 오늘날까지도 관우 신을 모시는 무속인이 꽤 많다. 우리나라의 관우 사당 중 대표적인 것이 서울의 동묘다. 그렇다면 중국의 장수 가운데 가장 비극적인 최후를 맞은 인물은 누구일까? 남송 시절의 악비(1103~1142)를 들 수 있다. 악비는 한족의 영웅이다. 관우와 대등하게 무신으로 추앙받고 있다. 12세기 전후의 중국 역사를 들여다보자.

12세기 초반까지 중국 본토는 한족의 송 왕조(960~1279)가 지배했다. 하지만 불안한 통치였다. 송 왕조가 문치주의를 표방했기 때문이다. 직전의 당 왕조가 절도사 세력에 무너지는 것을 보고 송 황제들은 의도적으로 군사력을 약화시켰다. 대가가 컸다. 중국 주변의 거란족은 요를, 여진족은 금을 세우고 중국 본토를 위협했다.

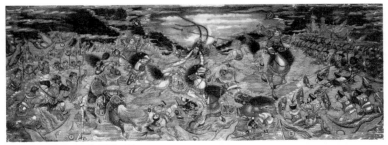
금의 군대를 물리치는 악비를 묘사한 그림

　1127년, 금이 송을 쳤다. 송은 무너졌다. 이 사건을 한족은 당시 연호를 따서 '정강의 변'이라고 한다. 다행이라고나 할까? 송 황실 중 한 명이 남쪽의 임안, 지금의 항저우로 옮겨 나라를 재건했다. 이전의 송을 북송, 이후의 송을 남송이라 부른다. 악비는 정강의 변이 일어났을 때 의용군에 자원해 금과 싸웠다. 남송이 재건된 뒤 많은 무인들이 세력을 키워 군벌이 되었다. 악비도 후베이 일대를 지배하는 군벌로 성장했다. 그의 이름을 딴 정예 부대 '악가군(岳家軍)'은 천하무적이었다. 금의 군대를 잇달아 격파했다. 금은 더 이상 남진하지 못했다. 남송 황제 고종은 악비의 공을 인정하여 절도사 지위를 하사했다. 날개를 단 악비의 세력은 더욱 강해졌다. 고종에게 편지를 보내 '북송의 수도로 돌아와 잃어버린 영토를 되찾자!'는 식의 호소를 하는가 하면, '황태자를 빨리 결정하라!'는 등의 충고까지 했다. 황제로서는 괘씸하다는 생각을 하지 않을 수 없었다. 여기에 재상 진회라는 인물이 불을 질렀다.

　진회는 금과의 화의를 주장했다. 전쟁을 그만하자는 것이다. 황제가 진회의 손을 들어 주었다. 북벌의 전면 금지! 악비는 따르지 않았다. 독자적으로 움직였다. 이번에도 금의 군대를 대파했다. 상을 주어

악비를 죽음으로 내몬 진회의 동상. 후대의 평가에 의해 진회
의 동상은 무릎을 꿇은 형태로 만들어졌다.

도 모자랄 판인데, 진회는 오히려 뺨을 쳤다. 1141년 모든 군대를 해산시켜 중앙군에 흡수했다. 악비의 군대 지휘권도 박탈했다.

진회는 황명을 앞세워 악비를 소환하고는 곧바로 옥에 가두었다. 그러고도 마음이 놓이지 않았는지, 1142년 1월 악비를 처형했다. 죄목은 모반죄. 그가 남송에 반역했다는 뜻이다. 다행히 진회가 죽고 황제가 바뀌자 악비의 명예는 회복되었다. 13세기 초에는 '악왕'으로 신분이 상승했고 '충무(忠武)'라는 시호를 받았다. 시호는 사후에 받는 칭호를 뜻한다. 이어 명 왕조 때부터 한족의 영웅으로 추앙받기 시작했다.

나라를 위해 악전고투했지만 돌아온 것은 반역죄로 인한 처형이었다. 어떤 나라든지 정도의 차이는 있겠지만, 이처럼 비극적인 결말을 맞은 영웅 스토리가 한둘쯤은 있다. 우리나라 역사에도 비슷한 인물이 있다.

많은 한국인들이 악비와 이순신 장군의 삶이 비슷하다고 말한다. 두 영웅 모두 위기에 처한 조국을 위해 헌신했다는 점에서는 이런 평가가 맞다. 하지만 이순신 장군은 명예를 회복했고 전쟁터에서 명예로운 죽음을 맞았다. 비극적 결말에 초점을 맞춘다면 남이 장군

이시애의 난을 진압하고 백두산에 오른 남이 장군을 묘사한 〈등림영회도〉

(1441~1468)이 악비의 삶에 더 가깝다. 세 사람의 공통점! 나중에 모두 충무 시호를 받았다.

남이는 16세의 어린 나이에 무과에 급제했다. 당시 조선을 통치하던 왕은 세조였다. 반정이라는 이름으로 계유정난을 일으켜 어린 왕을 몰아내고 왕위에 올랐다. 세조는 모든 권력을 왕에 집중시켰다. 강력한 중앙 집권제를 구축하려 하자 지방 토호들의 반발이 거셌다. 결국 1467년 함경도의 토호 이시애가 반란을 일으켰다. 이 난을 진압하는 데 남이의 공이 컸다. 세조는 남이에게 1등 공신과 의산군 작위를 내렸다.

남이는 타고난 무인이었다. 변방으로 나아가 여진족을 소탕하는 데도 큰 공을 세웠다. 세조도 그를 총애했다. 26세의 청년을 오늘날의 국토교통부 장관에 해당하는 공조판서에 임명했다. 남이가 27세가 되었을 때는 국방을 총괄하는 정2품 병조판서에 임명했다. 초고속 승진이었다.

악비와 남이의 공통점! 젊은 나이에 권력을 거머쥐었고, 정치욕이 강했다. 주변 사람들의 시기와 질투를 잘 살펴야 했건만 그러지 못했다. 남이를 헐뜯는 노회한 정치인들이 셀 수 없이 많았다. 남이는 패기만 앞섰다. 그러니 그들을 당해 내지 못했다. 결국 남이는 병조판서 임기를 1년도 채우지 못했다. 세조의 아들 예종으로서는 야망이 큰 젊은 정치인 남이가 껄끄러웠던 것이다. 즉위하자마자 아버지의 총애를 받던 남이를 겸사복장으로 임명했다. 겸사복은 왕의 친위 부대다. 그 수장인 겸사복장은 종2품. 명백한 좌천이다.

이시애의 난을 평정한 뒤 "남자 나이 스물에 나라를 평안케 하지 못하면 누가 나를 대장부라 부르겠느냐!"라는 시를 읊던 대장부였으니 자신의 신세가 처량했을 터. 남이는 밤하늘을 올려보다 혜성을 발견했다. 자신도 모르게 "묵은 것을 없애고 새로운 것을 나타나게 하려는 징조다"라고 읊조렸다. 남이는 곧바로 체포되었다. 역모죄였다. 고문을 이기지 못한 것일까? 남이는 역모를 도모했노라고 실토했다. 결국 28세의 젊은 나이에 처형되었다.

남이의 역모 혐의에 대해서는 정치적 희생양이 되어 누명을 썼다는 설이 유력하다. 이후 여러 대신들이 남이의 명예 회복을 청했지만 남이의 명예가 회복된 것은 450여 년이 지난 1818년의 일이다. 국내 무속인들이 가장 많이 섬기는 신 중 한 명이 '남이 신'이다. 남이 사당도 꽤 많다. 매년 남이 사당제도 열린다.

악비의 등에는 진충보국(盡忠報國)이라는 글자가 새겨져 있었다고 한다. 어머니가 나라에 충성하라며 새겼단다. 사후에 좋은 평가를 받았으니 좀 위안이 되었을까? 하지만 요즘 악비 재평가 작업이 한창 진행 중이라 속이 상할 수도 있을 것 같다. 중국 정부는 한족 외에 주변의 민족도 '중화'의 범위에 넣으려 한다. 금의 후손들 또한 중국의 일원이니 악비만 추앙할 수 없는 형편이 되어 버렸다. 그래서일까? 악비에 대한 부정적인 이야기들이 속속 '폭로'되고 있다. 이를테면 그의 업적이 과장되어 있고 금 정벌의 대가로 남송에 많은 돈을 요구했다는 식이다.

정말 정치는 복잡하다. 그때그때의 상황에 따라 영웅에 대한 평가가 달라지기도 한다. 시종일관! 한마음 한뜻인 정치인이 필요한 이유다. 그런 정치인이 차고 넘쳐야 역사도 바로 서지 않겠는가.

같은 듯 다른 두 지도자, 루스벨트 vs 루스벨트

국가 경제의 체질 개선에 나선 두 지도자

미국 사우스다코타주의 러시모어산은 '큰 바위 얼굴'로 유명하다. 깎아지른 절벽에 4명의 얼굴이 새겨져 있다. 미국인의 사랑을 받는 역대 대통령들이다. 왼쪽부터 초대 대통령인 조지 워싱턴, 토머스 제퍼슨이 있고, 맨 오른쪽에 링컨이 있다. 나머지 한 사람은 한국인에게는 낯설다. 26대 대통령인 시어도어 루스벨트다. "아하, 뉴딜 정책 만든 대통령"이라는 독자가 있을 것만 같다. 하지만 틀렸다. 뉴딜 정책을 추진한 대통령은 프랭클린 루스벨트다(32대). 두 루스벨트는 먼 친척이다. 두 사람 모두 많은 일화와 기록을 남겼다.

시어도어 루스벨트(1858~1919)는 1901년 대통령에 당선되었고 재선에 성공해 1909년까지 대통령을 지냈다. 재벌, 독점 기업과 투쟁한 것으로 유명하다. 한번은 광산 노조가 열악한 노동 환경을 개선해 달라며 파업을 벌였다. 광산 회사의 경영자는 눈도 깜짝하지 않았다. 정부가 항상 기업의 편을 들었기 때문이다. 경영진은 루스벨트 정부도 그럴 것이라고 생각했다. 오판이었다. 루스벨트 정부는 협상안을 만들어 양측에 제시했다. 노조는 협상안을 받아들였지만 경영자는 거부했다. 루스벨트는 "질서 회복을 위해 군대를 투입하겠다"고 선언했다. 그제야 경영자는 루스벨트 정부가 이전 정부와는 다르다는 사실을 깨달았다. 회사는 항복했고, 광산 노동자는 1일 9시간 노동과 10%의 임금 인상을 얻어 냈다. 루스벨트는 독점 기업에도 칼을 댔다. J. P. 모건이 철도 사업을 독점하기 위해 만든 지주 회사인 북부증권회사를 해체시켰고, 트러스트를 형성해 여러 기업을 지배하던 스탠더드오일도 해체시켰다. 시어도어 루스벨트의 또 다른 업적이 있다. 환경 정책을 강화한 점이다. 연방 정부 차원에서 대대적인 자연 보호 운동을 벌였다. 그가 재임하던 시절에 수많은 국립 공원이 지정되었고 산림 보호 구역도 크게 늘었다.

시어도어 루스벨트의 별명은 테디였다. 오늘날 세계적으로 유명한 봉제 인형 테디 베어가 바로 그의 별명에서 비롯되었다. 어쩌다 테디가 테디 베어로 변신하게 된 걸까?

하루는 그가 곰 사냥을 갔다가 새끼 곰을 발견했다. 새끼가 너무 어려 그냥 놓아 주었다. 이 이야기가 〈워싱턴 포스트〉에 실렸다. 이 무렵 독일에서 만든 곰 인형이 미국에서도 팔리고 있었다. 한 상인이 이 뉴스를 본 뒤 재미삼아 곰 인형에 '테디'라는 꼬리표를 붙였다. 이렇게 해서 테디 베어란 이름이 탄생했다. 그런데 정작 시어도어 루스벨트는 테디라는 별명을 좋아하지 않았다고 한다.

독점 기업과 싸우고 환경을 보호하며 친근한 이미지의 시어도어 루스벨트. 하지만 우리나라에는 결코 씻을 수 없는 죄를 지었다. 한반도를 일본의 식민지로 넘겨 준 것이다! 1905년 7월, 일본 도쿄에서

러시모어산에 새겨진 미국의 대통령들 얼굴. 왼쪽부터 조지 워싱턴, 토머스 제퍼슨, 시어도어 루스벨트, 에이브러햄 링컨이다.

미국의 특사(윌리엄 태프트)와 일본의 내각 총리대신 가쓰라 다로가 비밀 협약을 맺었다. "미국은 일본의 대한 제국 지배를 인정한다. 그 대신 일본은 미국의 필리핀 지배를 인정한다." 당시 미국 대통령이 시어도어 루스벨트였다. 미국 또한 제국주의 국가였음이 그대로 드러난 장면이다.

이제 또 다른 루스벨트, 즉 프랭클린 루스벨트(1882~1945)에 대해 이야기해 보자. 프랭클린 루스벨트는 1933년 대통령에 취임했다. 그는 1945년 세상을 떠나는 바로 그 순간까지도 대통령이었다. 대통령 재임 중 사망했다는 이야기다. 이토록 오랫동안 대통령을 할 수 있었던 까닭은 그가 무려 4번이나 대통령에 당선되었기 때문이다. 미국 역사에서 4선 대통령은 이전에도, 이후에도 존재하지 않았다. 1951년 헌법을 고쳐 대통령의 재선까지만 허용했기 때문이다. 프랭클린 루스벨트가 독재를 해서 이후에 헌법을 고친 것은 아니다. 하지만 장기 집권

하다 보면 독재에 빠질 위험성이 있다. 그래서 헌법을 고쳐 대통령 임기를 '최장 8년'으로 정한 것이다.

프랭클린 루스벨트는 국민을 상대로 처음 라디오 연설을 한 것으로 유명하다. 1933년 3월 12일 라디오 전파를 탄 이 연설은 "Good evening, friends."로 시작한다. 대통령이 국민을 '친구'라고 부르며 정겹게 다가서는 모습을 보인 것은 루스벨트가 처음이었다. 사람들은 마치 난롯가에서 도란도란 이야기를 나누는 것 같다고 해서 이 연설을 '노변담화(爐邊談話, fireside chats)'라 불렀다.

다른 무엇보다 프랭클린 루스벨트를 역사적 인물로 만든 것은 '뉴딜 정책'이다. 1929년 미국 대공황이 일어나 전국이 휘청거렸다. 몇 년이 지났건만 상황은 나아지지 않고 도리어 악화되고 있었다. 바로 그때 프랭클린 루스벨트가 등장해 뉴딜(New Deal, 새로운 정책)을 공약으로 내걸고 대통령에 당선되었다. 실직자를 구제하고 경기를 부양하는 것만이 뉴딜 정책의 목표는 아니었다. 자유방임주의를 비롯해 그동안 잘못 운영된 자본주의 제도를 전반적으로 개혁하는 것이 최종 목표였다. 지속 가능한 자본주의 체제를 만들기 위해 뉴딜을 추진한 것이다.

사실 경기 부양 하나만 놓고 보면 뉴딜은 실패했다고 평가할 수 있다. 1936년에는 경기가 살아나는 듯했지만 그 후 다시 주저앉았다. 이듬해의 불경기는 그렇다 쳐도 1938년에는 최악의 지경으로 악화되었다. 실업자도 크게 늘었다. 흥미로운 사실은, 이 불경기가 제2차 세계 대전이 터지면서 모두 해소되었다는 점이다. 미국은 공장을 풀가동했지만 군수물자를 채우지 못했다. 1,000만 명이 넘던 실업자 문제를 고민할 필요가 없어졌다. 오히려 노동자가 부족해서 제품을 생산하지 못할 정도였다. 결국 전쟁이 미국의 경기를 살리고 실업자를 구제한 셈이다.

뉴딜의 의의는 경기 부양이 아니라 다른 데서 찾아야 한다. 첫째, 뉴딜을 통해 국가가 경제에 개입하면서 재벌과 대기업의 횡포를 억눌렀다. 둘째, 소득의 재분배와 사회 보장 제도를 적극 도입하기 시작했다. 쉽게 말해서 '착한 자본주의 체제'를 만들려는 것이 뉴딜이었다. 실제로 당시 뉴딜을 가장 지지한 계층은 중산층과 노동자였다.

최근 몇 년 사이에 우리나라에서도 변형된 형태의 뉴딜 정책이 시행되고 있다. 그만큼 한국 경제가 위기에 직면해 있다는 반증일 것이다. 체질 개선이 절대적으로 필요한 상황이다. 하지만 이름만 바꾼다고 해서 대한민국의 경제 체질이 바뀌지는 않는다. 고려해야 할 요소가 너무 많다. 새로운 정책을 시행할 때는 반발이 따르기 마련이다. 정부의 개혁이 성공하기를 진심으로 바란다. 우리나라에는 왜 모든 국민의 존경을 받는 지도자가 나타나지 않느냐는 푸념은 더 이상 하고 싶지 않다. 개인의 욕심을 내려놓고 국민을 걱정하고 국민만 바라보는 지도자라면 국민도 기다려 주지 않을까? 그런 지도자를 바란다.

가쓰라 다로

프랭클린 루스벨트

시어도어 루스벨트

우리에게도 부녀 대통령이 있는데... 왜 숨기고 싶지?

한 나라를 주물렀던 애첩,
양귀비 vs 요도기미
일본과 중국의 대표 경국지색

경국지색(傾國之色)은 나라를 위태롭게 할 만한 미녀라는 뜻이다. 얼마나 아름답기에 나라를 들었다 놓았다 했을까? 최고 권력자를 맘대로 주무르던 미녀들의 결말은 대부분 좋지 않았다. 나라를 위기에 빠뜨렸으니 사필귀정이다. 우리 역사에서 이런 인물을 찾는다면 장옥정(희빈)과 장녹수를 들 수 있다. 중국 역사에서도 경국지색이 꽤 존재했는데, 그중에서도 양귀비(719~756)가 으뜸이다. 일본에서는 요도기미(1569~1615)가 대표적이다. 이들은 모두 최고 권력자의 애첩이었다. 일본과 중국의 두 경국지색에 대해서 이야기해 보자.

일본은 오랜 기간 무사들이 통치했다. 무사들이 장악한 정권을 막부(바쿠후)라고 한다. 최초의 막부는 가마쿠라 막부(1185~1333)였고, 그 뒤를 이은 것이 무로마치 막부(1336~1573)다. 무로마치 막부는 16세기 후반까지 지속되었지만, 1467년 내전이 터지면서 15세기 후반부터 기울기 시작했다. 이후 100년 이상 센고쿠 시대(전국 시대)가 이어

졌다. 전국 시대의 종결 시
점에 대해서는 오다 노부나
가가 무로마치 막부를 멸망
시킨 1573년 혹은 도요토
미 히데요시가 전국을 통일
한 1590년이라는 두 가지
견해가 있다.

요도기미

요도기미는 요도도노라
고도 불린다. '요도성의 마
님' 혹은 '요도성의 귀부인'이란 뜻이다. 요도성에서 살았기 때문에 이
런 이름이 붙었다. 본명은 키쿠코(菊子)다. 그녀는 작은 성주의 딸이었
다. 당대 최고의 무사인 오다 노부나가는 그녀의 외삼촌인 동시에 그
녀의 집안을 박살낸 원수였다. 오다 노부나가의 공격으로 성을 빼앗
긴 그녀의 아버지는 자결했다. 가문의 후계자였던 남동생은 오다 노
부나가의 부하였던 도요토미 히데요시에게 살해되었다. 그녀와 모친,
여동생 2명은 다행히 다른 외삼촌에게 구출되어 목숨을 구할 수 있
었다.

오다 노부나가는 얼마 뒤 무로마치 막부를 무너뜨렸다. 일본 통일
이 임박했다. 잔당을 하나둘 제거해 나갔다. 1582년 심복인 아케치
미쓰히데가 배신만 하지 않았다면 뜻을 이루었을 것이다. 아케치는
적을 치러 갔다가 말머리를 돌려 혼노지라는 절에 머물고 있던 오다
노부나가를 기습했다. 화염에 휩싸인 절에서 오다 노부나가는 스스로
목숨을 끊었다. 이 사건이 '혼노지의 변'이다.

도요토미 히데요시가 즉각 반란을 진압했다. 이참에 권력을 잡으려

일본 오사카에 있는 도요토미 히데요시 동상

면 오다 노부나가의 혈육을 제거해야 했다. 이미 재혼한 요도기미의 어머니와 새 남편도 제거 대상이었다. 두 사람은 성이 함락되자 자결했다. 1585년 도요토미 히데요시는 왕을 대신해 통치하는 최고 관직인 관백에 올랐다. 명실상부 1인자가 된 것이다. 3년 뒤 도요토미 히데요시는 요도기미를 첩으로 들였다. 어머니를 죽게 만든 장본인과의 결혼이었다. 그녀는 도요토미 히데요시의 사랑을 듬뿍 받았다. 이듬해 아들을 낳자 요도성을 선물로 받았다. 그 아들이 3세 때 죽었지만 다시 아들을 낳았다. 그 아들이 유일한 후계자인 도요토미 히데요리다.

정실이 낳지 못한 아들을 낳자 요도기미의 지위가 급상승했다. 1598년 도요토미 히데요시가 사망하자 아들 히데요리가 1인자 자리를 승계했다. 후견인 자격으로 요도기미가 권력을 장악했다. 측근들을 불러들였고, 부모님을 기리는 사원도 지었다. 하지만 삼일천하였다. 도쿠가와 이에야스가 에도 막부(1603~1867)를 세우고 숨통을 죄어 왔다. 도쿠가와 이에야스는 히데요리가 있는 오사카성을 공격했다. 이듬해 성은 함락되었고 요도기미는 아들과 함께 자결했다. 요도기미의 유해는 발견되지 않았다. 때문에 죽지 않고 어디론가 달아나 살고 있다는 소문도 돌았다.

가문을 몰살시킨 원수의 애첩으로 살았지만 원수의 가문에서 잠시나마 최고의 권력을 누렸던 요도기미. 그녀에 대해서는 일말의 동정을 느낀다. 반면 중국의 양귀비는 나라를 잡아먹은, 말 그대로 국가의 원수가 되었다.

당의 6대 황제 현종(재위 712~756)은 태평성대를 이끈 군주다. 하지만 말년이 좋지 않았다. 대형 반란이 일어나 나라가 휘청거렸다. 이유가 있었다. 첫째, 현명했던 현종이 도교에 빠지면서 흐리멍덩해졌다. 둘째, 애첩 양귀비가 환락을 부추겼다. 나라가 제대로 돌아갈 턱이 없었다.

양귀비는 이름이 아니라 직책이다. 성이 양 씨인 후궁 귀비라는 뜻이다. 본명은 양옥환이다. 양귀비와 요도기미는 출신부터 달랐다. 요도기미가 성주의 딸이자 당대 최고 무사의 조카였던 반면 양귀비의 아버지는 지방의 하급 관리였다. 두 사람이 아버지를 일찍 여의고 삼촌의 보호를 받으며 성장한 것은 공통점이다. 양귀비는 삼촌 몰래 춤을 배웠다. 춤과 노래가 그녀를 돋보이게 했다. 이따금 고관대작들의 연회에 초대되어 춤을 추었는데, 당시 황제인 현종의 18번째 아들 이모가 그녀에게 반했다. 양귀비는 이모와 결혼하면서 신분 상승에 성공했다.

이때까지만 해도 양귀비는 현종의 며느리였다. 그랬던 그녀가 어떻게 해서 현종의 애첩이 되었을까? 현종이 아끼던 부인이자 이모의 친어머니인 무혜비가 사망하면서 사달이 났다. 현종이 며느리를 마음에 품고 있다는 사실을 안 환관들이 이모와 양귀비를 갈라놓았다. 간신들은 현종에게 며느리를 취하라고 부추겼다. 몇 해만 지나면 환갑을 맞는 현종은 못이기는 척 20대 초반의 며느리를 품었다. 패륜이다.

745년 그녀는 귀비가 되었다. 양귀비는 가족을 왕궁으로 불러들였다. 오빠들은 모두 고관대작이 되었다. 사촌오빠는 승상의 자리에 올

중국 시안에 있는 양귀비 조각상. 현대적인 미의 기준으로 조각했지만, 실제로 양귀비는 155센티미터의 키에 통통한 몸집이었다고 전해진다.

랐다. 언니들에게도 '국부인'이라는 칭호를 하사했다. 사치가 극에 달했다. 양귀비만을 위한 비단 직조공과 금속 공인이 수백 명에 이르렀다. 양귀비와 그녀의 가문에는 뇌물을 들고 찾아오는 이들로 북적였다. 양 씨 일가의 국정농단은 갈수록 심해졌다. 오늘날로 치면 도지사와 비슷한 지방 절도사의 인사에도 관여했다. 특히 양귀비는 절도사 안녹산을 총애했다. 왕궁을 제집 드나들듯 하던 안녹산은 권력을 탐했고, 끝내 반란을 일으켰다. 그의 뒤를 이어 사사명이라는 자도 반란을 일으켰다. 이것이 '안사의 난(755~763)'인데, 당의 몰락을 재촉한 대형 반란이었다.

현종은 황망하게 성을 빠져나갔다. 피난 행렬에 끼어 있던 장군과 별사들은 양 씨 일가 때문이라며 이를 갈았다. 급기야 양 씨를 처형해야 한다는 목소리가 커졌다. 현종은 "깊은 궁궐에 처박혀 사는 귀비가 반란과 무슨 관련이 있겠느냐?"며 양귀비를 두둔했지만, 돌이키기엔 너무 늦었다. 현종은 어쩔 수 없이 양귀비에 자결을 명했고, 양귀비는 생을 마감했다.

미인박명(美人薄命)이라 한다. 미색을 탐하는 남성들의 욕심이 미인들의 운명에 어둠을 드리웠다. 영웅은 미색을 좇기 마련이라는 남성 중심의 사고가 색욕을 정당화했다. 하지만 자고로 색을 밝히다가 제대로 뜻을 이룬 영웅이 없으니, 미색을 좇은 이들은 진정한 영웅일 수가 없다. 자신의 미모를 세속적 욕구에 이용하는 여자도 미인은 아니다. 삶에서 향기가 나는 사람이 진정 '아름다운 사람'이다.

'행복하게 만든 책이 행복을 만듭니다.'

알고 나면 꼭 써먹고 싶어지는 역사 잡학 사전
B급 세계사 2 · 인물편

초판 1쇄 펴낸 날   2018년 12월 29일
초판 5쇄 펴낸 날   2021년 11월 1일

지은이   김상훈
발행인   조금희
발행처   행복한작업실
등 록   2018년 3월 7일 (제2018-000056호)
주 소   서울시 서초구 서초대로 65길 13-10, 103-2605
전 화   02-6466-9898
팩 스   02-6020-9895
전자우편   happying0415@naver.com

편 집   이양훈
디자인   홍상만, 이인선, 정연규
마케팅   임동건
ISBN   979-11-963815-2-3 (03900)

이 도서의 국립중앙도서관 출판예정도서목록(CIP)은 서지정보유통지원시스템 홈페이지
(http://seoji.nl.go.kr)와 국가자료공동목록시스템(http://www.nl.go.kr/kolisnet)에서
이용하실 수 있습니다. (CIP 제어번호: CIP2018040050)